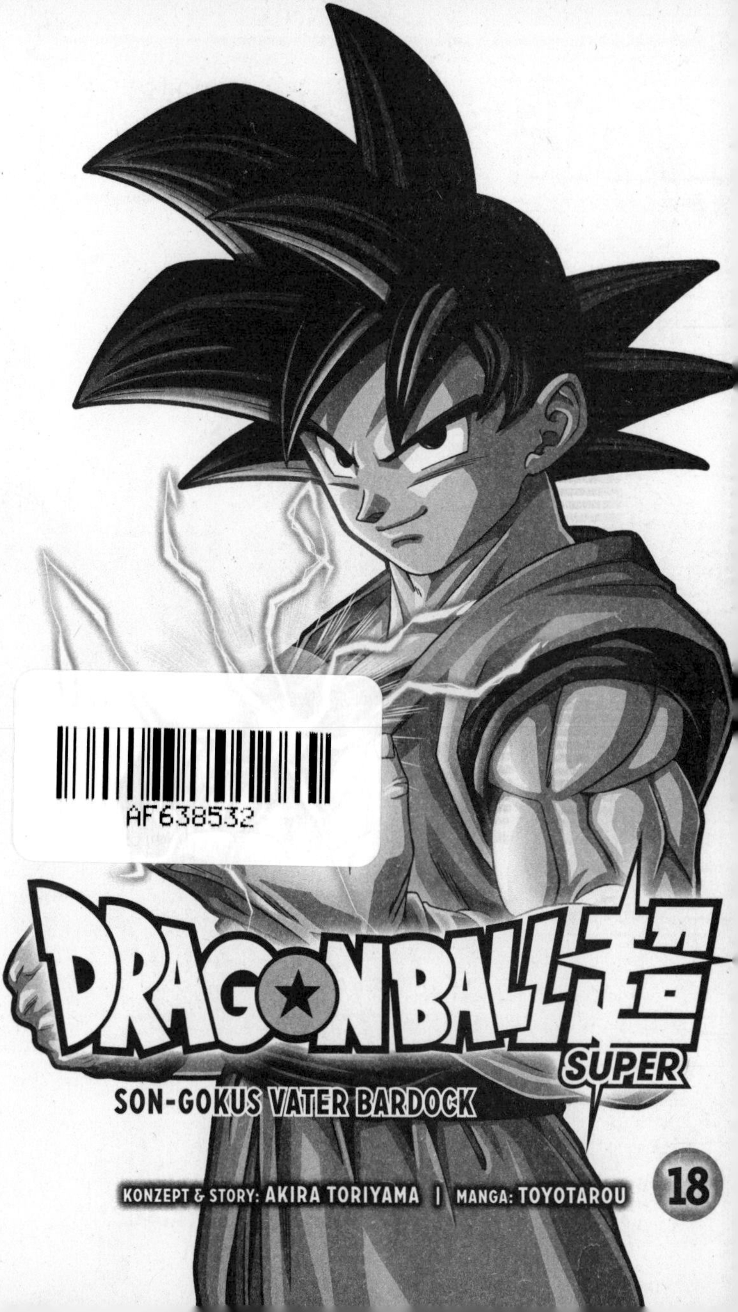
DRAGON BALL 超
SUPER
SON-GOKUS VATER BARDOCK
18
KONZEPT & STORY: AKIRA TORIYAMA | MANGA: TOYOTAROU

DIE CHARAKTERE

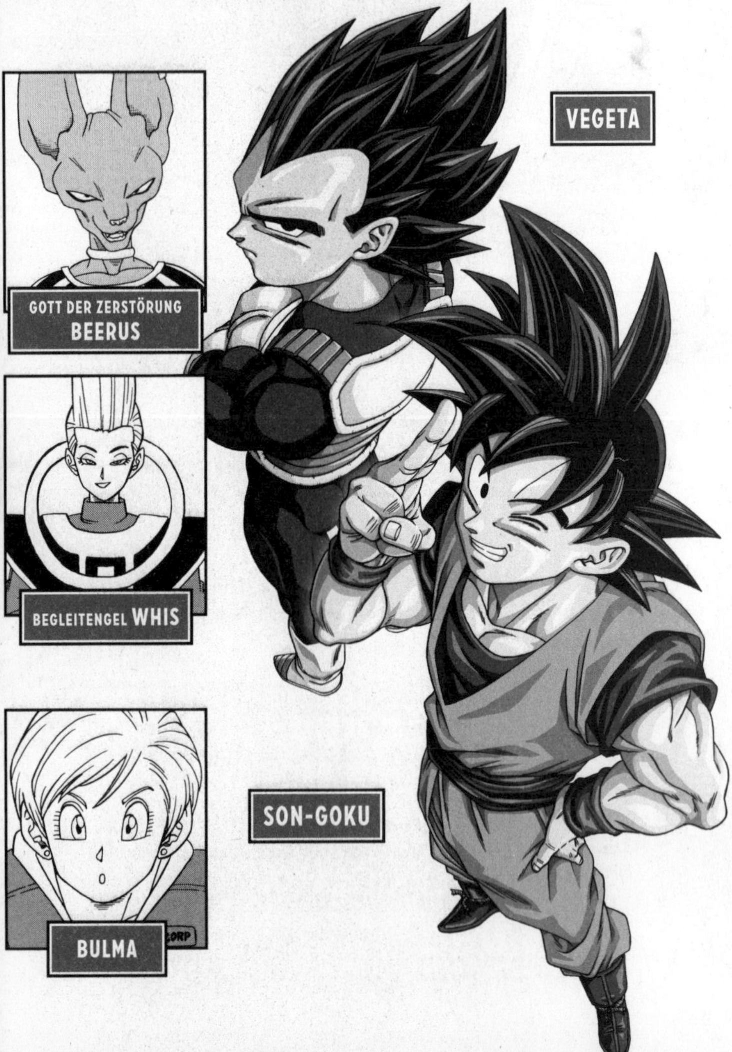

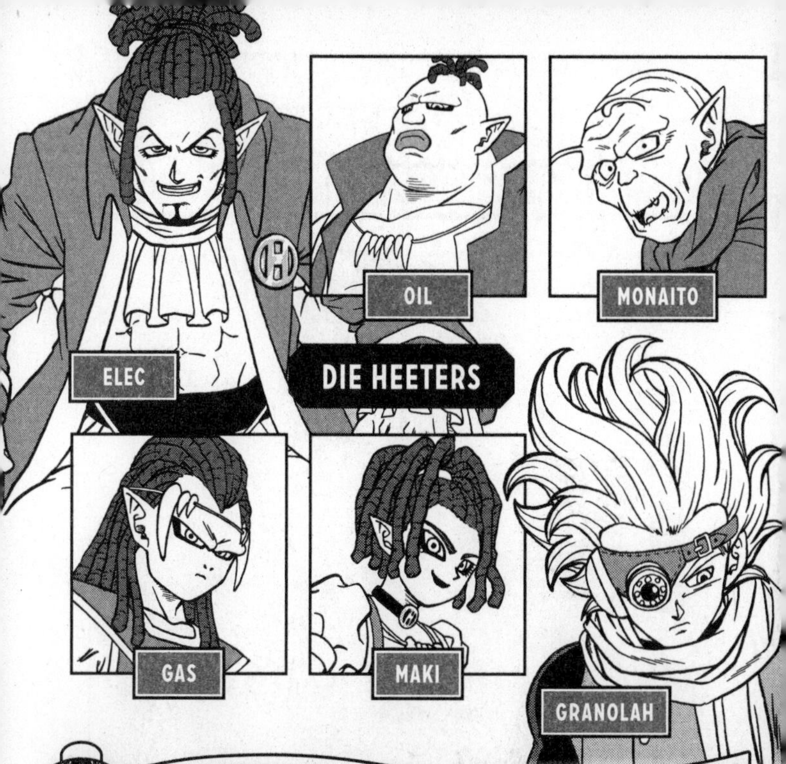

WAS BISHER GESCHAH...

Eines Tages begab sich Son-Goku auf die Suche nach den Dragon Balls. Denn hat man alle sieben zusammen, erscheint der Drache Shenlong und erfüllt einen Wunsch. Nachdem ihm dies einmal gelungen ist, trainiert er beim Herrn der Schildkröten, besiegt Majin Boo und bringt Frieden auf die Erde. Als Super-Saiyajin-Gott muss Goku erneut die Erde retten, unter Beerus, dem Gott der Zerstörung, nimmt er schließlich sein Training wieder auf.

Seither ist wieder viel Zeit vergangen... Son-Goku und Vegeta werden durch die Heeters verraten und beißen sich beim Kampf gegen Granolah die Zähne aus. Vegeta kann zwar die Kraft des Gottes der Zerstörung in sich erwecken, liegt mit Granolah aber dennoch allenfalls gleichauf. Dann taucht plötzlich Monaito auf, der davon erzählt, wie er und Granolah von einem Saiyajin gerettet wurden.

DRAGON BALL SUPER 18

SON-GOKUS VATER BARDOCK

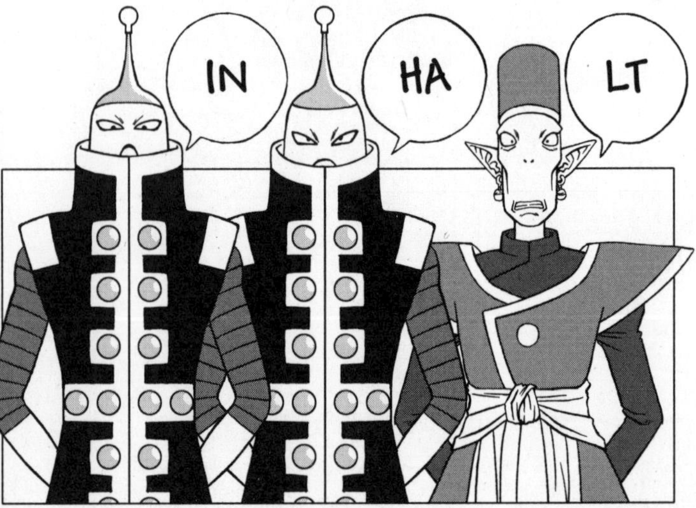

KAPITEL 77: SON-GOKUS VATER BARDOCK 05

KAPITEL 78: GAS' WUNSCH 51

KAPITEL 79: GAS VS. GRANOLAH 97

KAPITEL 80: GAS VS. GRANOLAH 2 143

DRAGON BALL SUPER

KAPITEL 77: SON-GOKUS VATER BARDOCK

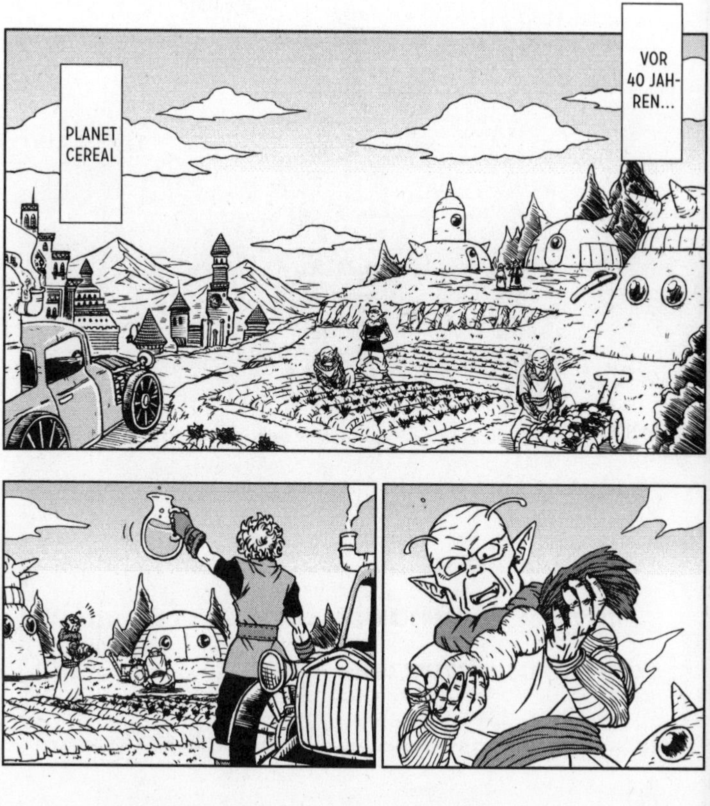

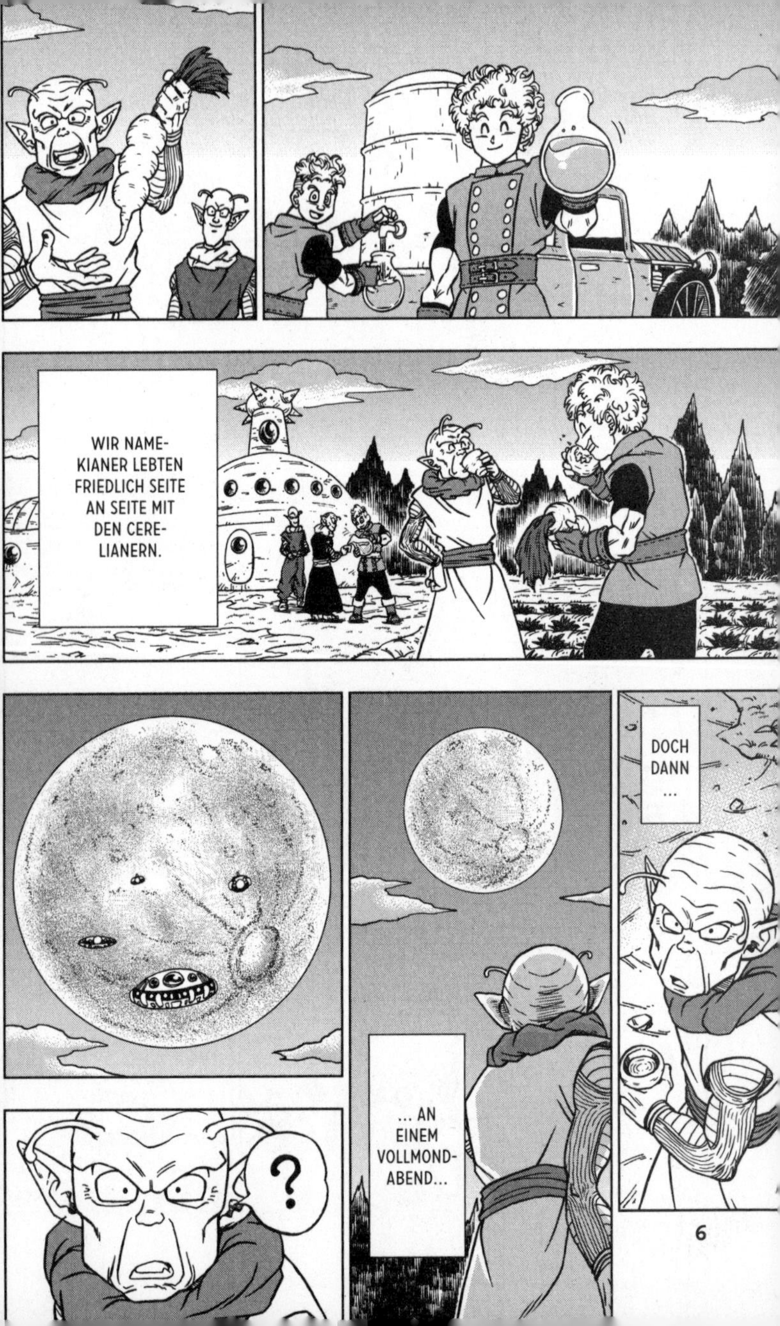
WIR NAME-KIANER LEBTEN FRIEDLICH SEITE AN SEITE MIT DEN CERE-LIANERN.
DOCH DANN ...
... AN EINEM VOLLMOND-ABEND...
?

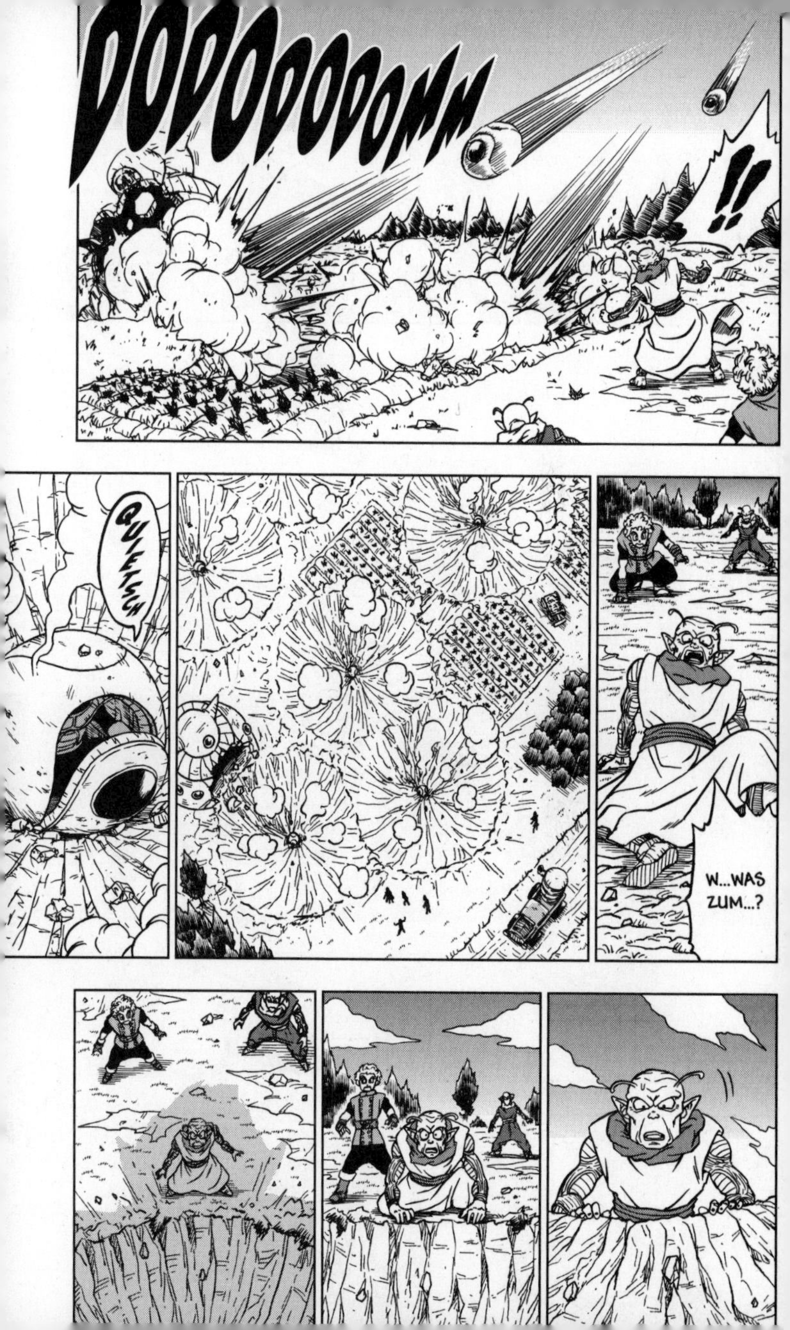
DODODODOMM
!!
W...WAS
ZUM...?
QUIETSCH

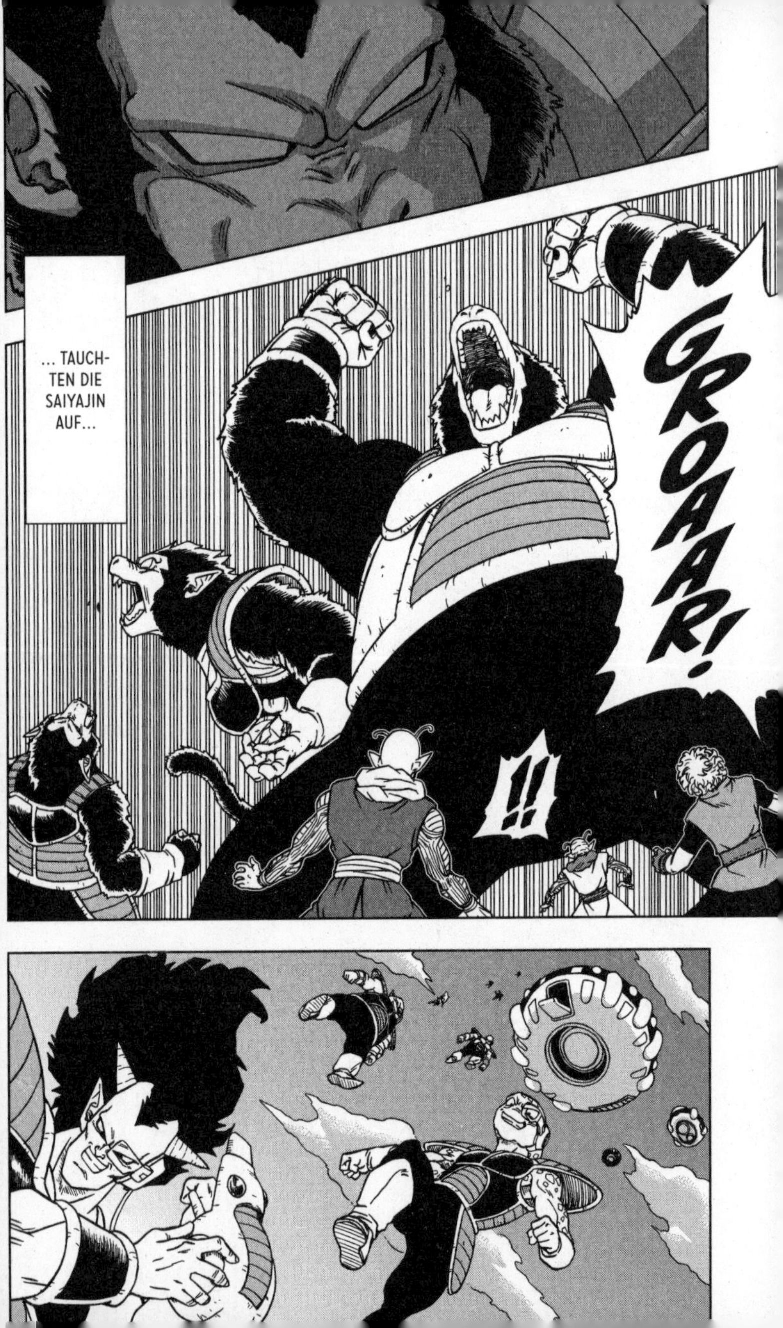
... TAUCH-
TEN DIE
SAIYAJIN
AUF...
GROAAAR!
!!

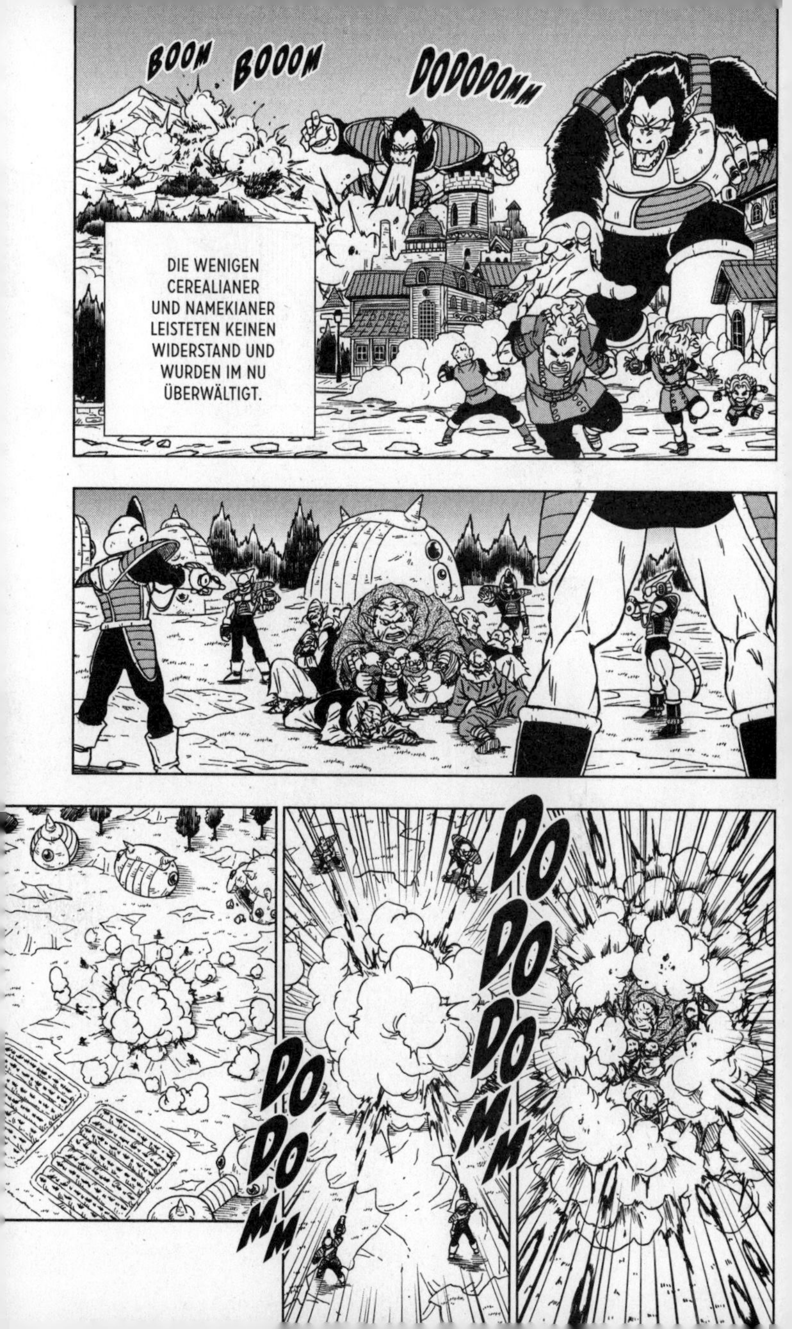
BOOM
BOOOM
DODODOMM
DIE WENIGEN CEREALIANER UND NAMEKIANER LEISTETEN KEINEN WIDERSTAND UND WURDEN IM NU ÜBERWÄLTIGT.
DODODODOMM
DODODOMM

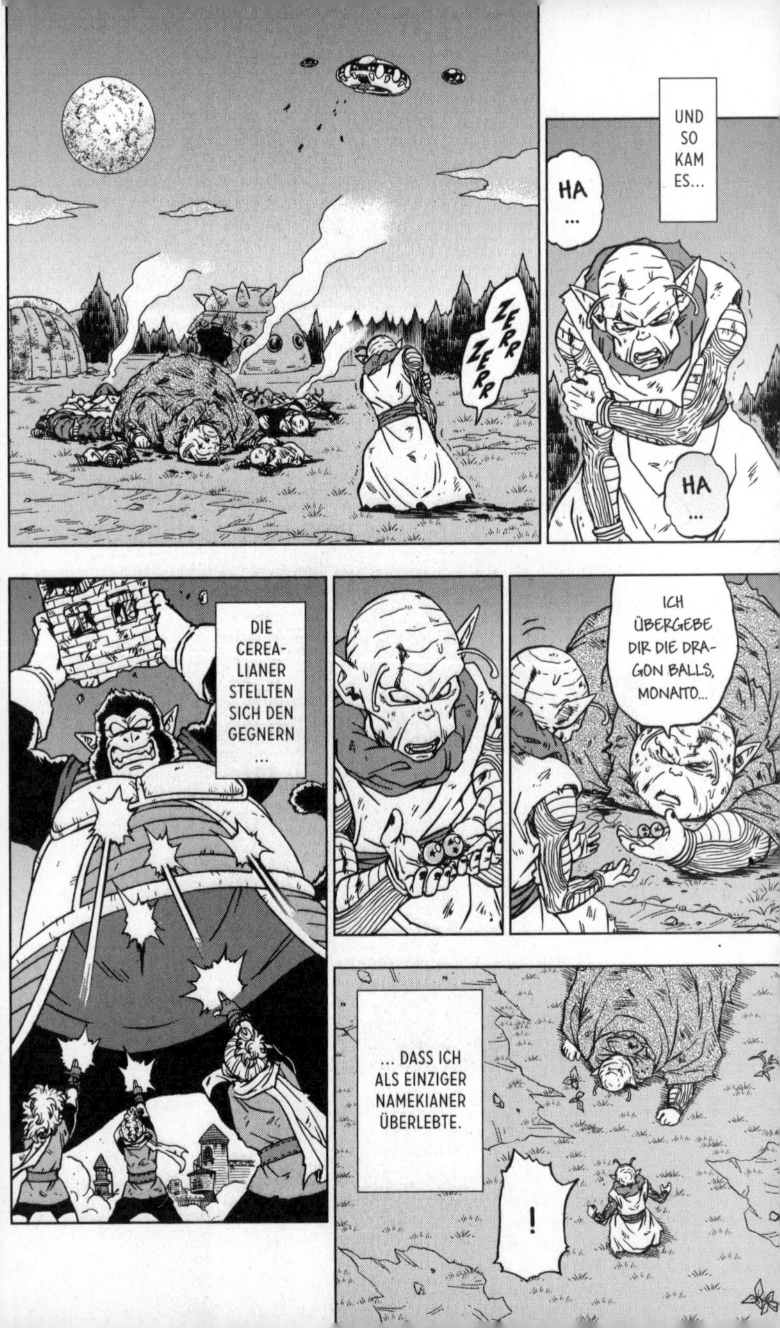
UND SO KAM ES…
HA …
HA …
ZERR ZERR
ICH ÜBERGEBE DIR DIE DRAGON BALLS, MONAITO…
DIE CEREALIANER STELLTEN SICH DEN GEGNERN …
… DASS ICH ALS EINZIGER NAMEKIANER ÜBERLEBTE.
!

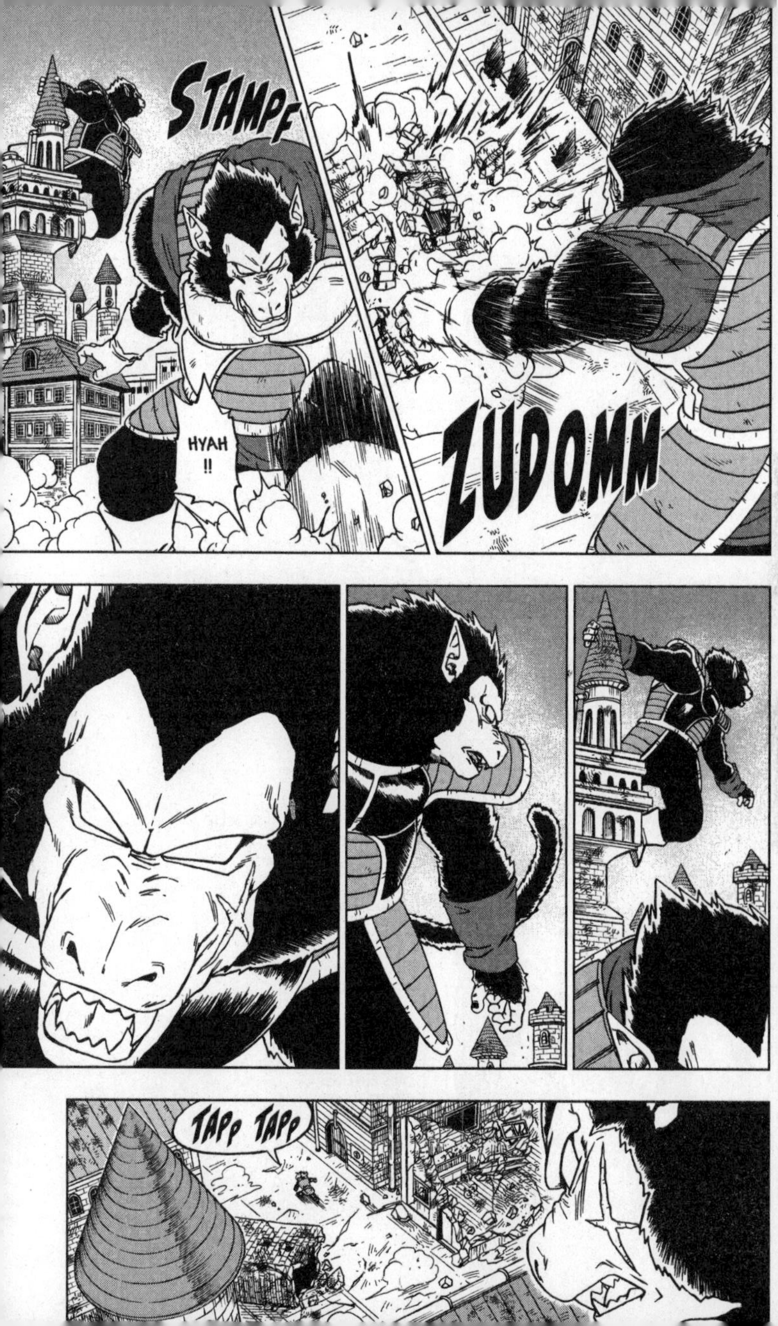
STAMPF
HYAH !!
ZUDOMM
TAPP TAPP

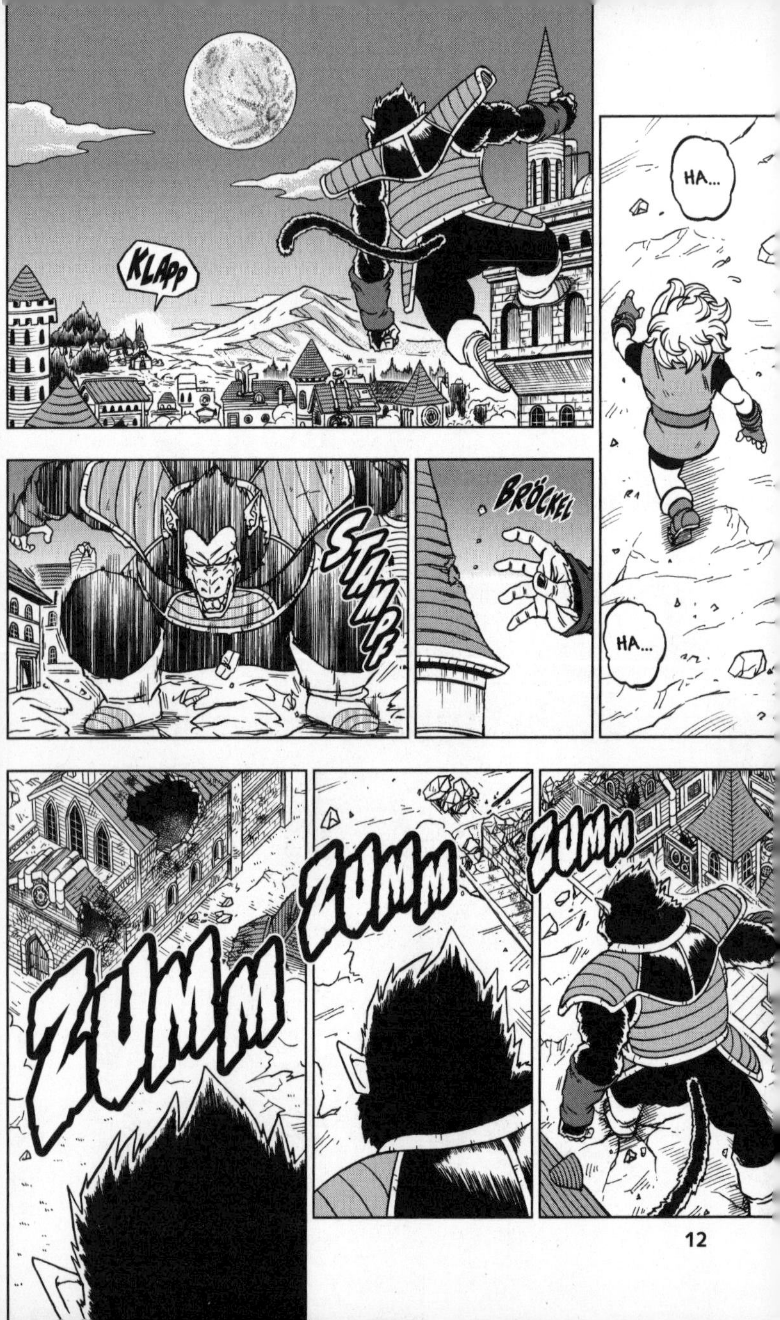
KLAPP
HA...
HA...
BRÖCKEL
STAMPF
ZUMM
ZUMM
ZUMM

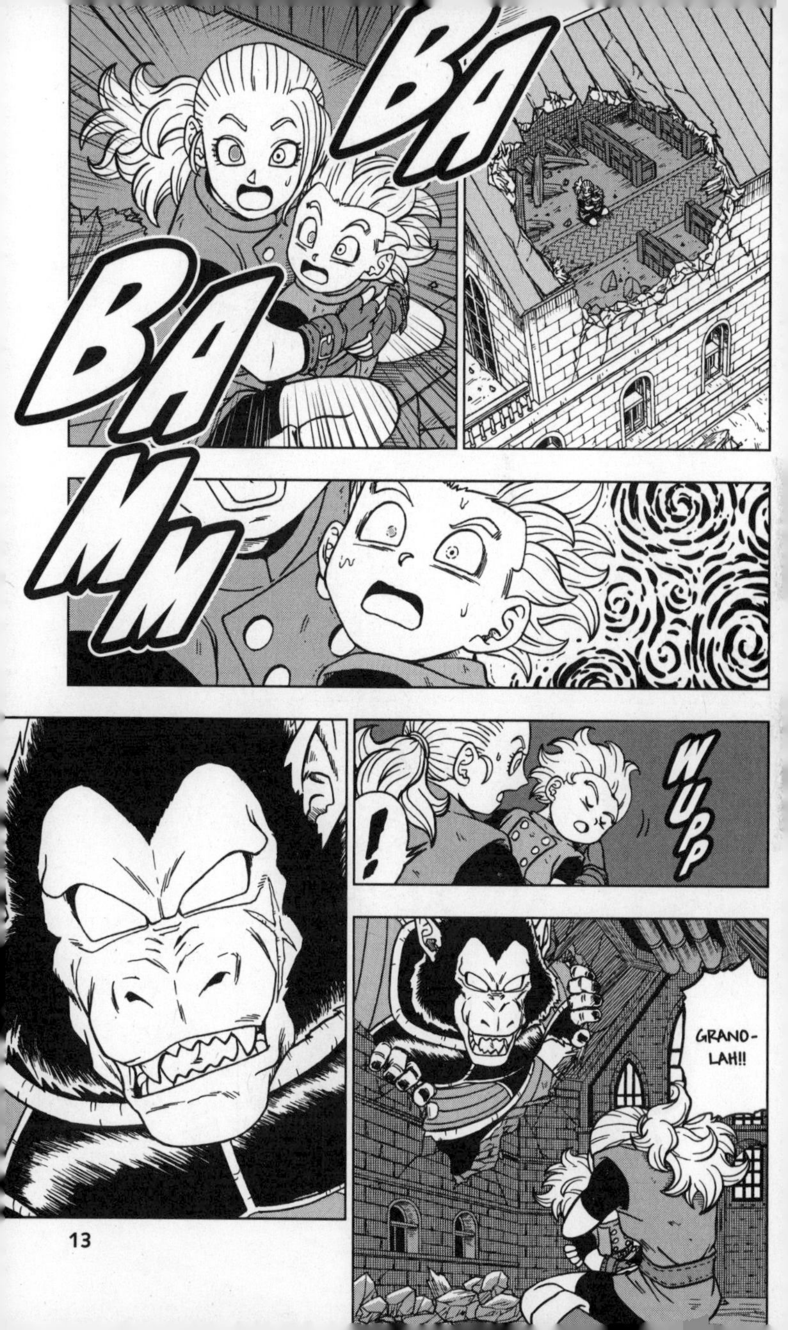
BA
BA
BAMM
!
WUPP
GRANO-
LAH!!

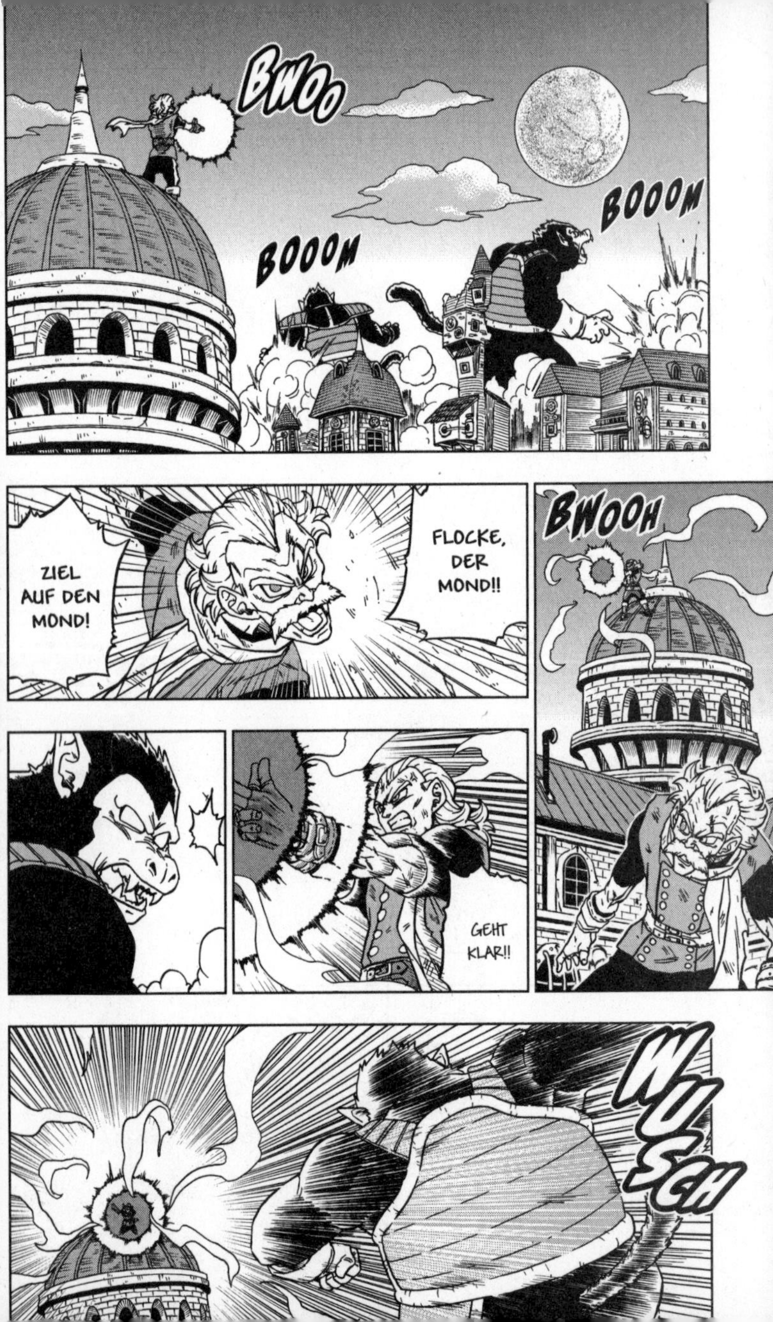
BWOO
BOOOM
BOOOM
ZIEL AUF DEN MOND!
FLOCKE, DER MOND!!
BWOOH
GEHT KLAR!!
WUSCH

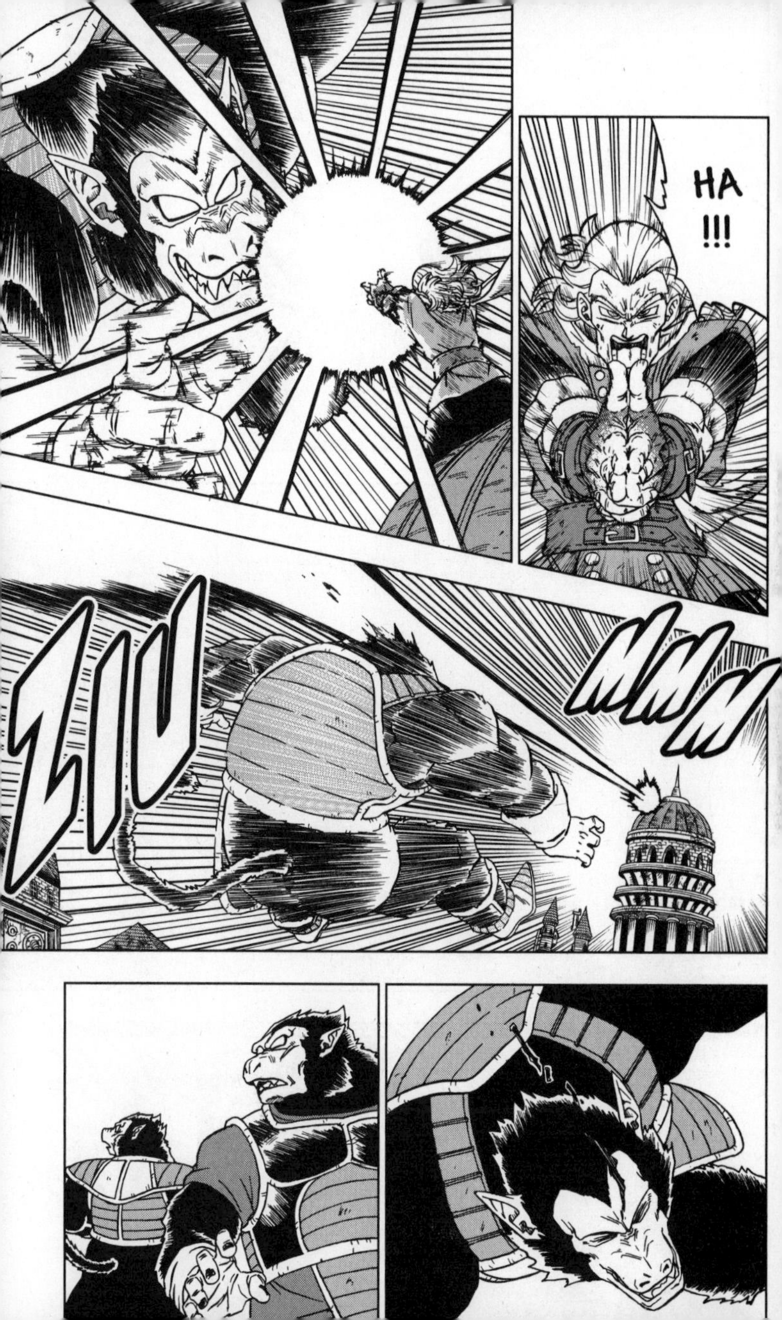
HA
!!!
ZIU
MMM

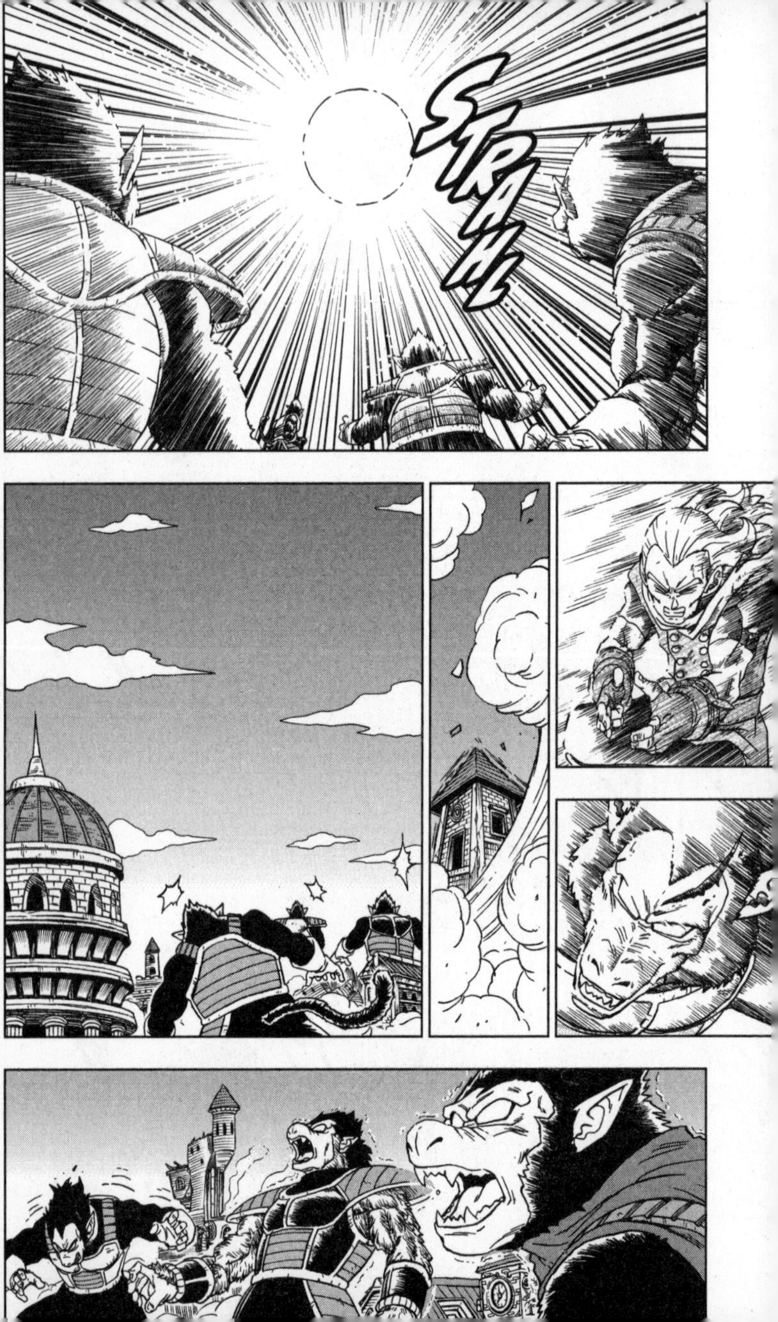
STRAAHL

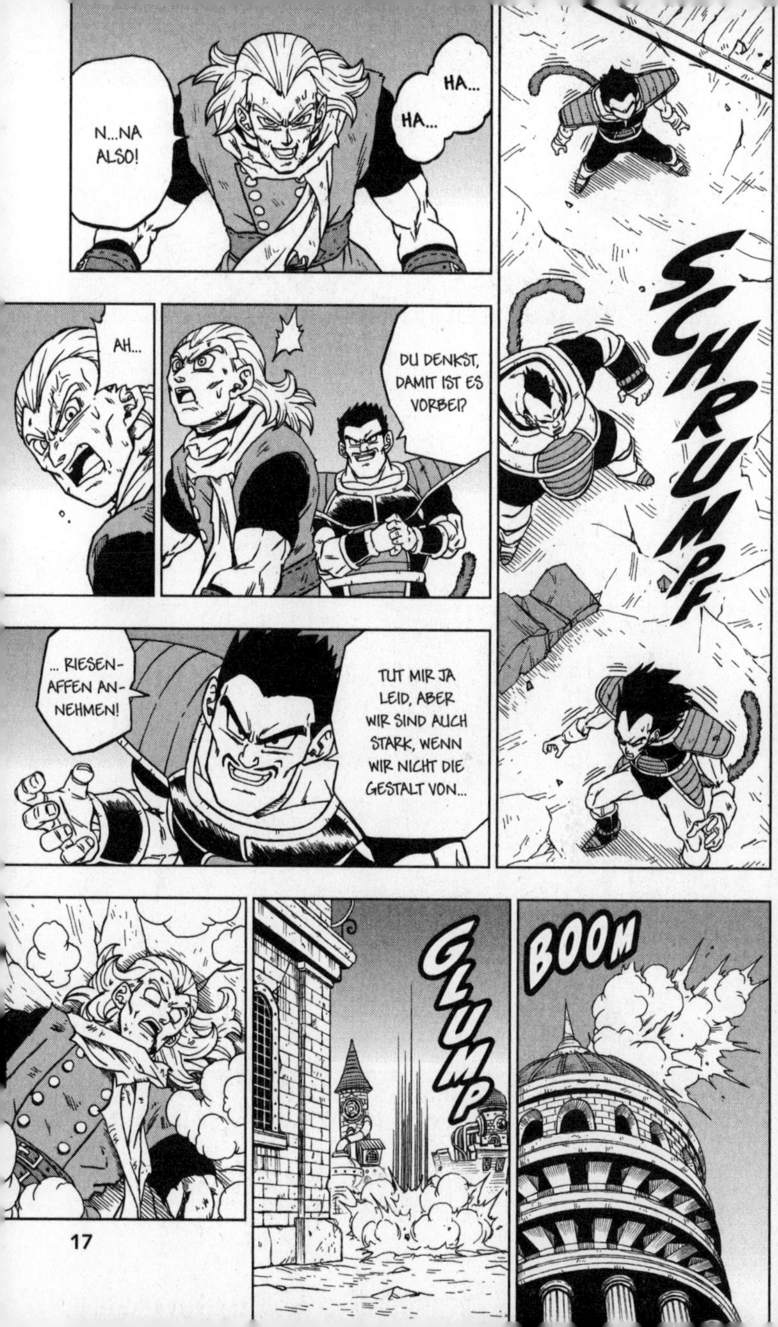
SCHRUMPF
HA...
HA...
N...NA ALSO!
DU DENKST, DAMIT IST ES VORBEI?
AH...
TUT MIR JA LEID, ABER WIR SIND AUCH STARK, WENN WIR NICHT DIE GESTALT VON...
... RIESEN-AFFEN AN-NEHMEN!
BOOM
GLUMP

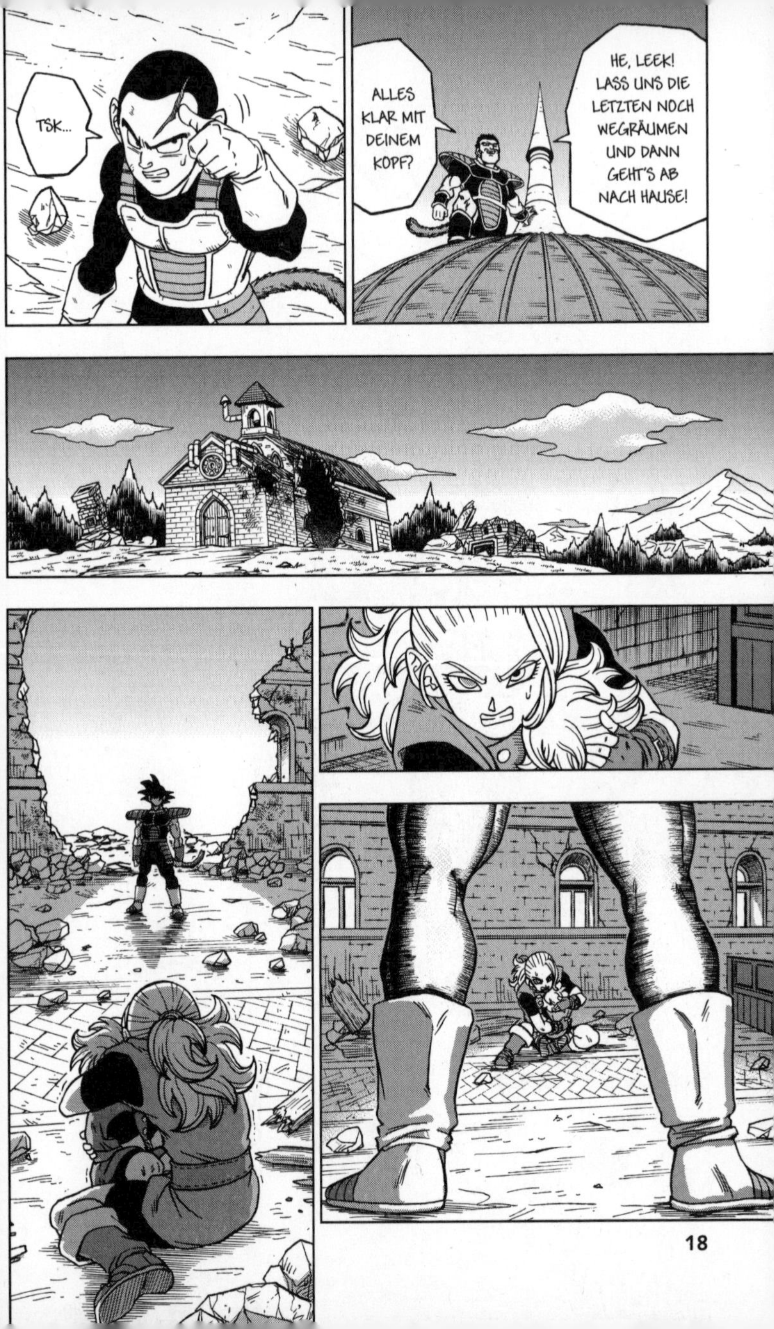
TSK...
HE, LEEK! LASS UNS DIE LETZTEN NOCH WEGRÄUMEN UND DANN GEHT'S AB NACH HAUSE!
ALLES KLAR MIT DEINEM KOPF?

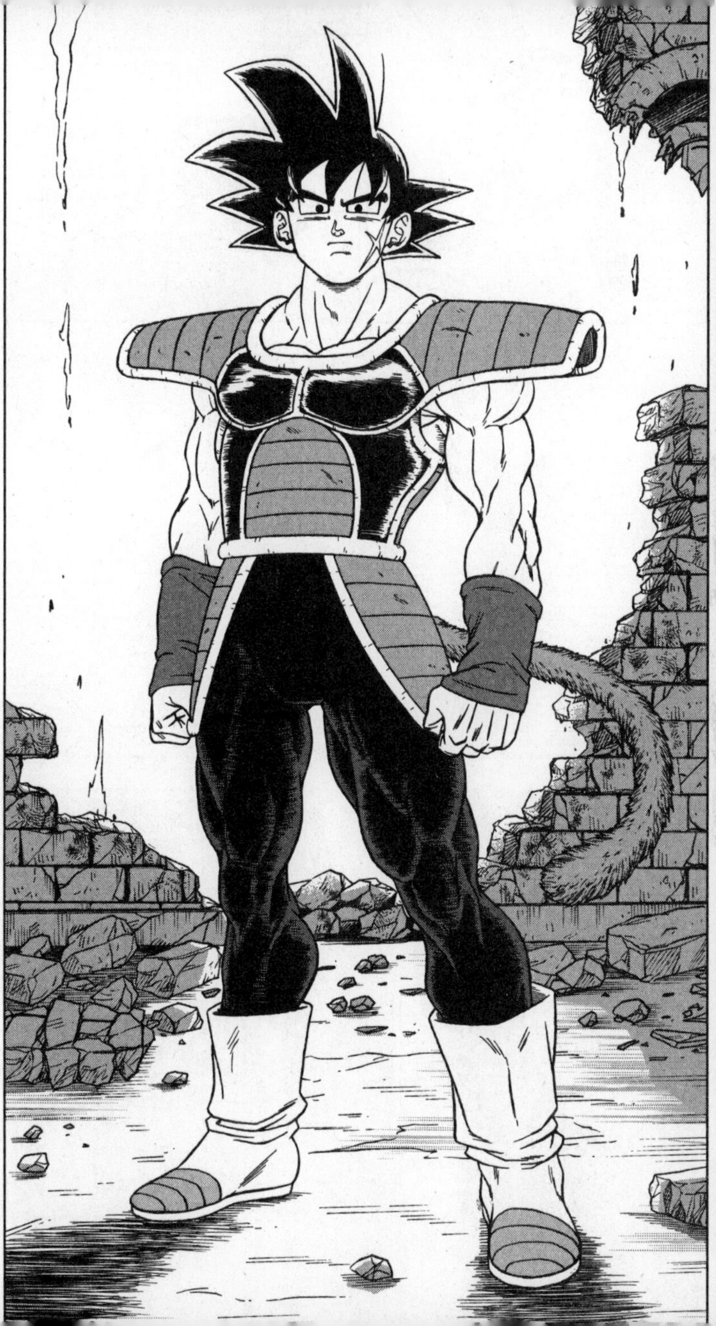

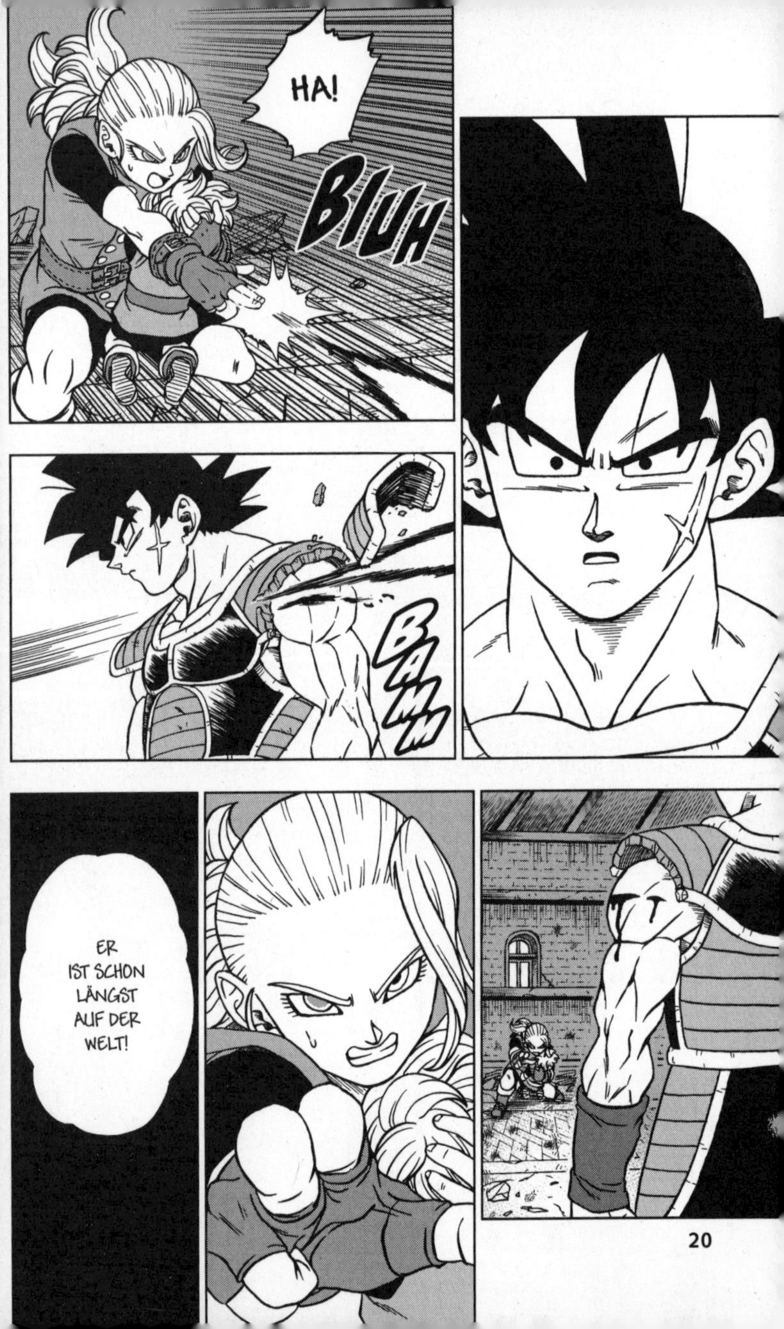
HA!
BLUH
BAMM
ER IST SCHON LÄNGST AUF DER WELT!

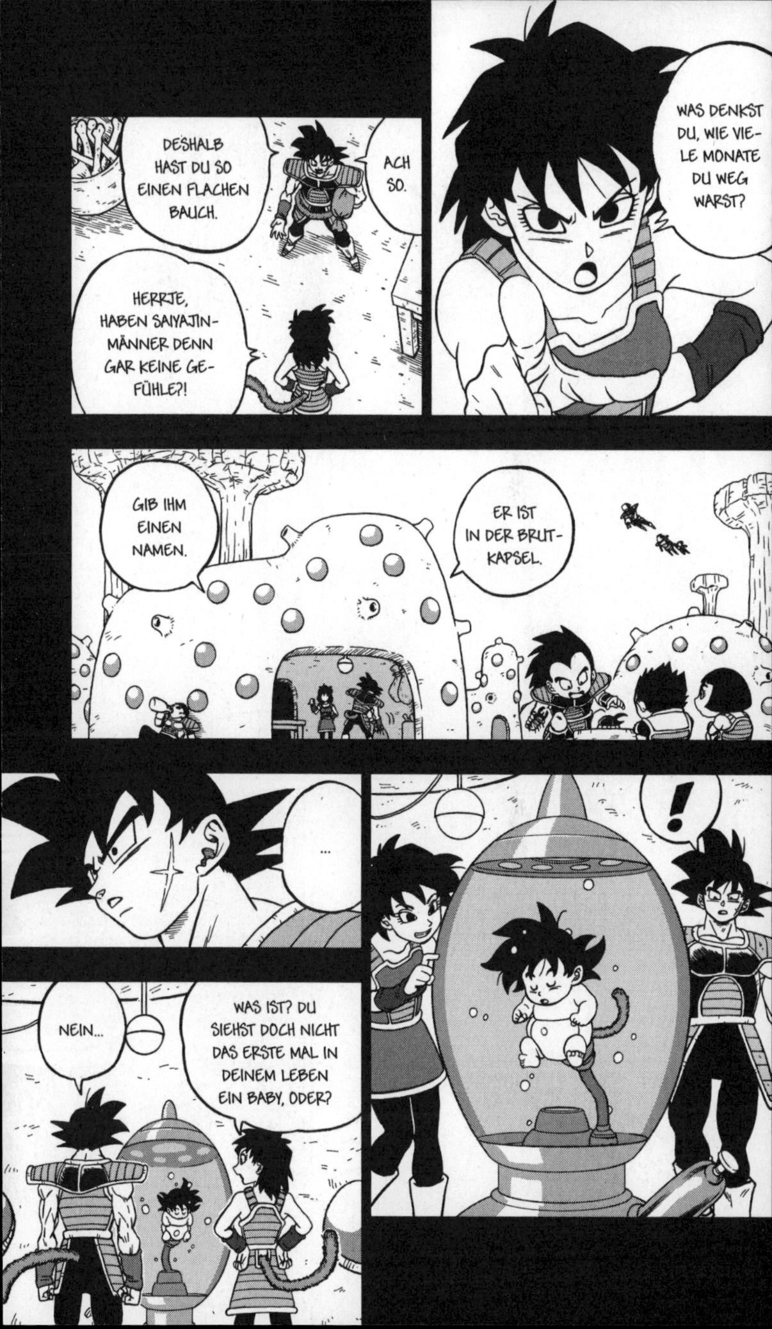
WAS DENKST DU, WIE VIE-LE MONATE DU WEG WARST?
ACH SO.
DESHALB HAST DU SO EINEN FLACHEN BAUCH.
HERRJE, HABEN SAIYAJIN-MÄNNER DENN GAR KEINE GE-FÜHLE?!
ER IST IN DER BRUT-KAPSEL.
GIB IHM EINEN NAMEN.
!
...
WAS IST? DU SIEHST DOCH NICHT DAS ERSTE MAL IN DEINEM LEBEN EIN BABY, ODER?
NEIN...

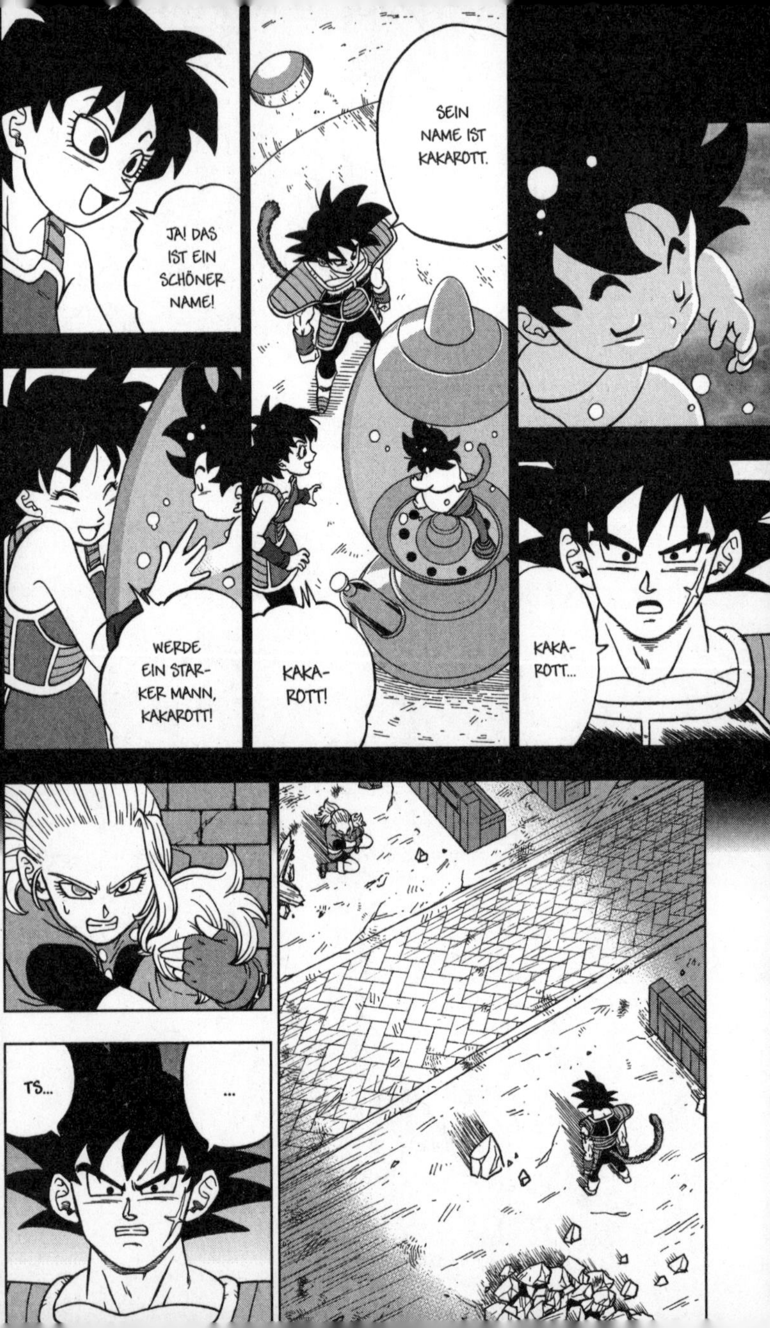
SEIN NAME IST KAKAROTT.
JA! DAS IST EIN SCHÖNER NAME!
KAKA-ROTT...
KAKA-ROTT!
WERDE EIN STAR-KER MANN, KAKAROTT!
...
TS...

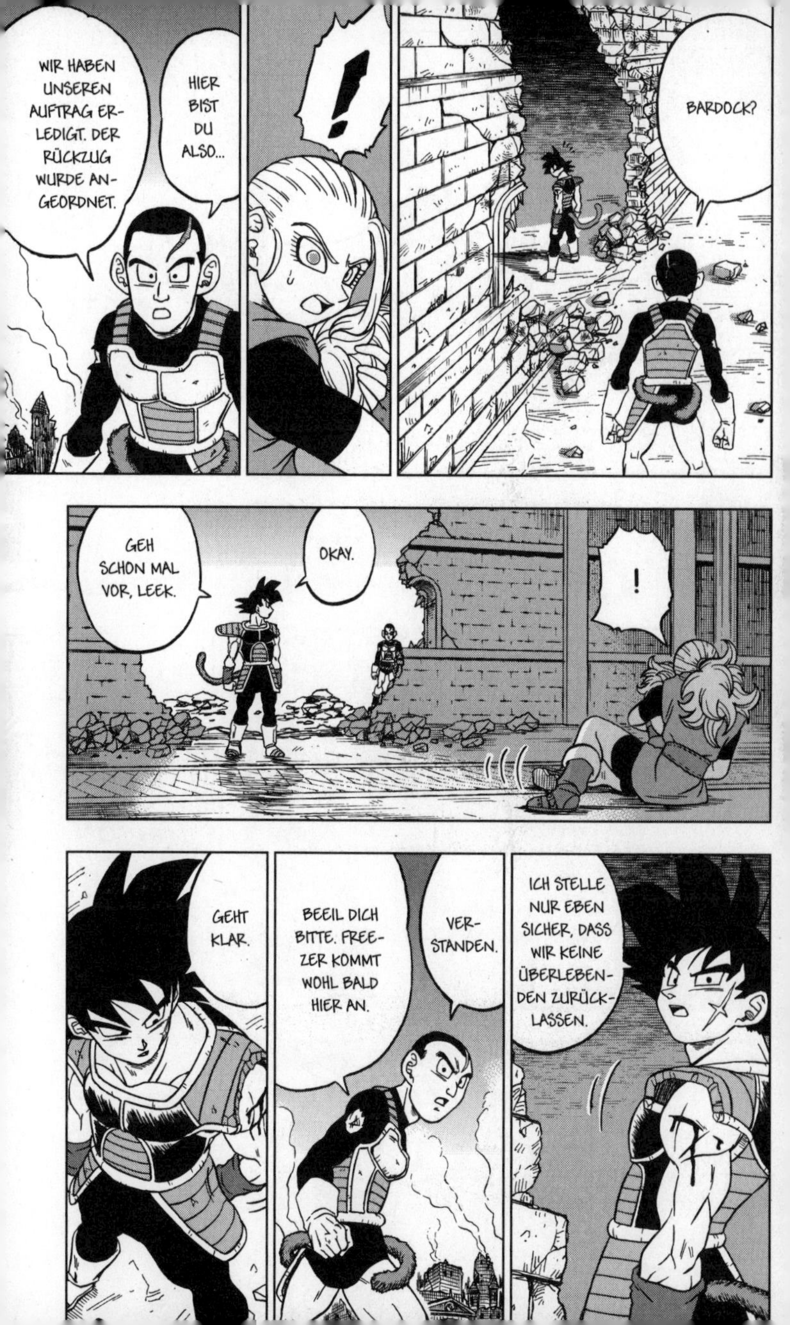
WIR HABEN UNSEREN AUFTRAG ER-LEDIGT. DER RÜCKZUG WURDE AN-GEORDNET.
HIER BIST DU ALSO...
!
BARDOCK?
GEH SCHON MAL VOR, LEEK.
OKAY.
!
GEHT KLAR.
BEEIL DICH BITTE. FREE-ZER KOMMT WOHL BALD HIER AN.
VER-STANDEN.
ICH STELLE NUR EBEN SICHER, DASS WIR KEINE ÜBERLEBEN-DEN ZURÜCK-LASSEN.

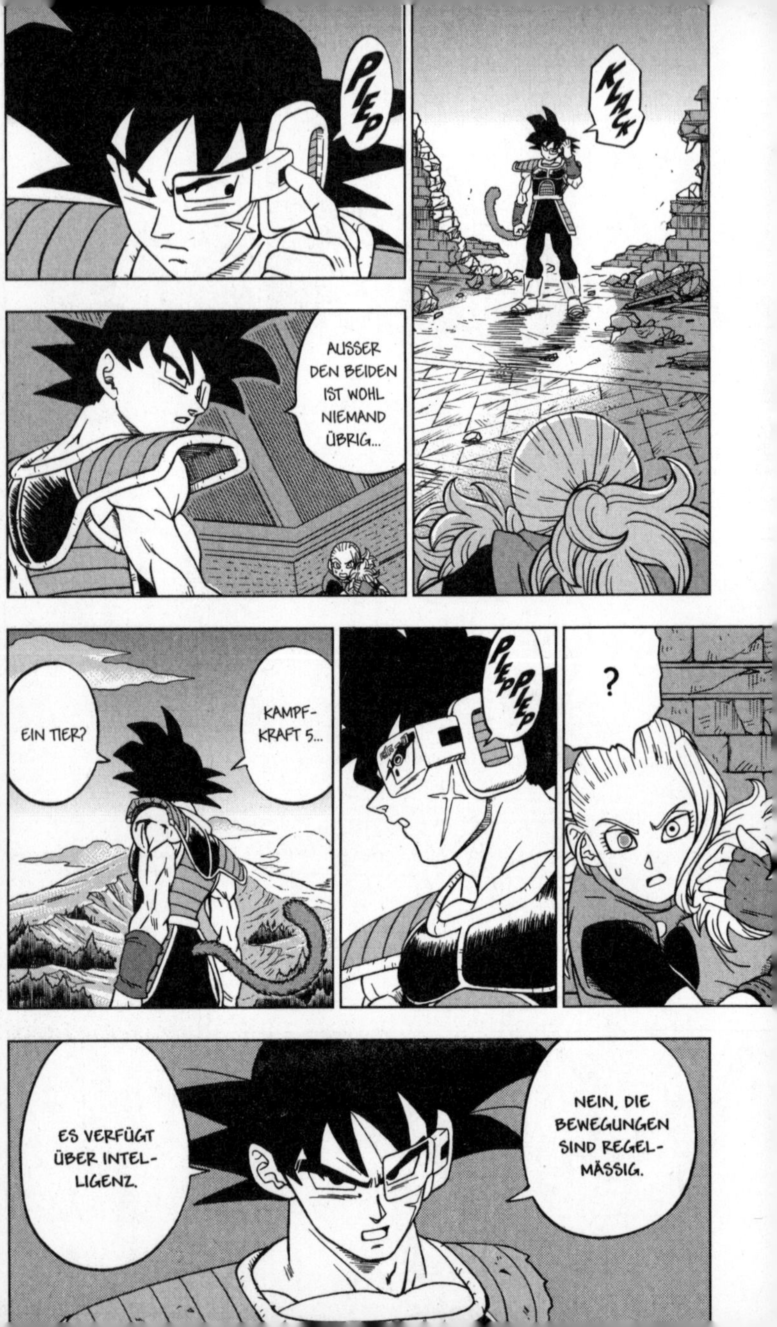
KLACK
PIEP
AUSSER DEN BEIDEN IST WOHL NIEMAND ÜBRIG...
?
PIEPPIEP
KAMPF-KRAFT 5...
EIN TIER?
NEIN, DIE BEWEGUNGEN SIND REGEL-MÄSSIG.
ES VERFÜGT ÜBER INTEL-LIGENZ.

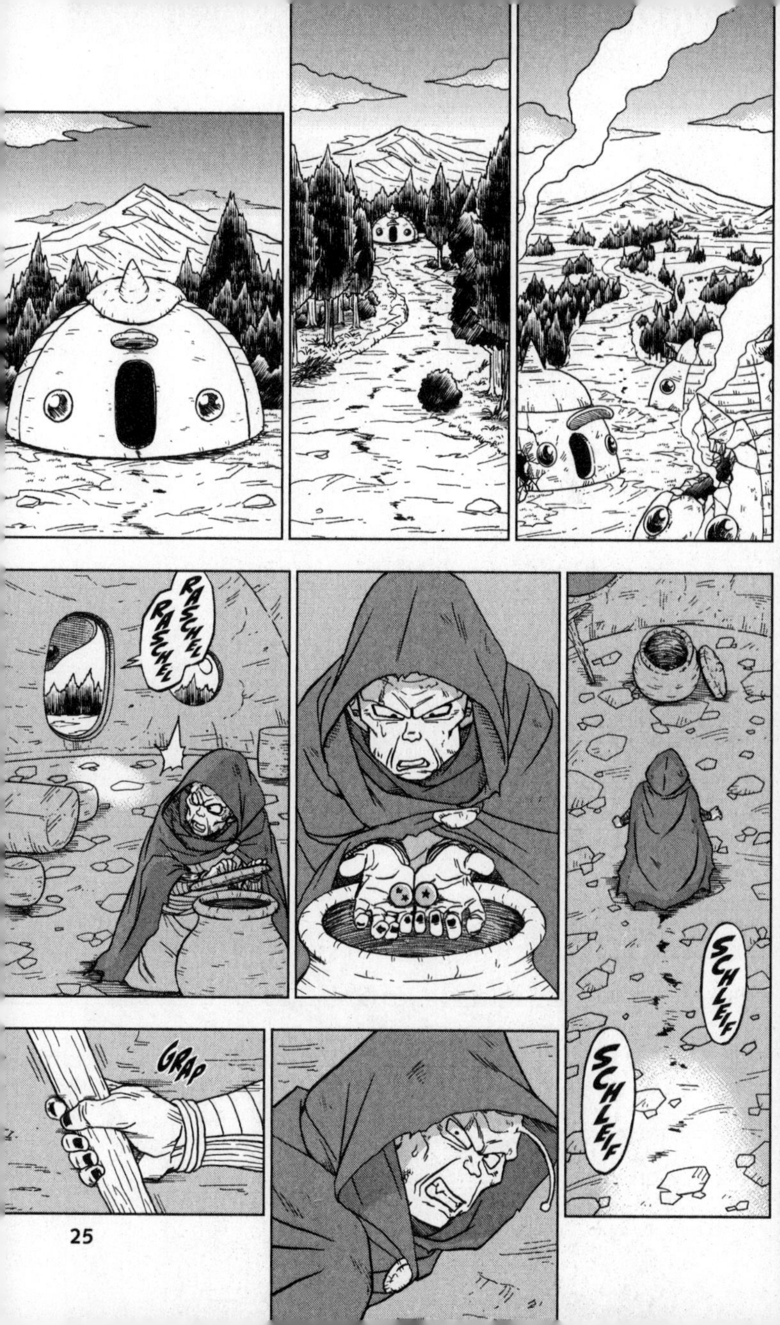
SCHLEIF
SCHLEIF
RASCHEL
RASCHEL
GRAP

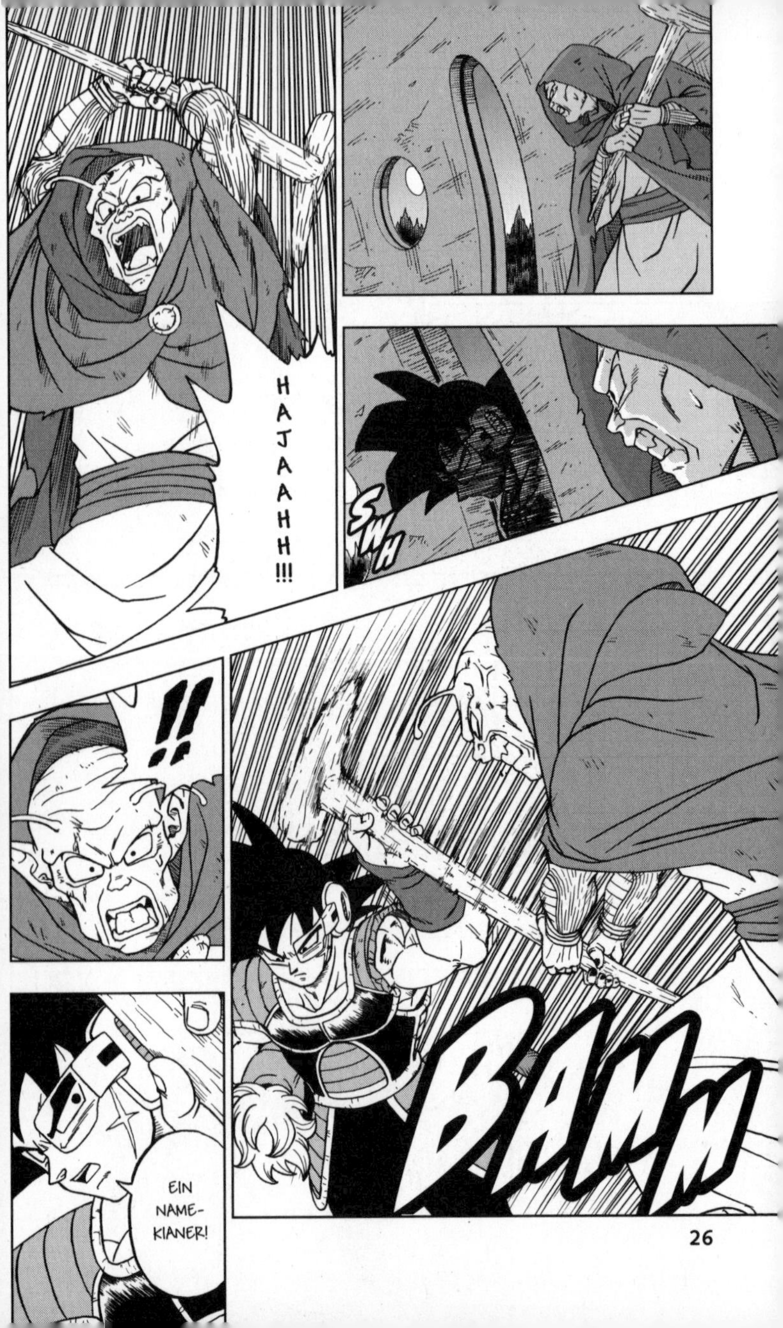
HAJAAAHH!!!
SWH
!!
BAMM
EIN NAME-KIANER!

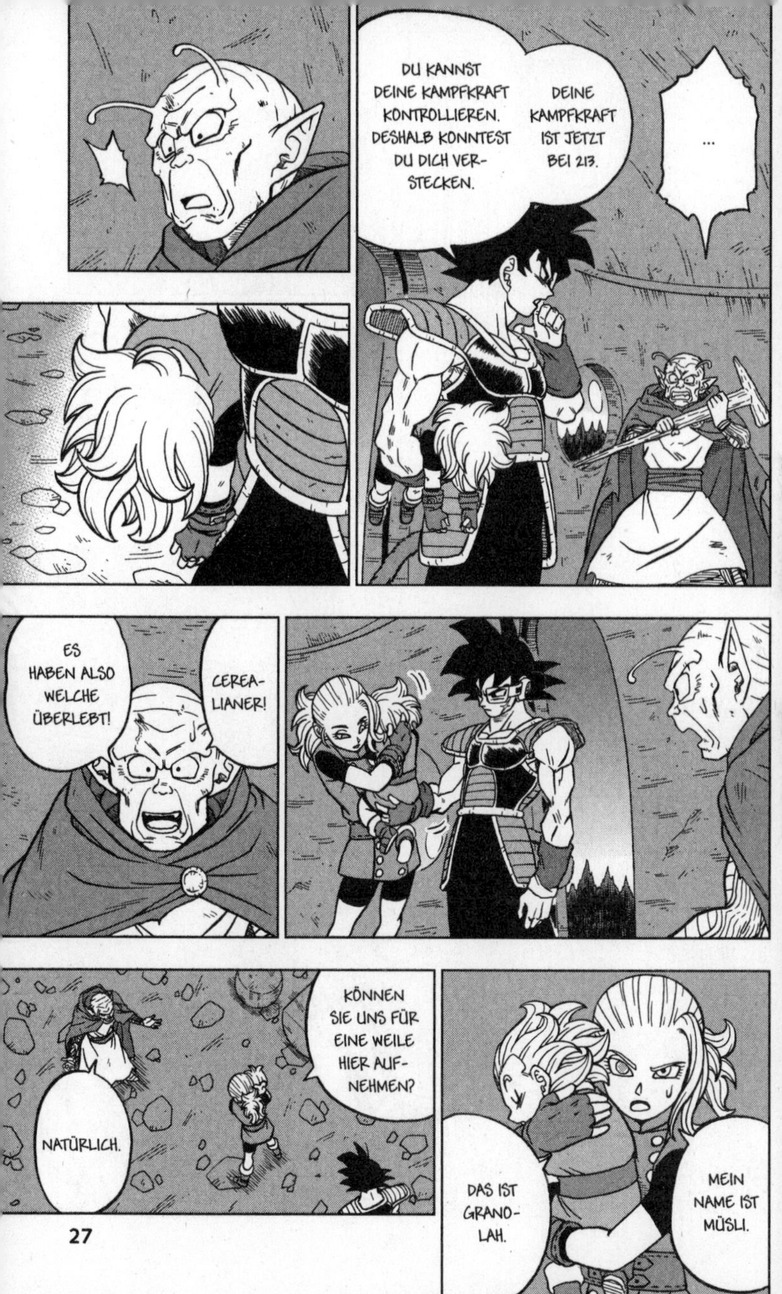
...
DEINE KAMPFKRAFT IST JETZT BEI 213.
DU KANNST DEINE KAMPFKRAFT KONTROLLIEREN. DESHALB KONNTEST DU DICH VER-STECKEN.
CEREA-LIANER!
ES HABEN ALSO WELCHE ÜBERLEBT!
MEIN NAME IST MÜSLI.
DAS IST GRANO-LAH.
KÖNNEN SIE UNS FÜR EINE WEILE HIER AUF-NEHMEN?
NATÜRLICH.

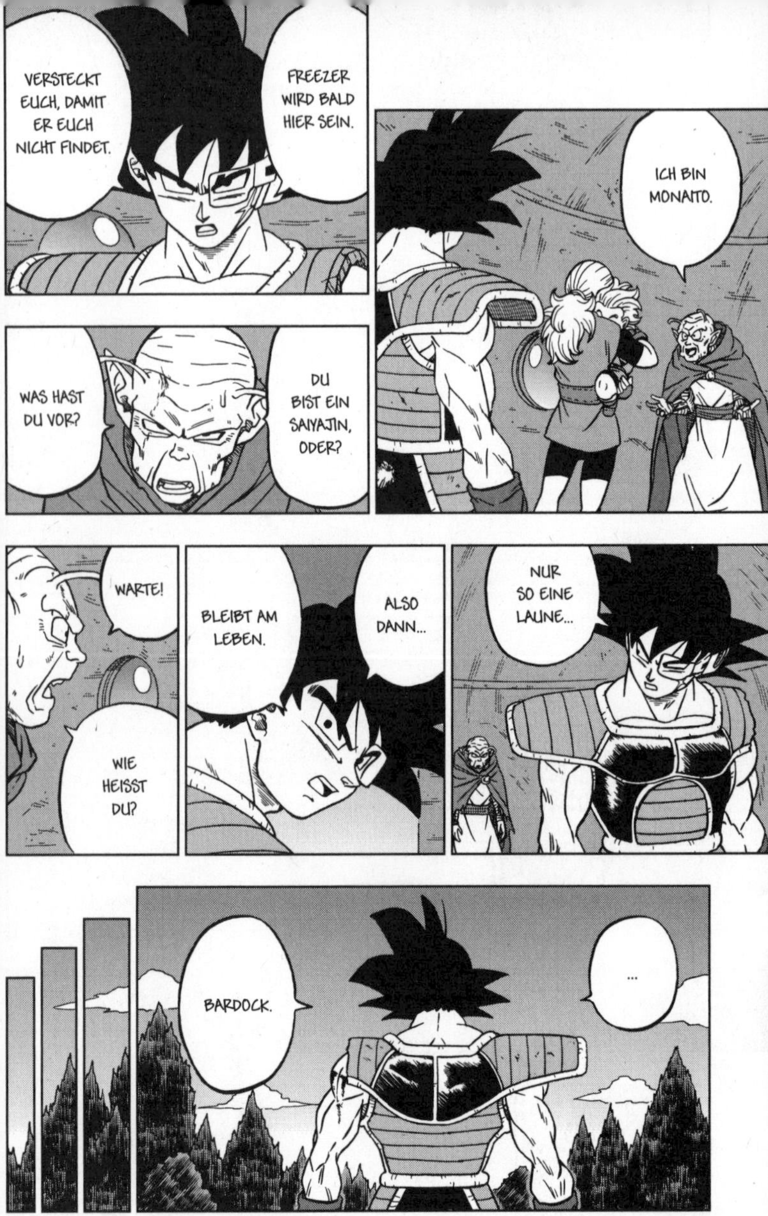
ICH BIN MONAITO.
FREEZER WIRD BALD HIER SEIN.
VERSTECKT EUCH, DAMIT ER EUCH NICHT FINDET.
DU BIST EIN SAIYAJIN, ODER?
WAS HAST DU VOR?
NUR SO EINE LAUNE...
ALSO DANN...
BLEIBT AM LEBEN.
WARTE!
WIE HEISST DU?
...
BARDOCK.

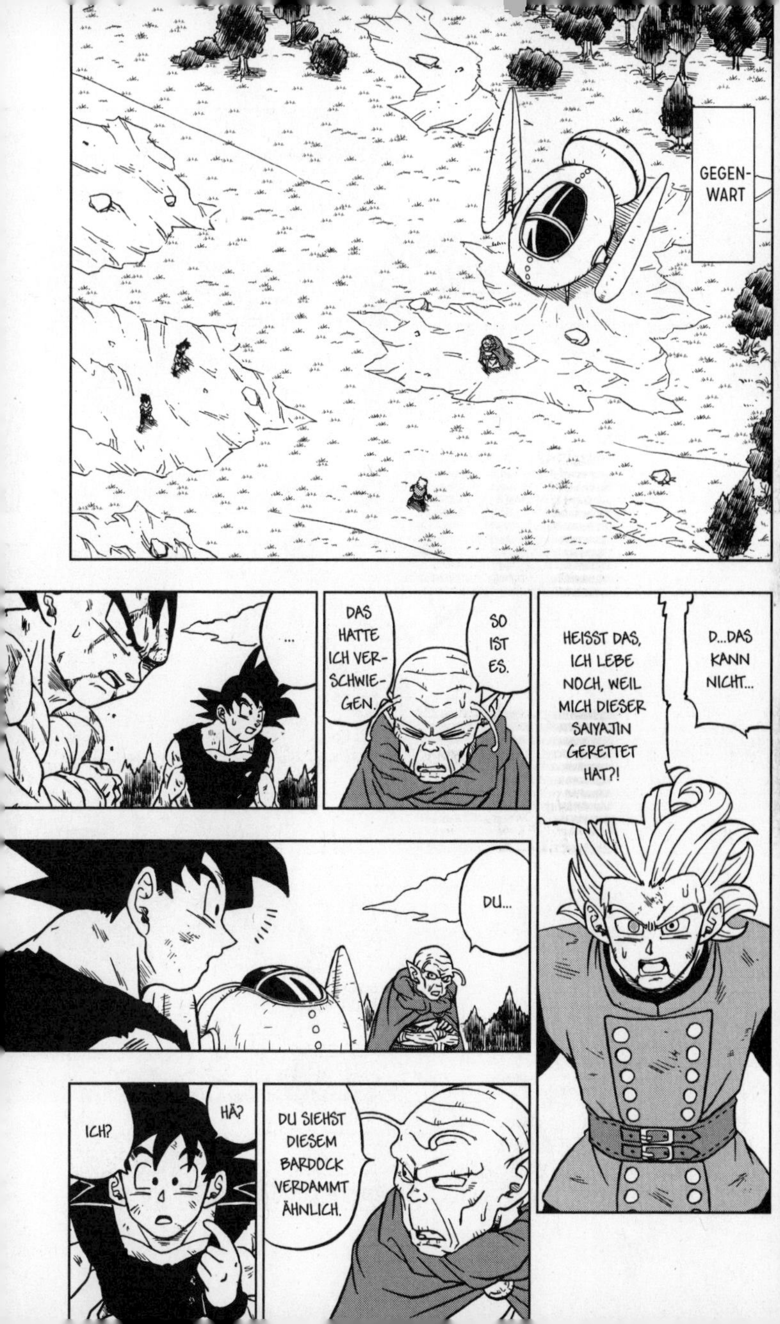
GEGEN-
WART
D...DAS KANN NICHT...
HEISST DAS, ICH LEBE NOCH, WEIL MICH DIESER SAIYAJIN GERETTET HAT?!
SO IST ES.
DAS HATTE ICH VER-SCHWIE-GEN.
...
DU...
DU SIEHST DIESEM BARDOCK VERDAMMT ÄHNLICH.
HÄ?
ICH?

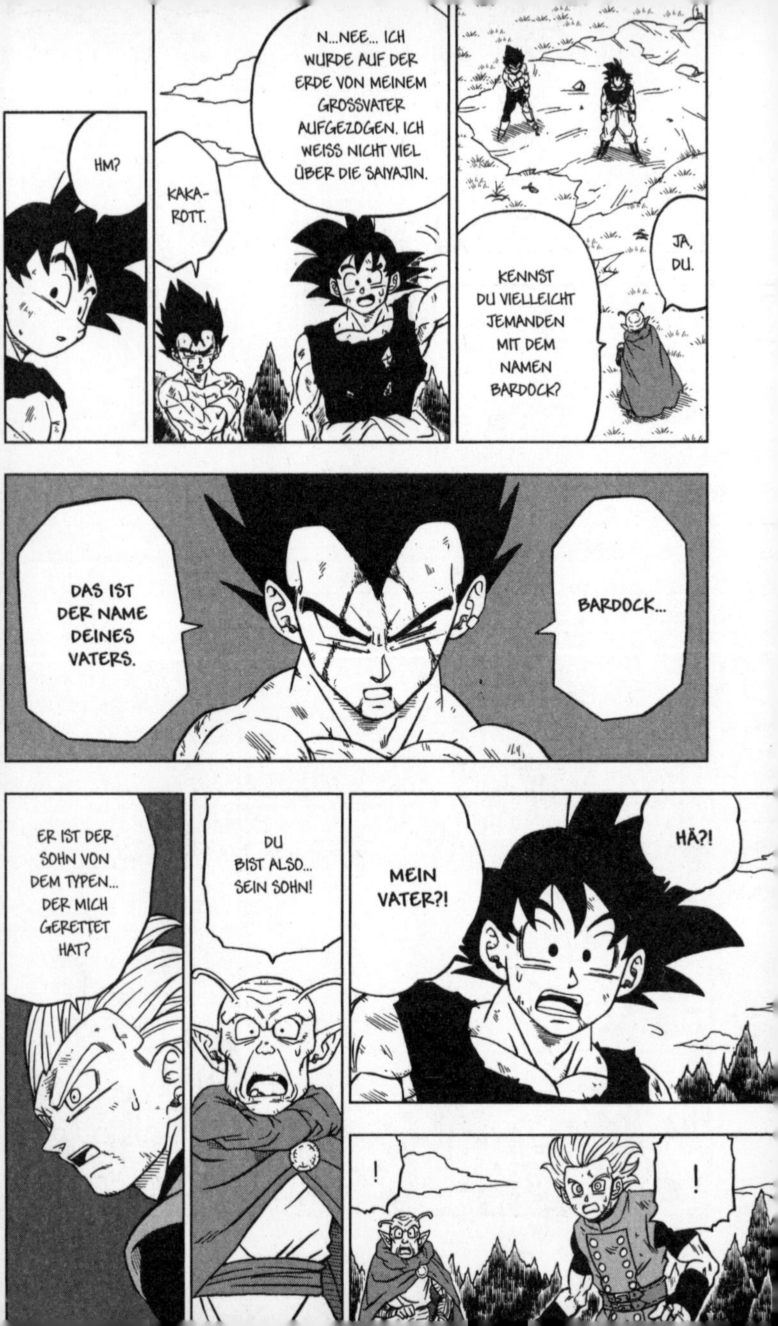
JA, DU.
KENNST DU VIELLEICHT JEMANDEN MIT DEM NAMEN BARDOCK?
N...NEE... ICH WURDE AUF DER ERDE VON MEINEM GROSSVATER AUFGEZOGEN. ICH WEISS NICHT VIEL ÜBER DIE SAIYAJIN.
KAKA-ROTT.
HM?
BARDOCK...
DAS IST DER NAME DEINES VATERS.
HÄ?!
MEIN VATER?!
!
!
DU BIST ALSO... SEIN SOHN!
ER IST DER SOHN VON DEM TYPEN... DER MICH GERETTET HAT?

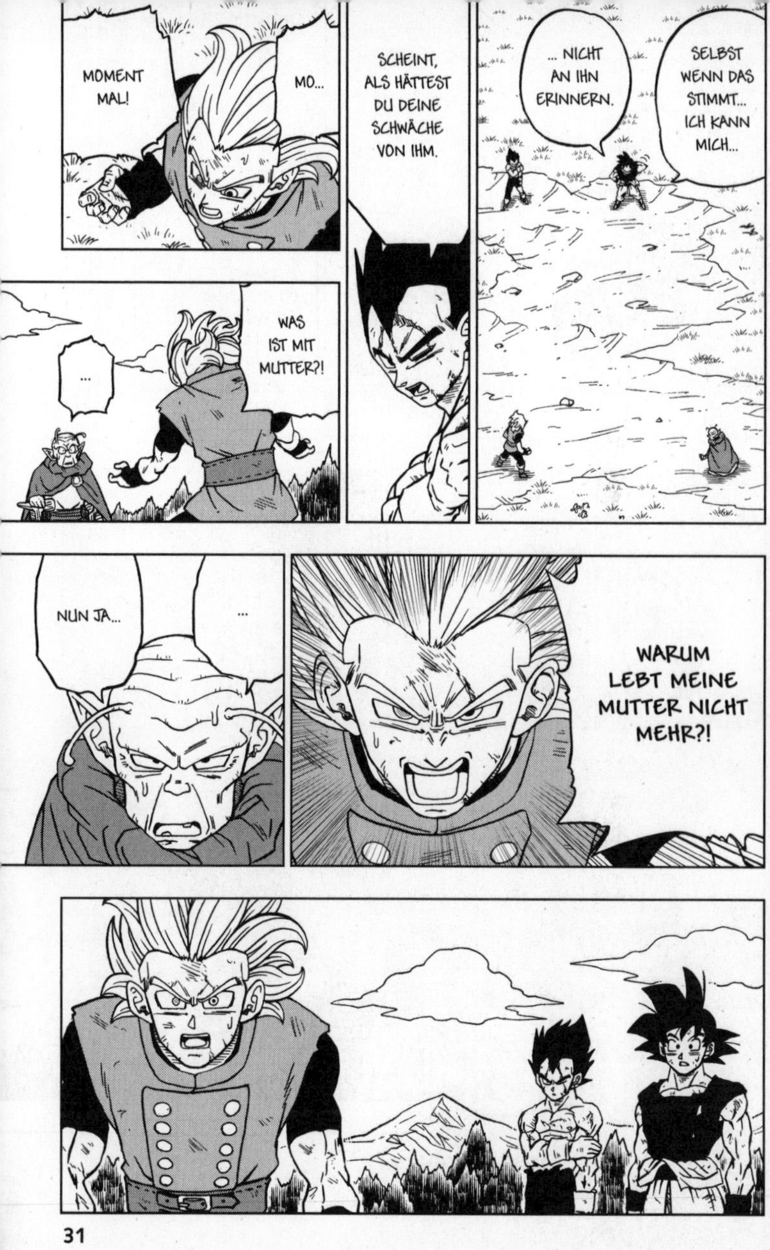
SELBST WENN DAS STIMMT... ICH KANN MICH...
... NICHT AN IHN ERINNERN.
SCHEINT, ALS HÄTTEST DU DEINE SCHWÄCHE VON IHM.
MO...
MOMENT MAL!
WAS IST MIT MUTTER?!
...
WARUM LEBT MEINE MUTTER NICHT MEHR?!
...
NUN JA...

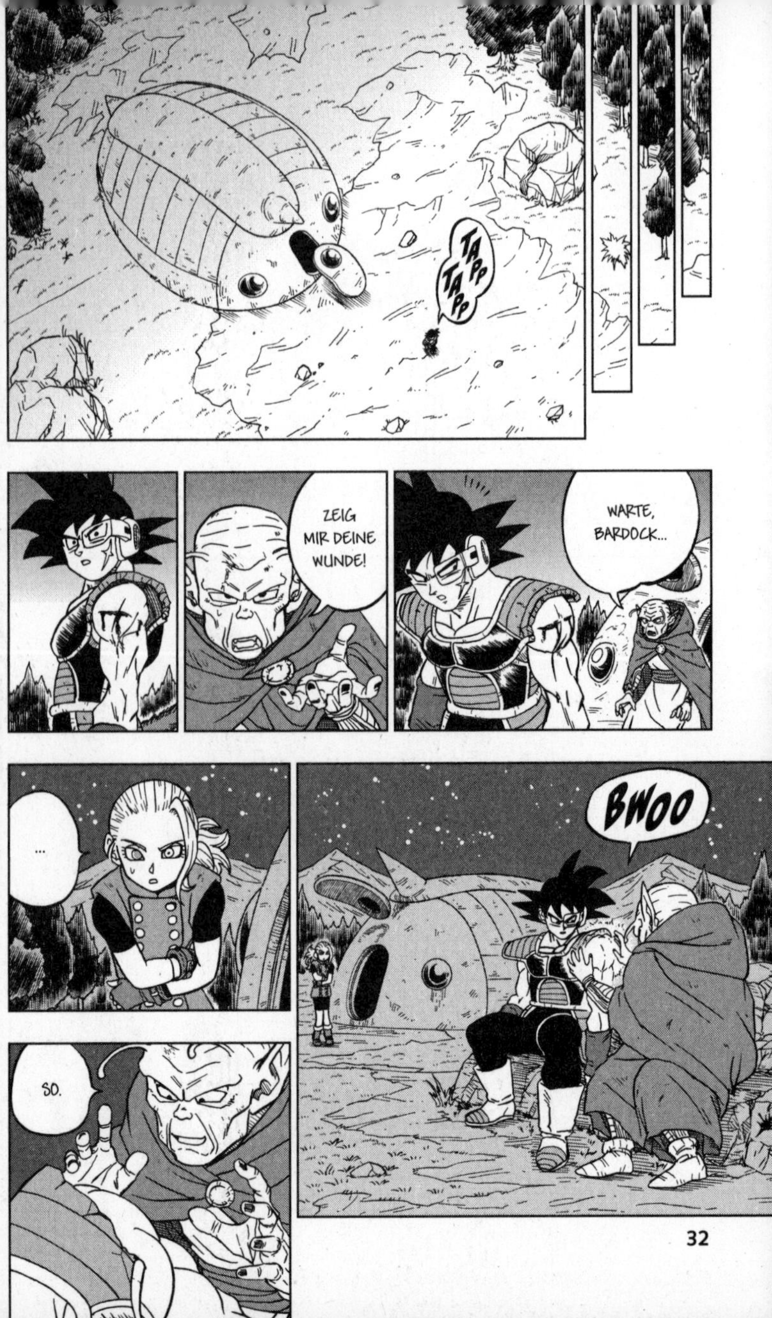
TAPP TAPP
ZEIG MIR DEINE WUNDE!
WARTE, BARDOCK...
...
BWOO
SO.

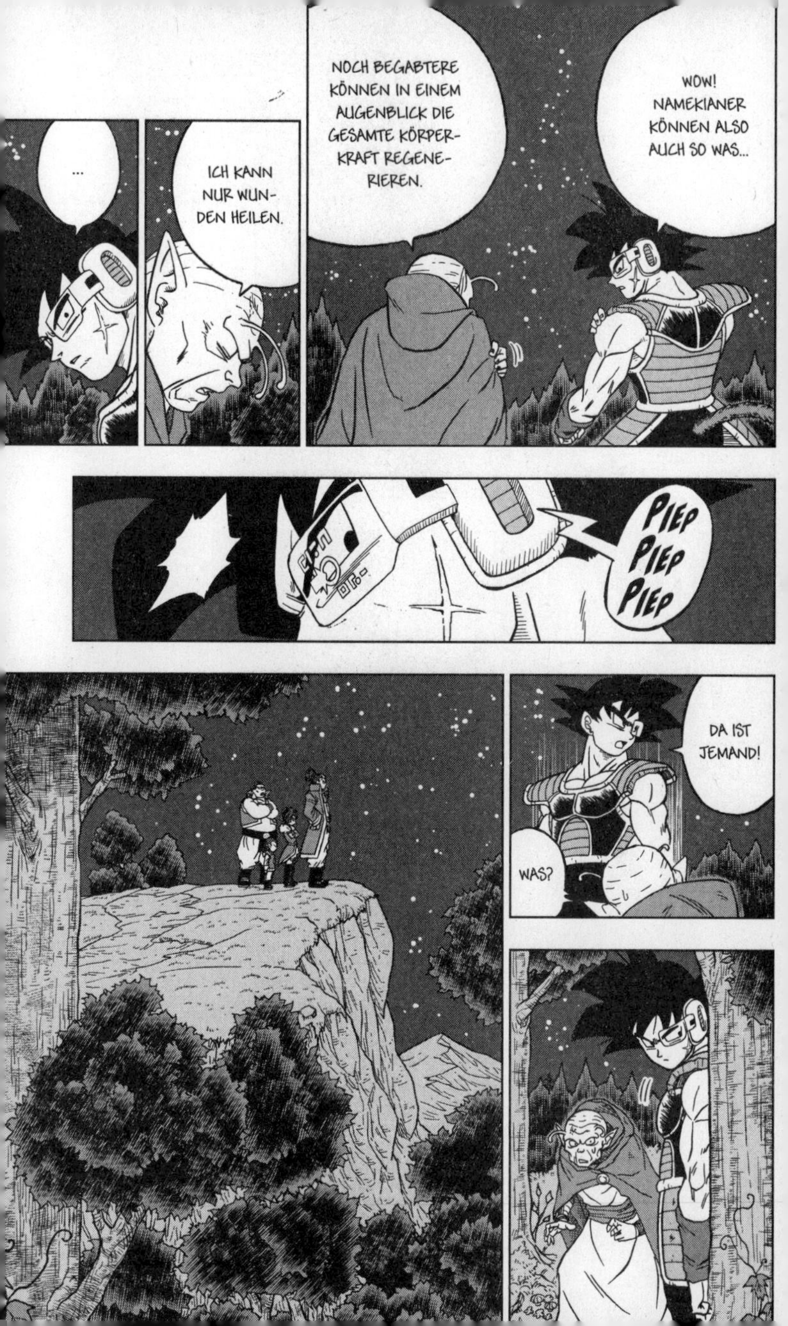
...
ICH KANN NUR WUNDEN HEILEN.
NOCH BEGABTERE KÖNNEN IN EINEM AUGENBLICK DIE GESAMTE KÖRPERKRAFT REGENERIEREN.
WOW! NAMEKIANER KÖNNEN ALSO AUCH SO WAS...
PIEP PIEP PIEP
DA IST JEMAND!
WAS?

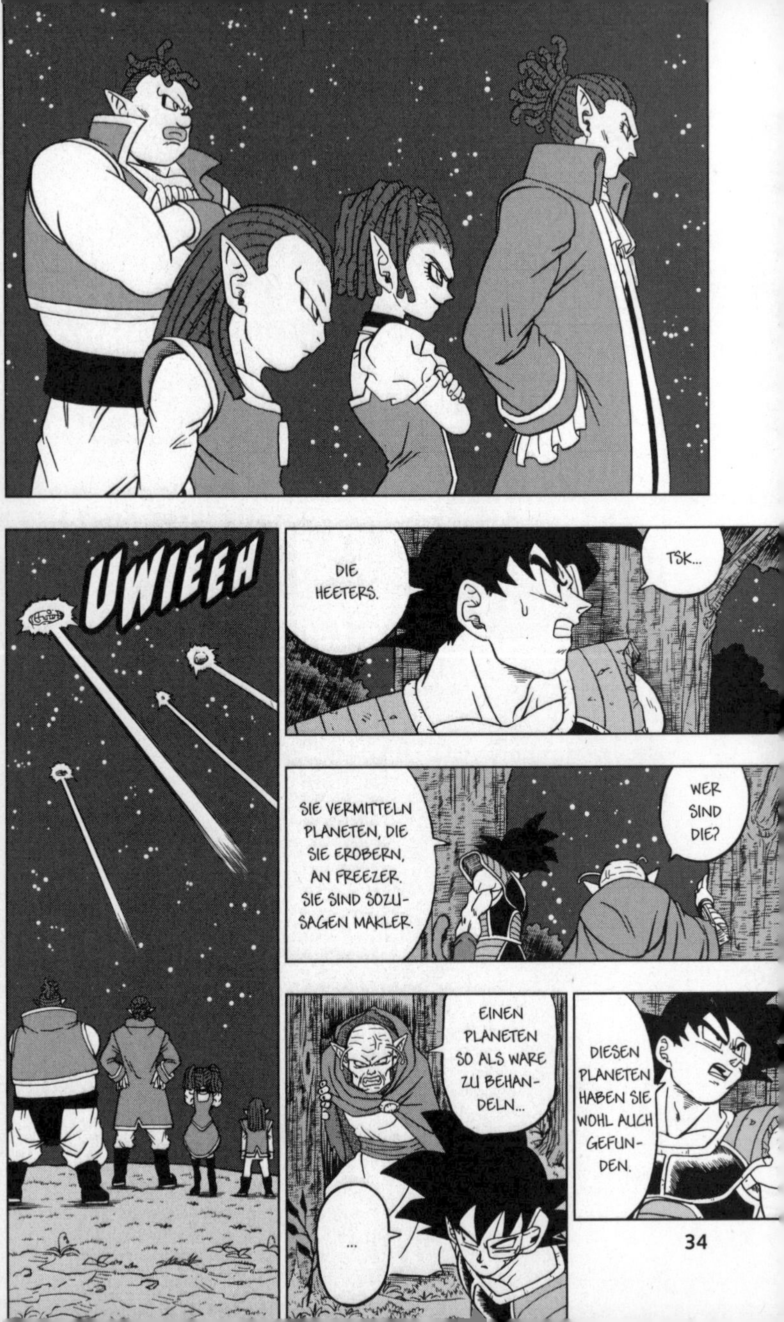

TSK...
DIE HEETERS.
WER SIND DIE?
SIE VERMITTELN PLANETEN, DIE SIE EROBERN, AN FREEZER. SIE SIND SOZUSAGEN MAKLER.
DIESEN PLANETEN HABEN SIE WOHL AUCH GEFUNDEN.
EINEN PLANETEN SO ALS WARE ZU BEHANDELN...
...
UWIEEH

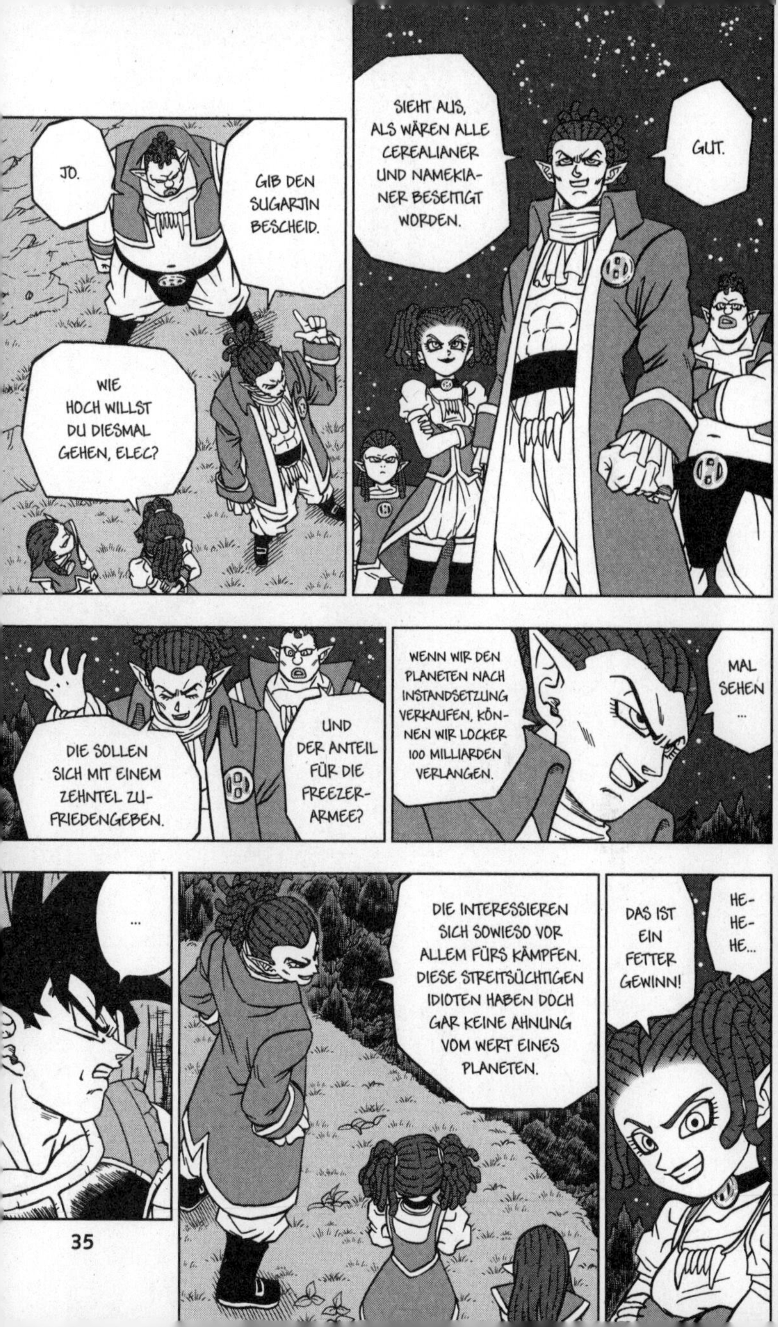
SIEHT AUS, ALS WÄREN ALLE CEREALIANER UND NAMEKIA-NER BESEITIGT WORDEN.
GUT.
GIB DEN SUGARJIN BESCHEID.
JO.
WIE HOCH WILLST DU DIESMAL GEHEN, ELEC?
MAL SEHEN ...
WENN WIR DEN PLANETEN NACH INSTANDSETZUNG VERKAUFEN, KÖN-NEN WIR LOCKER 100 MILLIARDEN VERLANGEN.
UND DER ANTEIL FÜR DIE FREEZER-ARMEE?
DIE SOLLEN SICH MIT EINEM ZEHNTEL ZU-FRIEDENGEBEN.
HE-HE-HE...
DAS IST EIN FETTER GEWINN!
DIE INTERESSIEREN SICH SOWIESO VOR ALLEM FÜRS KÄMPFEN. DIESE STREITSÜCHTIGEN IDIOTEN HABEN DOCH GAR KEINE AHNUNG VOM WERT EINES PLANETEN.
...

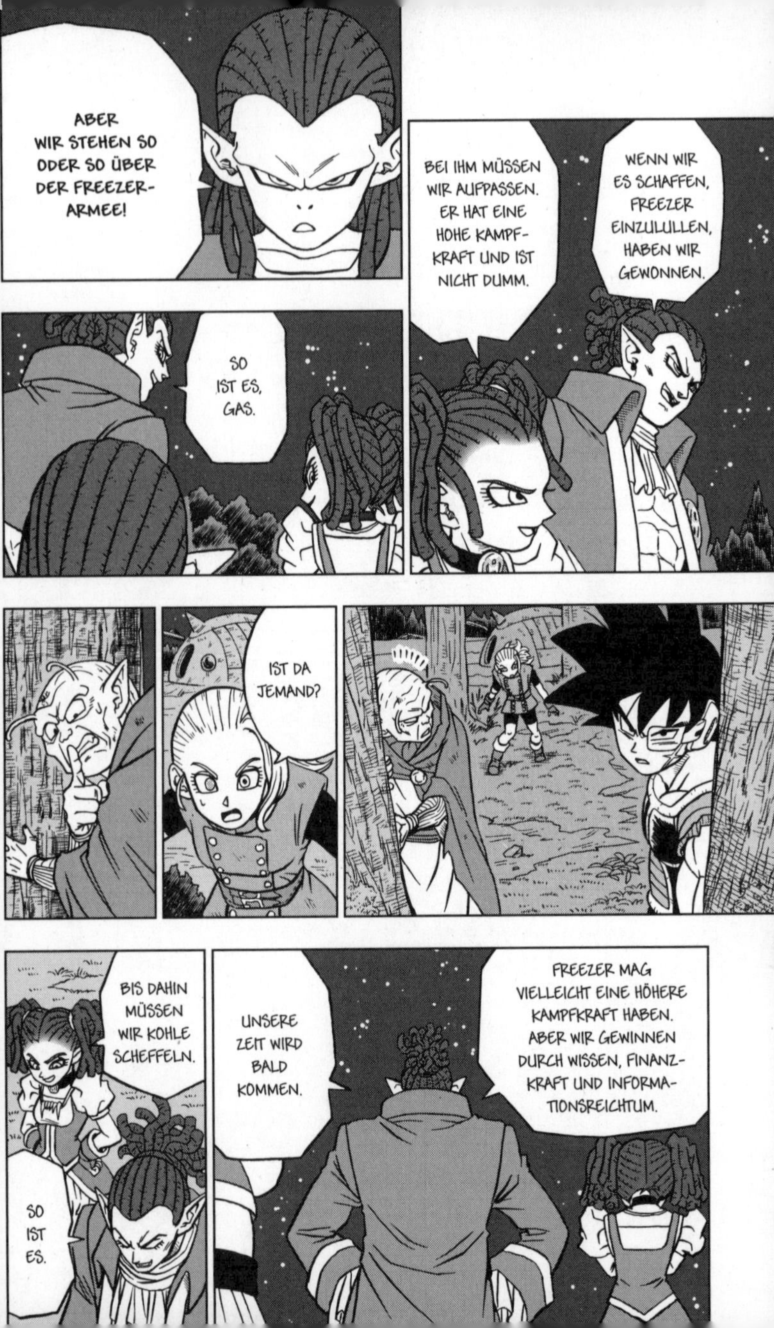
ABER WIR STEHEN SO ODER SO ÜBER DER FREEZER-ARMEE!
WENN WIR ES SCHAFFEN, FREEZER EINZULULLEN, HABEN WIR GEWONNEN.
BEI IHM MÜSSEN WIR AUFPASSEN. ER HAT EINE HOHE KAMPF-KRAFT UND IST NICHT DUMM.
SO IST ES, GAS.
IST DA JEMAND?
FREEZER MAG VIELLEICHT EINE HÖHERE KAMPFKRAFT HABEN. ABER WIR GEWINNEN DURCH WISSEN, FINANZ-KRAFT UND INFORMA-TIONSREICHTUM.
UNSERE ZEIT WIRD BALD KOMMEN.
BIS DAHIN MÜSSEN WIR KOHLE SCHEFFELN.
SO IST ES.

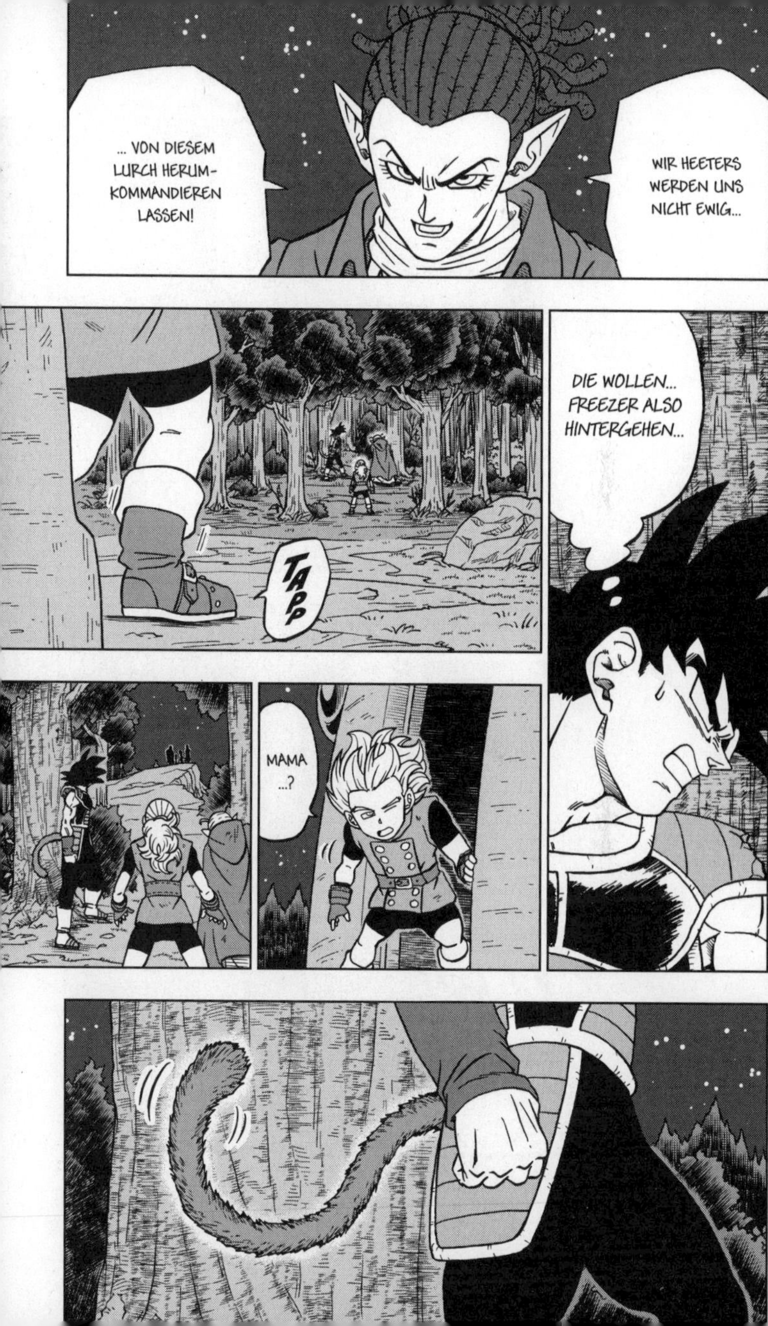
WIR HEETERS WERDEN UNS NICHT EWIG...
... VON DIESEM LURCH HERUM-KOMMANDIEREN LASSEN!
DIE WOLLEN... FREEZER ALSO HINTERGEHEN...
TAPP
MAMA ...?

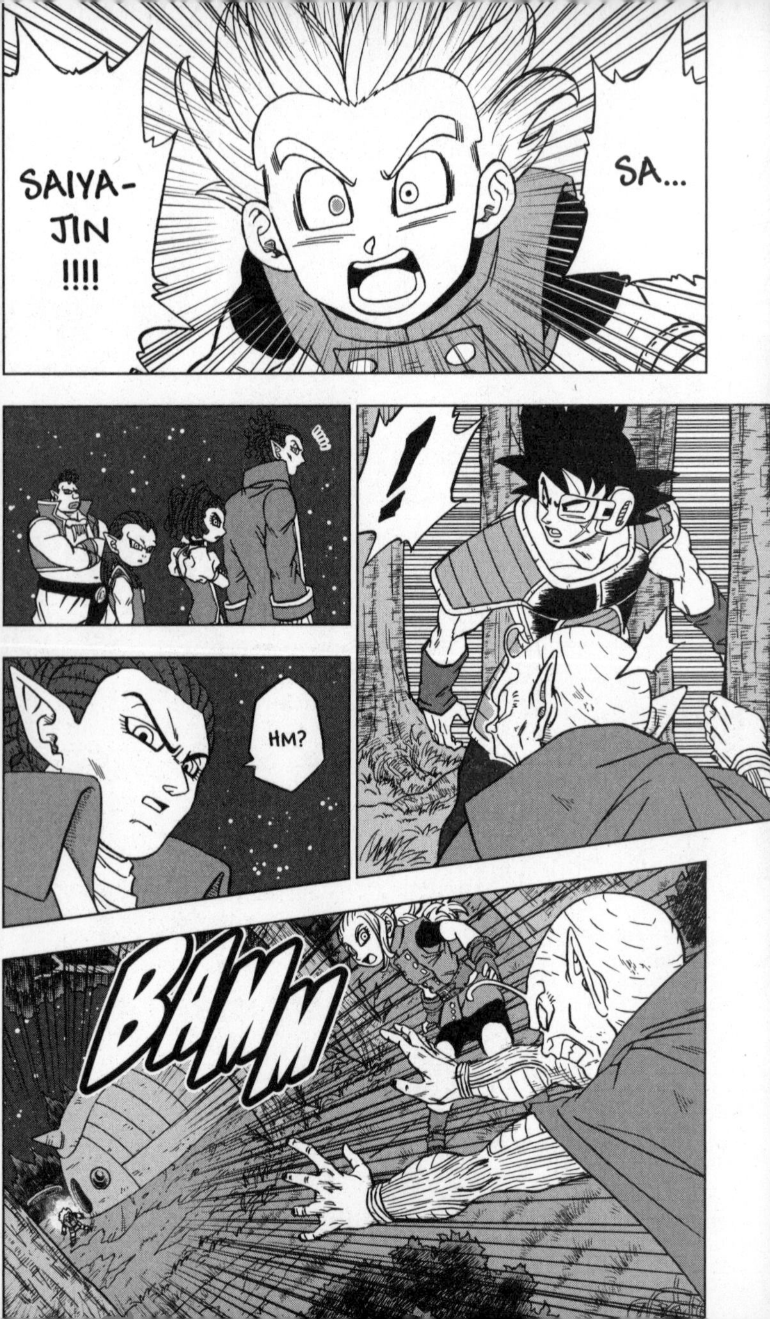

SA...
SAIYA-
JIN
!!!!
!
HM?
BAMM

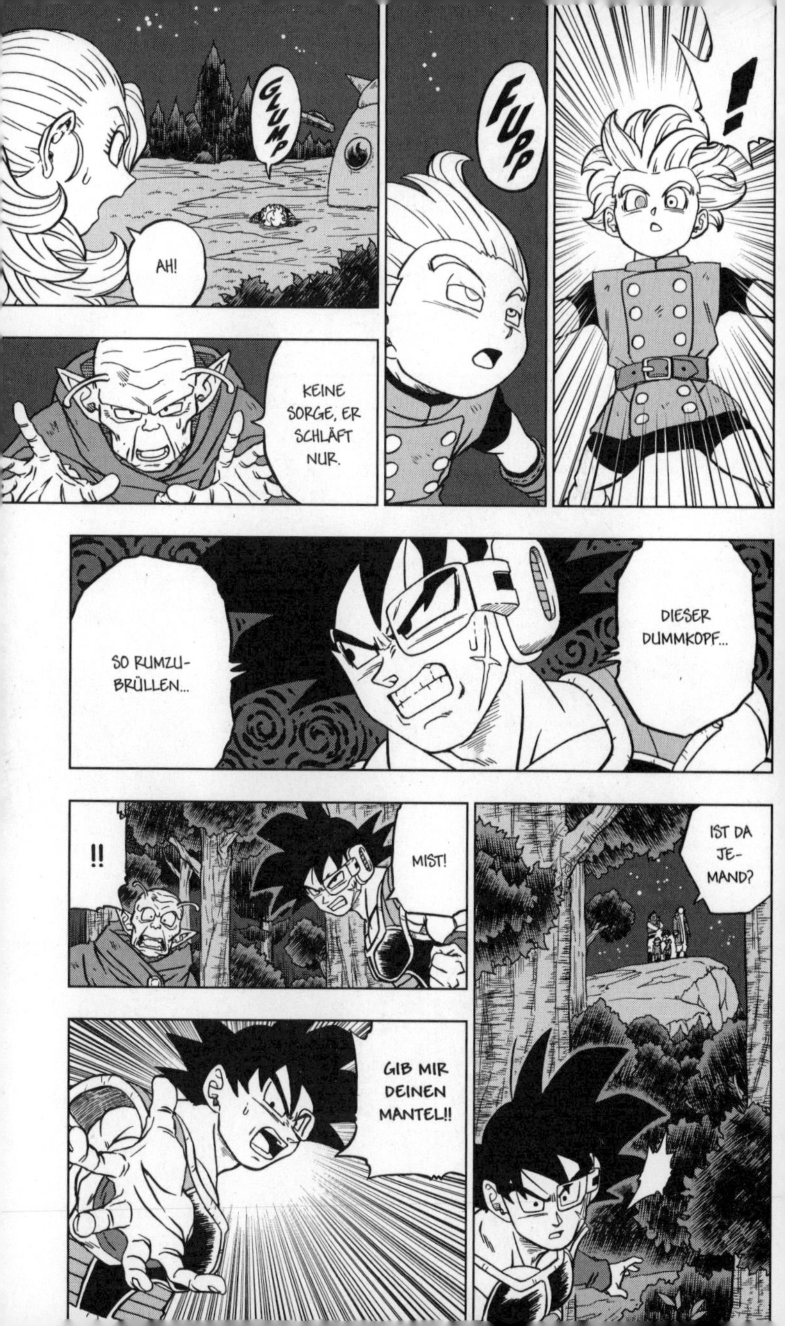
!
FUPP
GLUMP
AH!
KEINE SORGE, ER SCHLÄFT NUR.
DIESER DUMMKOPF...
SO RUMZU-BRÜLLEN...
IST DA JE-MAND?
MIST!
!!
GIB MIR DEINEN MANTEL!!

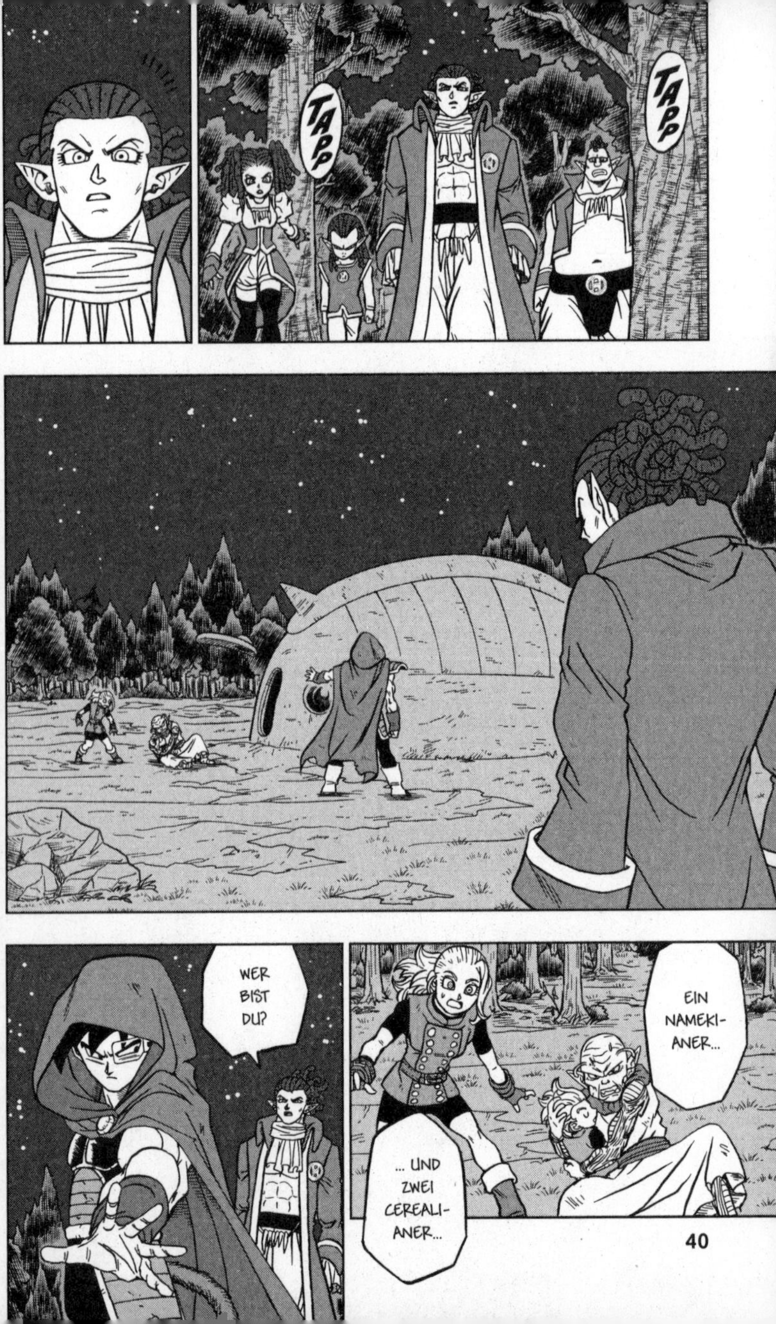
TAPP
TAPP
EIN NAMEKI-ANER...
... UND ZWEI CEREALI-ANER...
WER BIST DU?

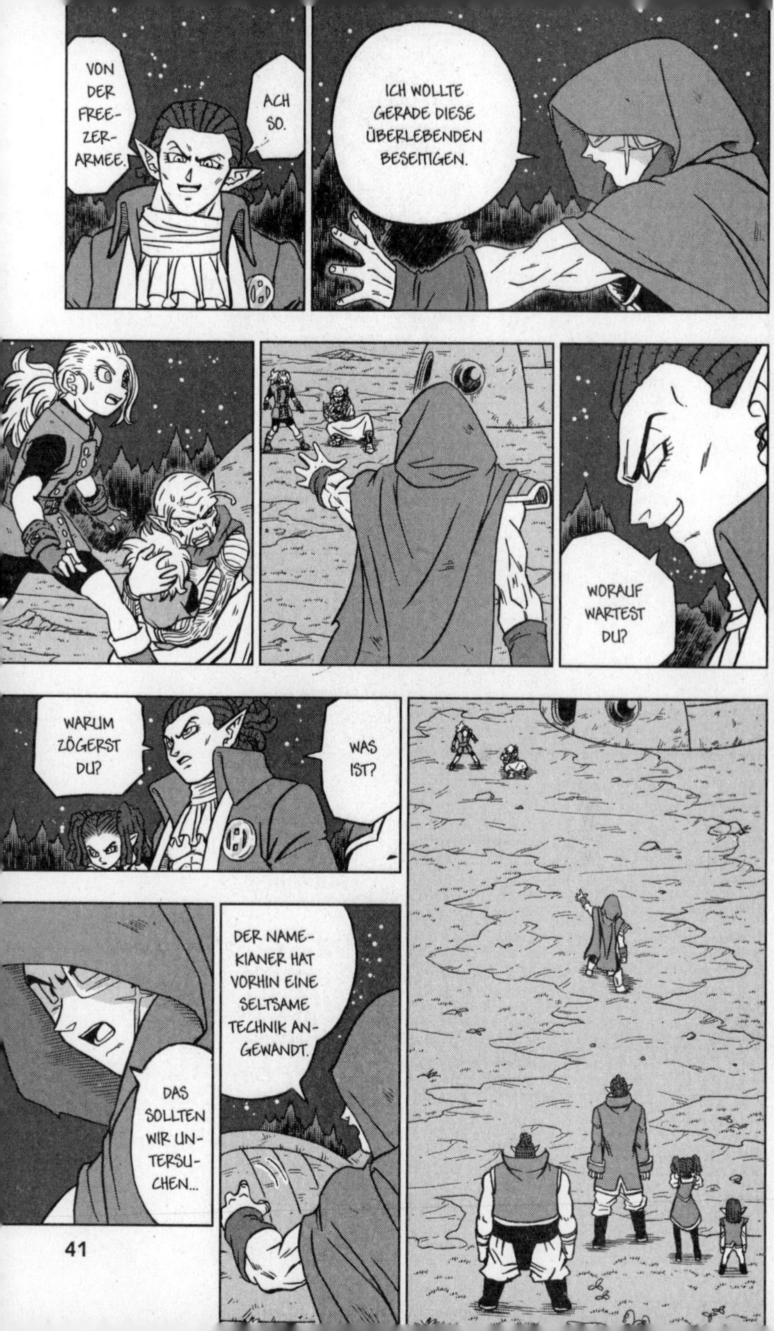
ICH WOLLTE GERADE DIESE ÜBERLEBENDEN BESEITIGEN.
ACH SO.
VON DER FREE- ZER- ARMEE.
WORAUF WARTEST DU?
WAS IST?
WARUM ZÖGERST DU?
DER NAME- KIANER HAT VORHIN EINE SELTSAME TECHNIK AN- GEWANDT.
DAS SOLLTEN WIR UN- TERSU- CHEN...

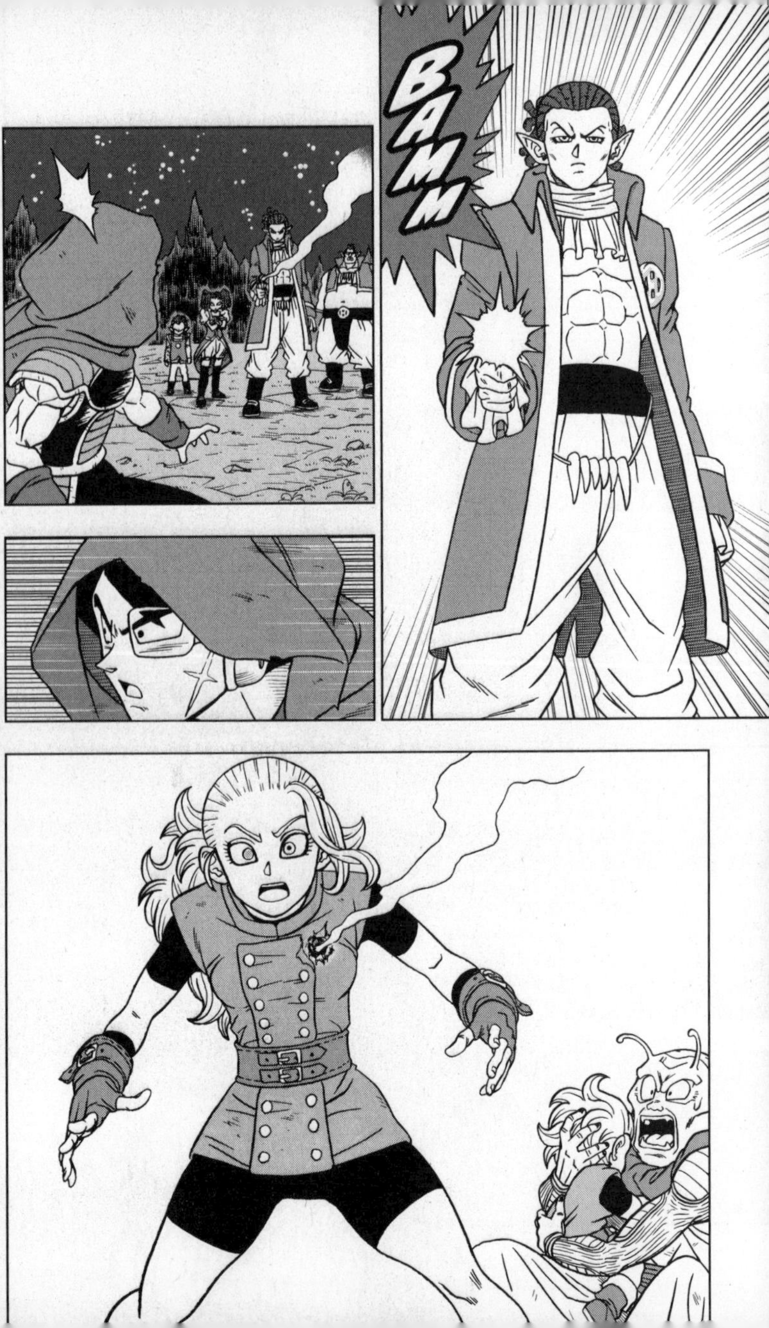
BAMM

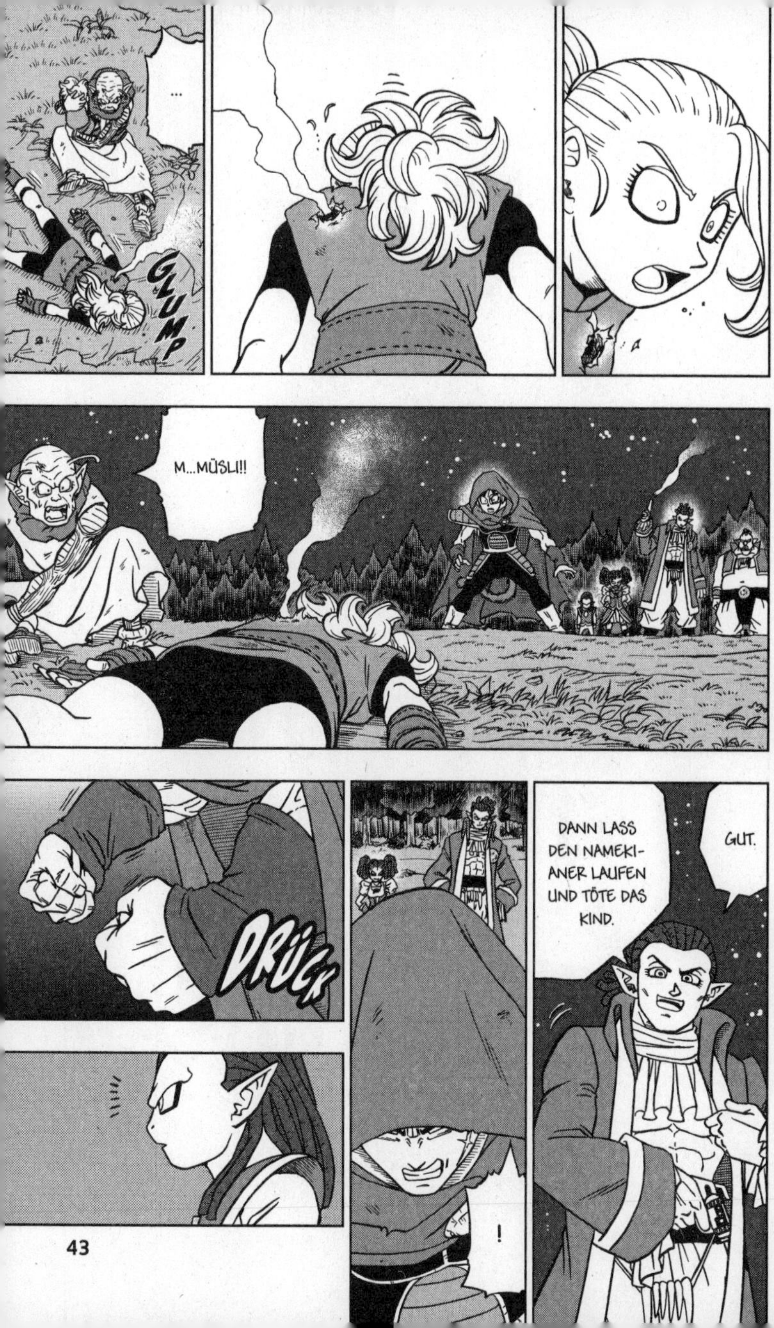
...
GLUMP
M...MÜSLI!!
GUT.
DANN LASS DEN NAMEKI-ANER LAUFEN UND TÖTE DAS KIND.
!
DRÜCK

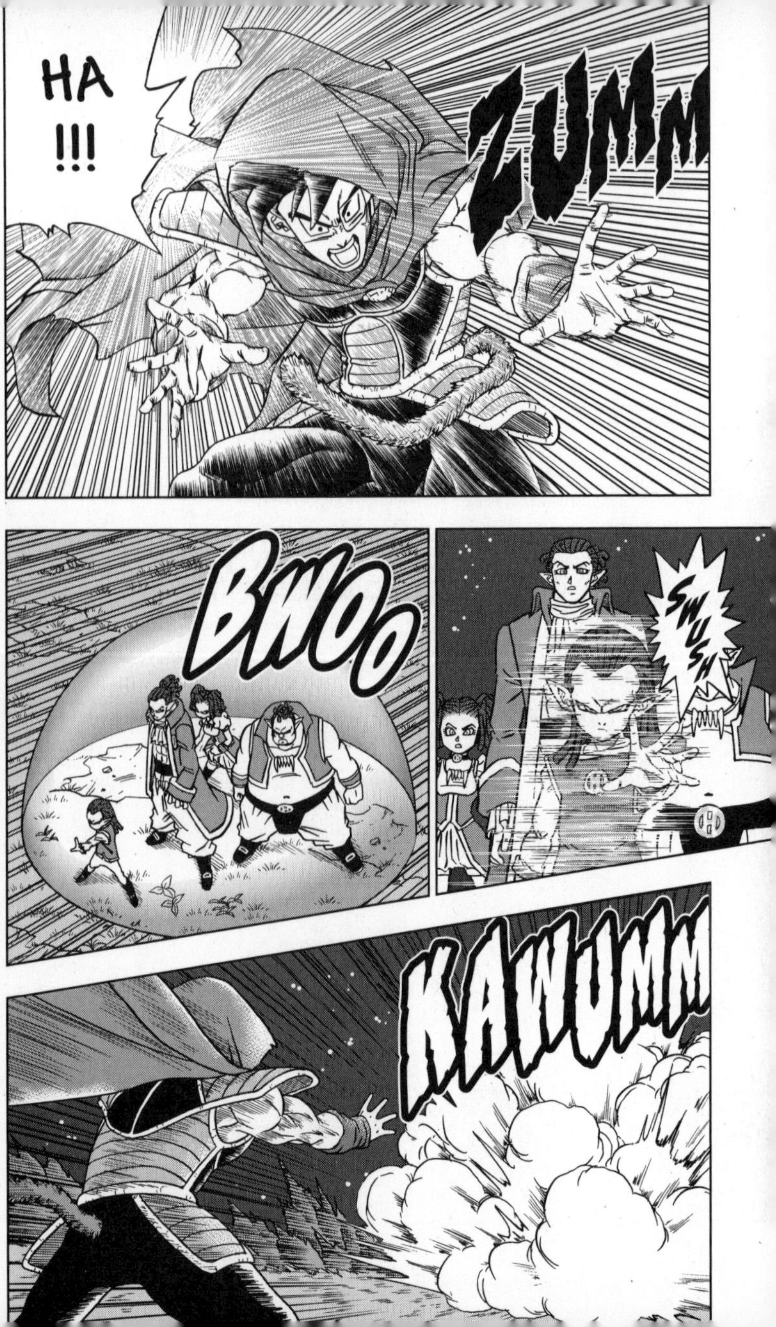
HA !!!
ZUMM
BWOO
SWUSH
KAWUMM

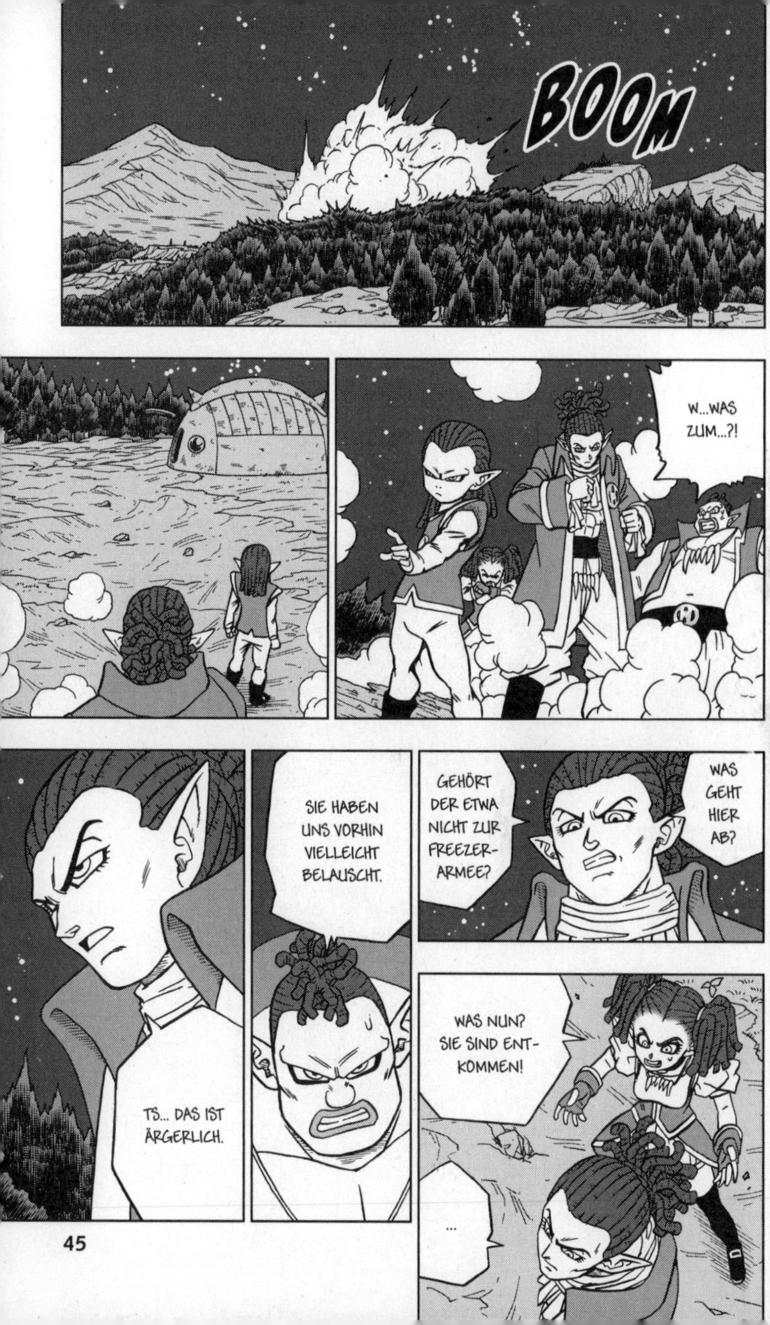
BOOM
W...WAS ZUM...?!
WAS GEHT HIER AB?
GEHÖRT DER ETWA NICHT ZUR FREEZER-ARMEE?
WAS NUN? SIE SIND ENT-KOMMEN!
...
SIE HABEN UNS VORHIN VIELLEICHT BELAUSCHT.
TS... DAS IST ÄRGERLICH.

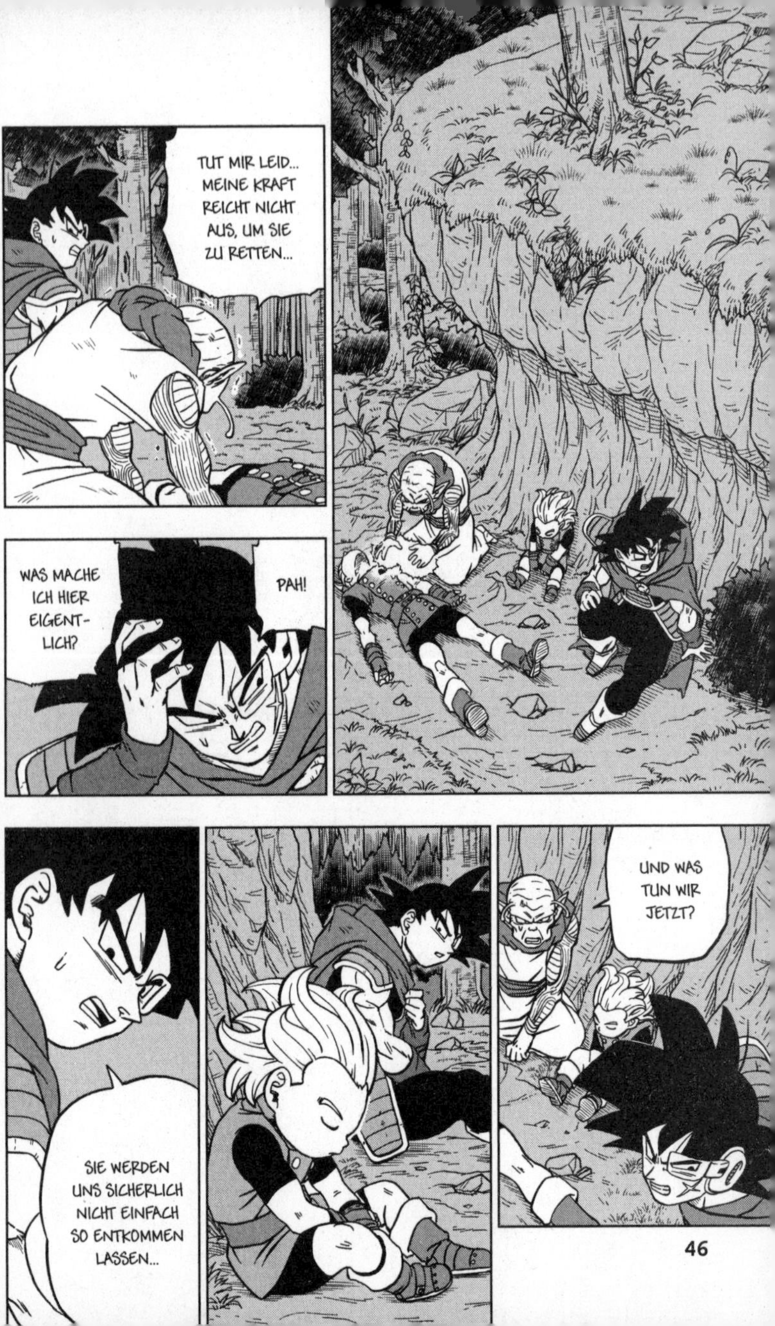
TUT MIR LEID... MEINE KRAFT REICHT NICHT AUS, UM SIE ZU RETTEN...
PAH!
WAS MACHE ICH HIER EIGENTLICH?
UND WAS TUN WIR JETZT?
SIE WERDEN UNS SICHERLICH NICHT EINFACH SO ENTKOMMEN LASSEN...

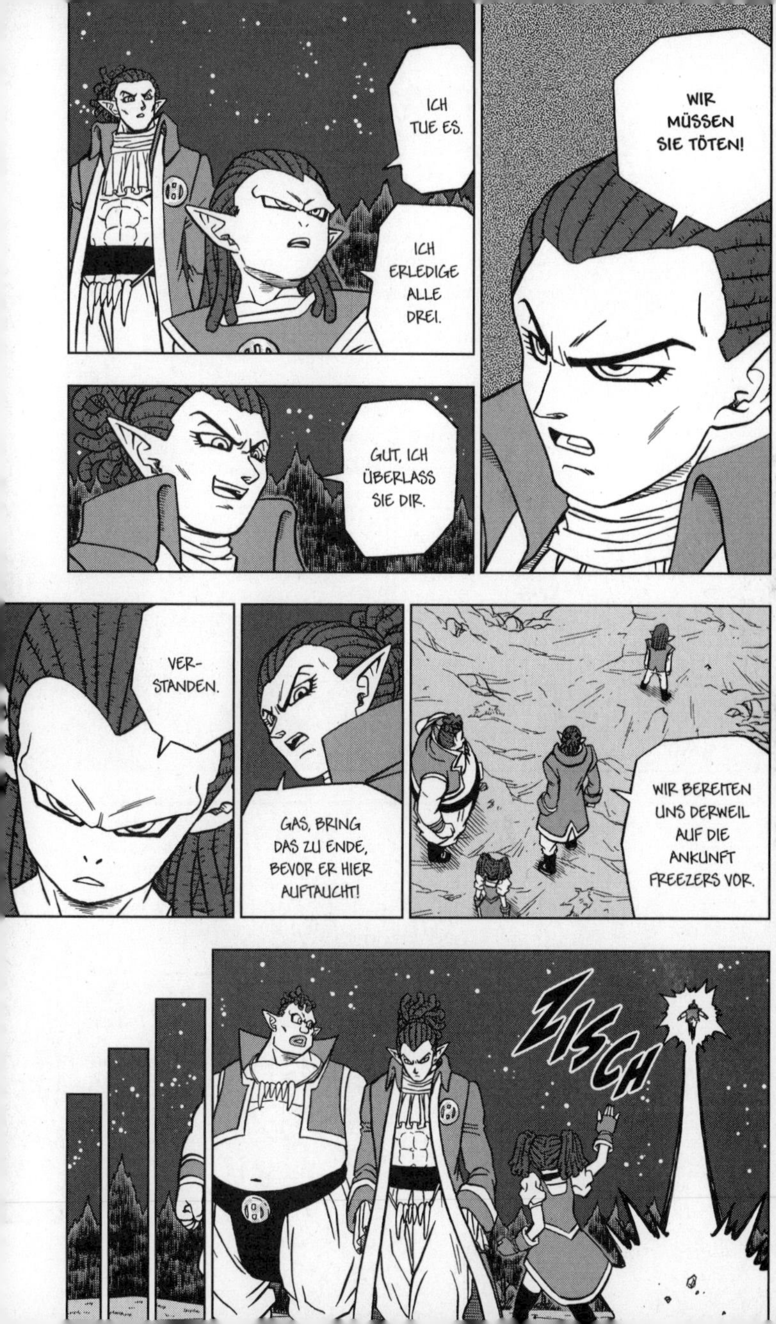

WIR MÜSSEN SIE TÖTEN!
ICH TUE ES.
ICH ERLEDIGE ALLE DREI.
GUT, ICH ÜBERLASS SIE DIR.
WIR BEREITEN UNS DERWEIL AUF DIE ANKUNFT FREEZERS VOR.
GAS, BRING DAS ZU ENDE, BEVOR ER HIER AUFTAUCHT!
VER-STANDEN.
ZISCH

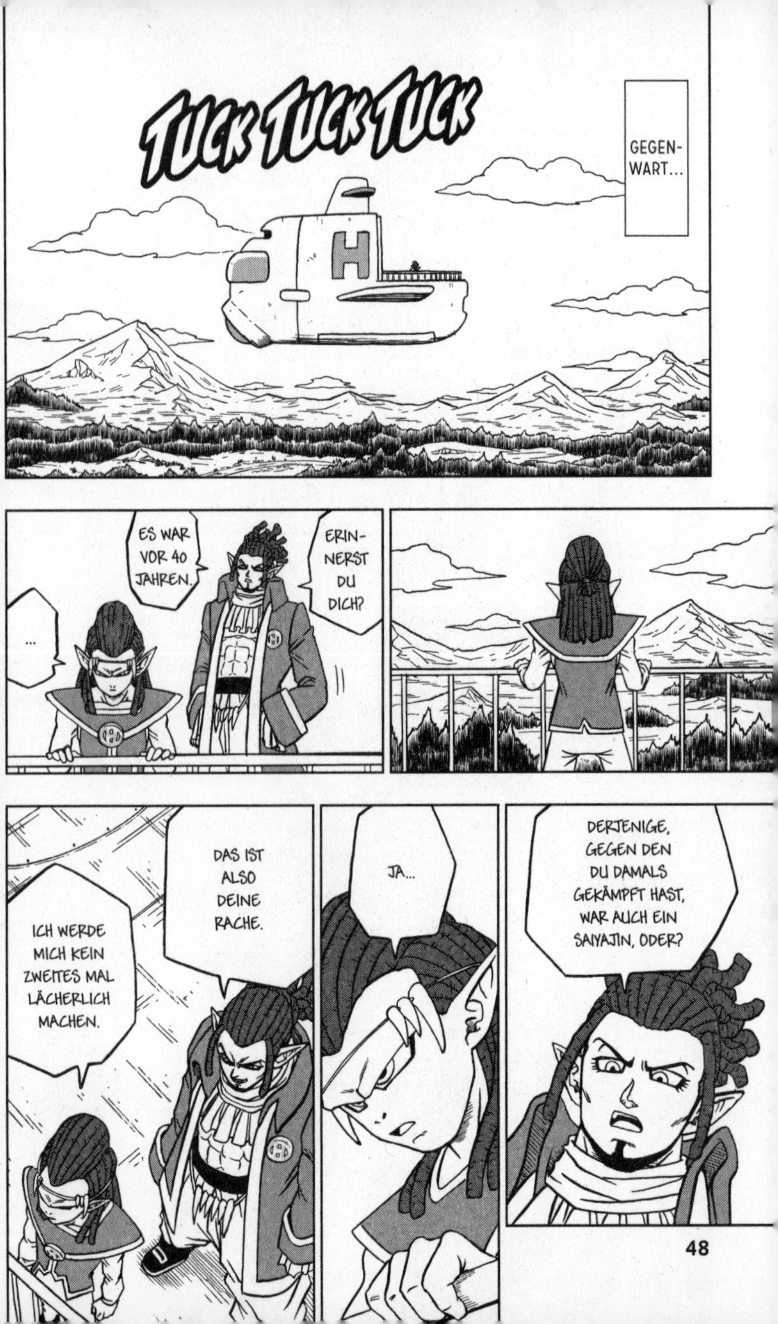
TUCK TUCK TUCK
GEGEN-
WART...
ES WAR
VOR 40
JAHREN.
ERIN-
NERST
DU
DICH?
...
DERJENIGE,
GEGEN DEN
DU DAMALS
GEKÄMPFT HAST,
WAR AUCH EIN
SAIYAJIN, ODER?
JA...
DAS IST
ALSO
DEINE
RACHE.
ICH WERDE
MICH KEIN
ZWEITES MAL
LÄCHERLICH
MACHEN.

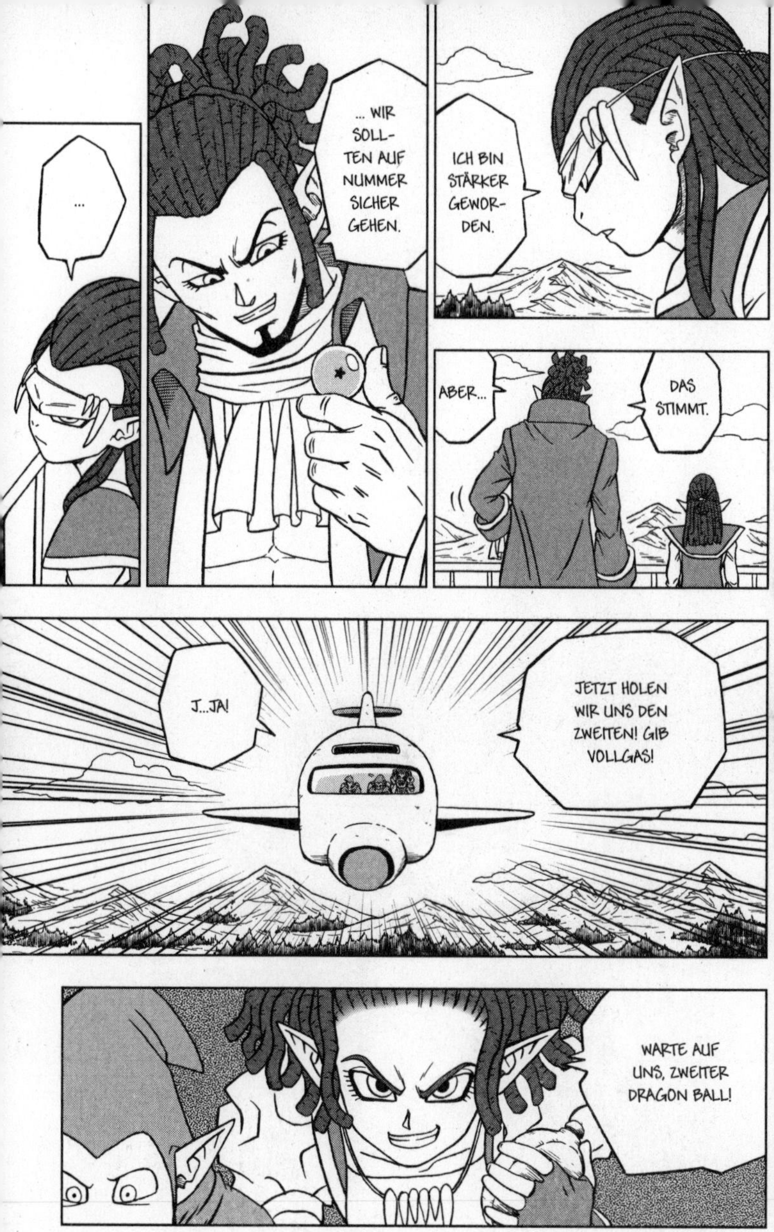
ICH BIN STÄRKER GEWORDEN.
DAS STIMMT.
ABER...
... WIR SOLLTEN AUF NUMMER SICHER GEHEN.
...
JETZT HOLEN WIR UNS DEN ZWEITEN! GIB VOLLGAS!
J...JA!
WARTE AUF UNS, ZWEITER DRAGON BALL!

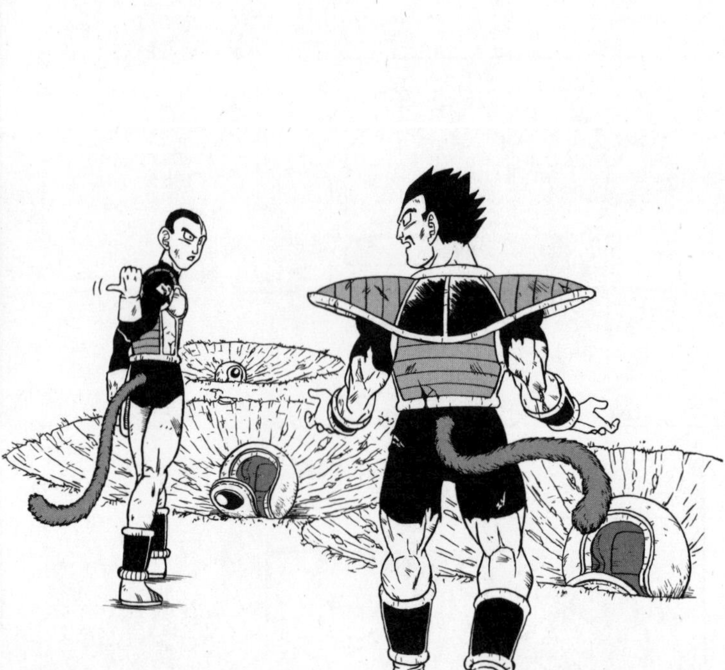

DRAGON BALL SUPER

KAPITEL 78: GAS' WUNSCH

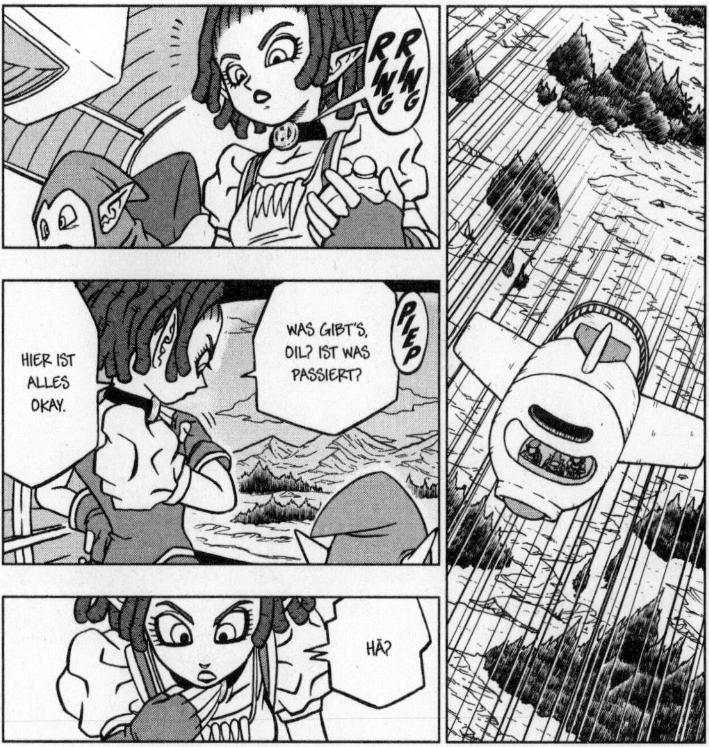

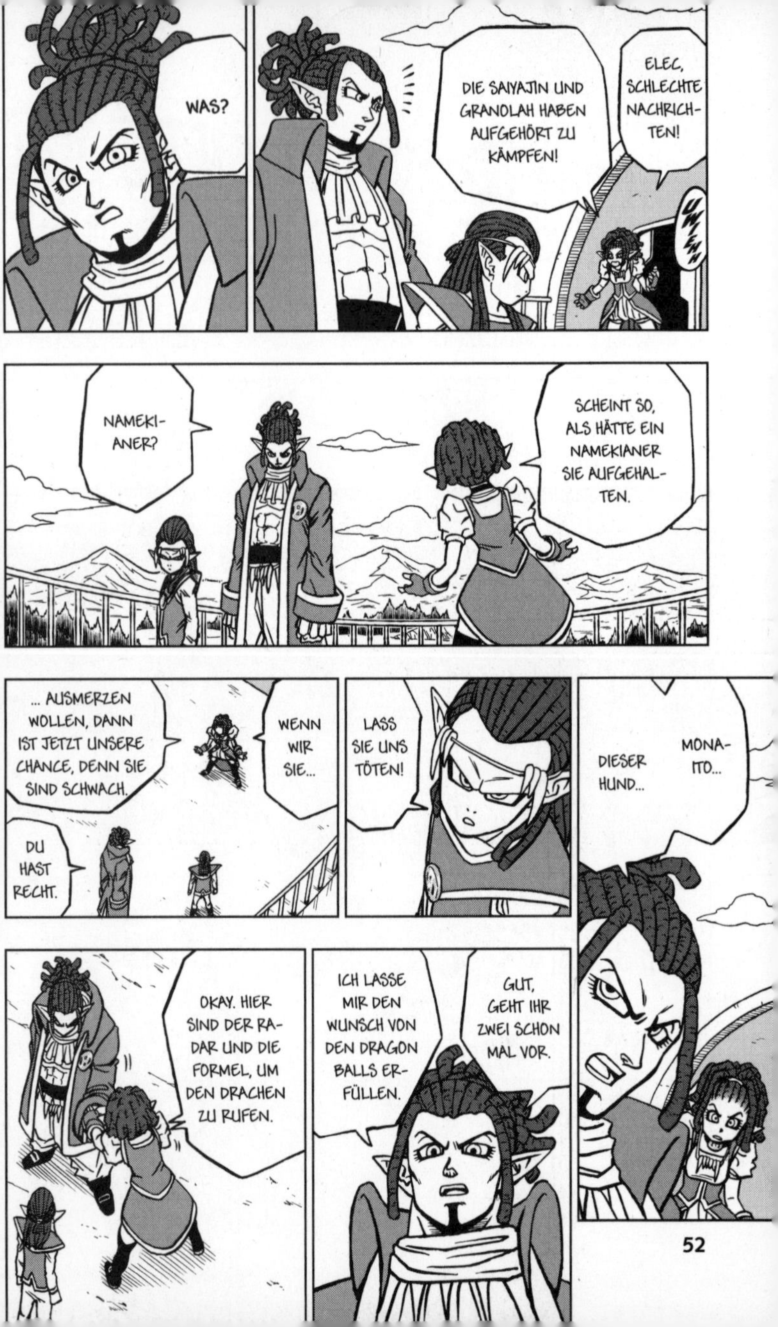
ELEC, SCHLECHTE NACHRICHTEN!
DIE SAIYAJIN UND GRANOLAH HABEN AUFGEHÖRT ZU KÄMPFEN!
WAS?
SCHEINT SO, ALS HÄTTE EIN NAMEKIANER SIE AUFGEHALTEN.
NAMEKIANER?
MONAITO...
DIESER HUND...
LASS SIE UNS TÖTEN!
WENN WIR SIE...
... AUSMERZEN WOLLEN, DANN IST JETZT UNSERE CHANCE, DENN SIE SIND SCHWACH.
DU HAST RECHT.
GUT, GEHT IHR ZWEI SCHON MAL VOR.
ICH LASSE MIR DEN WUNSCH VON DEN DRAGON BALLS ERFÜLLEN.
OKAY. HIER SIND DER RADAR UND DIE FORMEL, UM DEN DRACHEN ZU RUFEN.

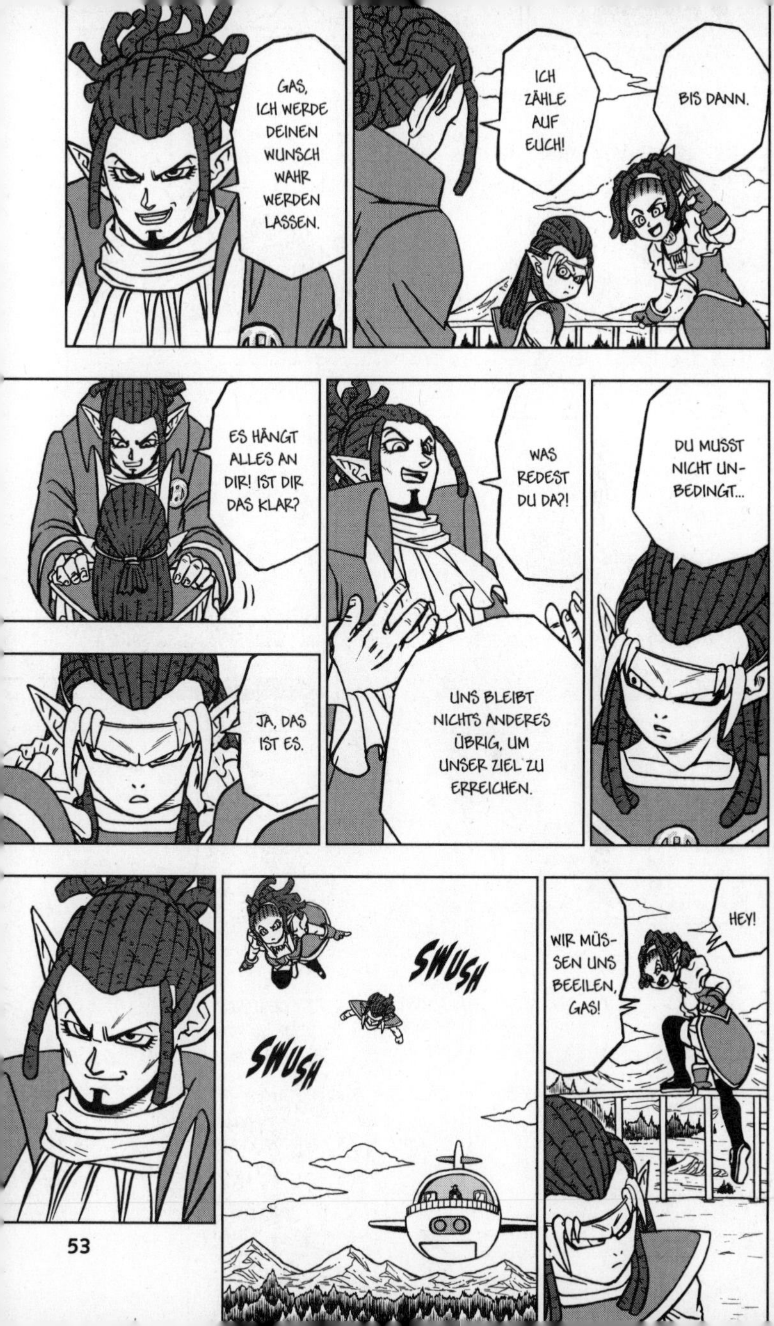
BIS DANN.
ICH ZÄHLE AUF EUCH!
GAS, ICH WERDE DEINEN WUNSCH WAHR WERDEN LASSEN.
DU MUSST NICHT UNBEDINGT...
WAS REDEST DU DA?!
UNS BLEIBT NICHTS ANDERES ÜBRIG, UM UNSER ZIEL ZU ERREICHEN.
ES HÄNGT ALLES AN DIR! IST DIR DAS KLAR?
JA, DAS IST ES.
HEY!
WIR MÜSSEN UNS BEEILEN, GAS!
SWUSH
SWUSH

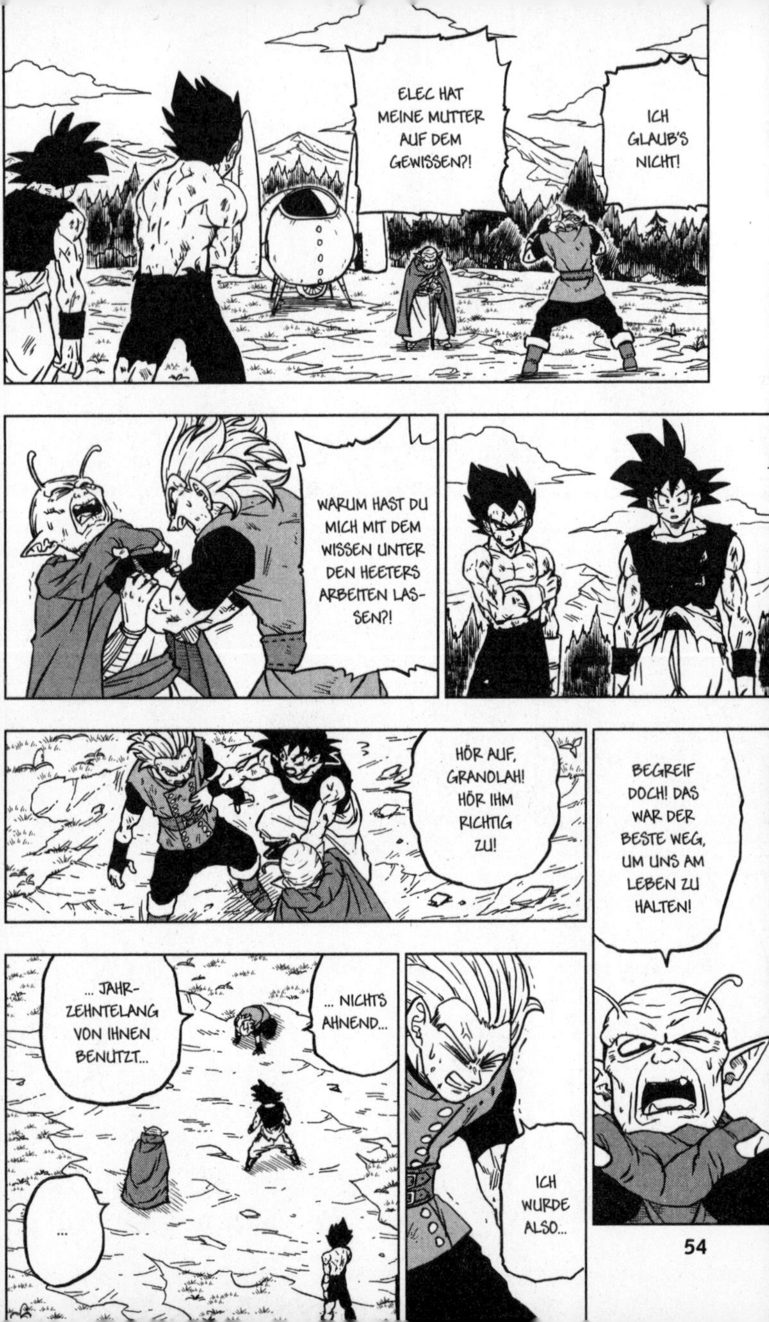
ICH GLAUB'S NICHT!
ELEC HAT MEINE MUTTER AUF DEM GEWISSEN?!
WARUM HAST DU MICH MIT DEM WISSEN UNTER DEN HEETERS ARBEITEN LASSEN?!
BEGREIF DOCH! DAS WAR DER BESTE WEG, UM UNS AM LEBEN ZU HALTEN!
HÖR AUF, GRANOLAH! HÖR IHM RICHTIG ZU!
ICH WURDE ALSO...
... NICHTS AHNEND...
... JAHRZEHNTELANG VON IHNEN BENUTZT...
...

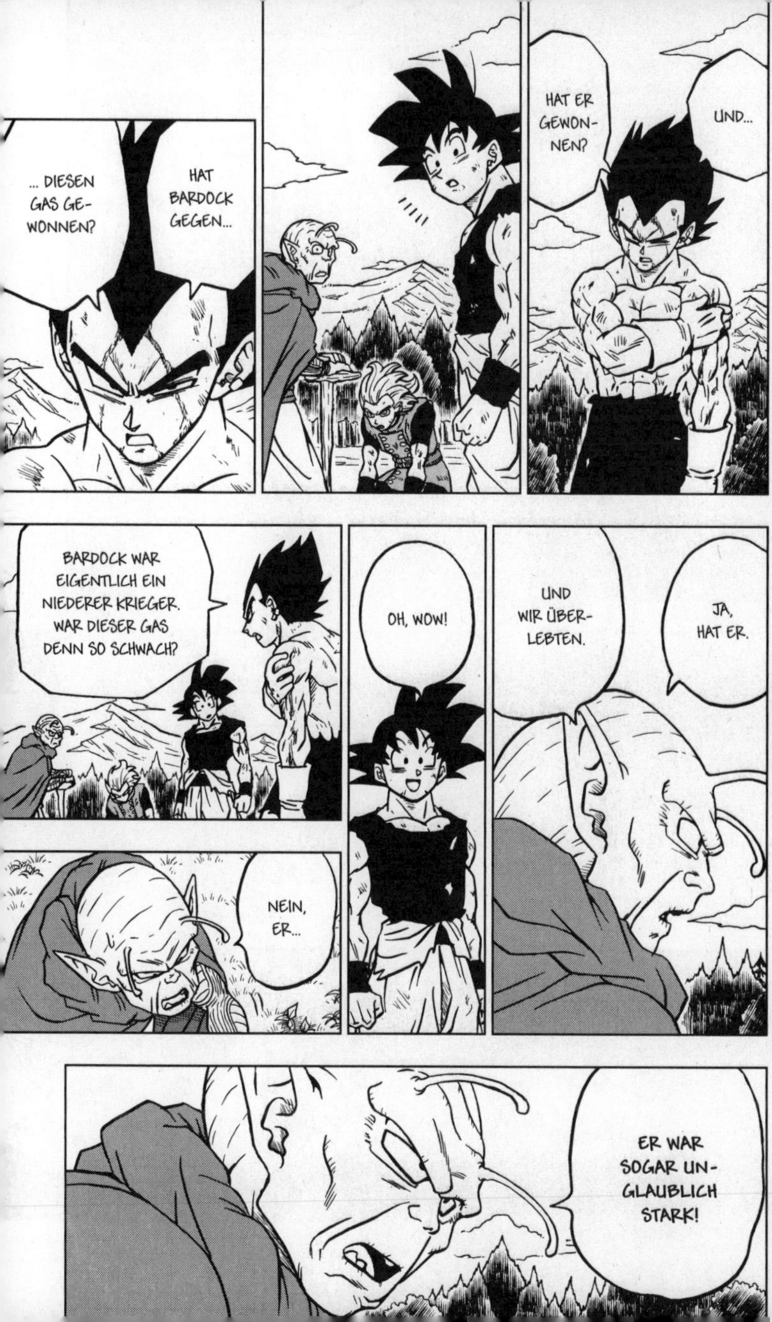
UND...
HAT ER GEWONNEN?
HAT BARDOCK GEGEN...
... DIESEN GAS GEWONNEN?
JA, HAT ER.
UND WIR ÜBERLEBTEN.
OH, WOW!
BARDOCK WAR EIGENTLICH EIN NIEDERER KRIEGER. WAR DIESER GAS DENN SO SCHWACH?
NEIN, ER...
ER WAR SOGAR UNGLAUBLICH STARK!

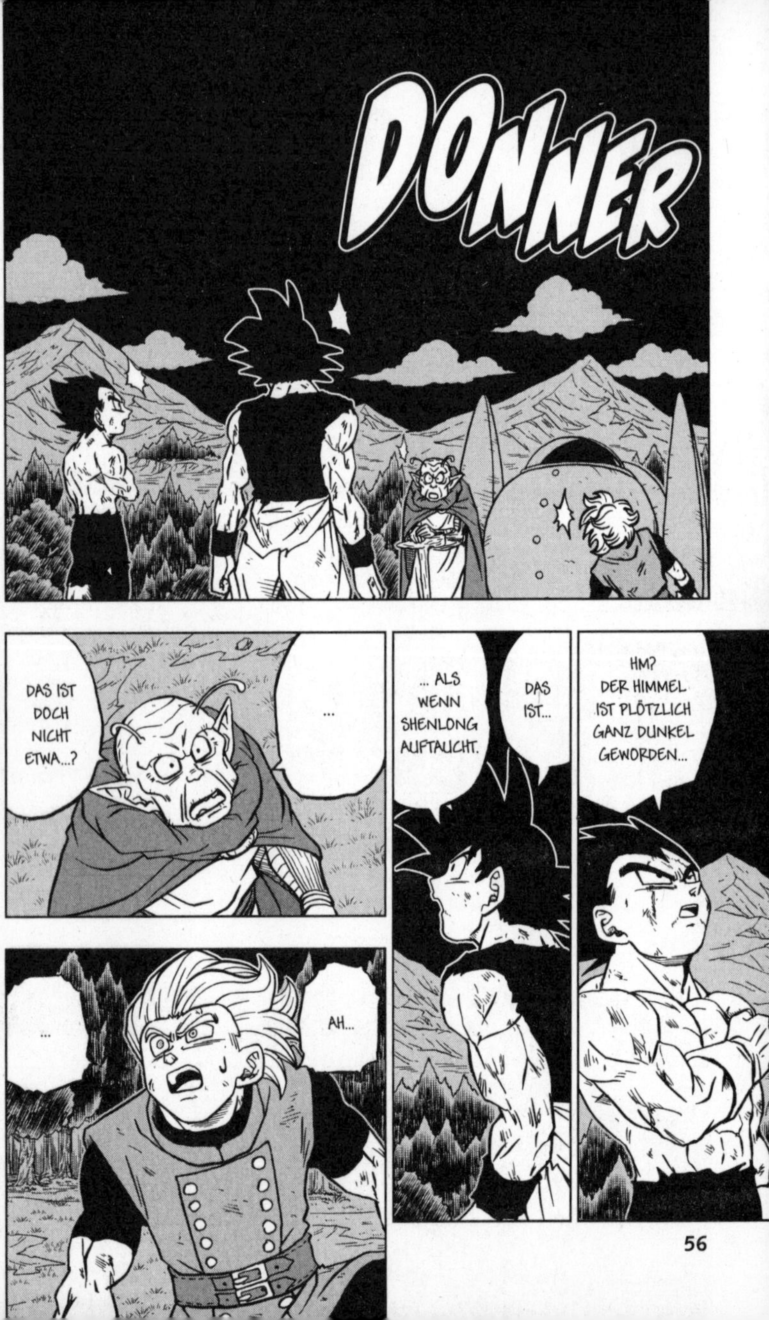
DONNER
HM? DER HIMMEL IST PLÖTZLICH GANZ DUNKEL GEWORDEN...
DAS IST...
... ALS WENN SHENLONG AUFTAUCHT.
...
DAS IST DOCH NICHT ETWA...?
AH...
...

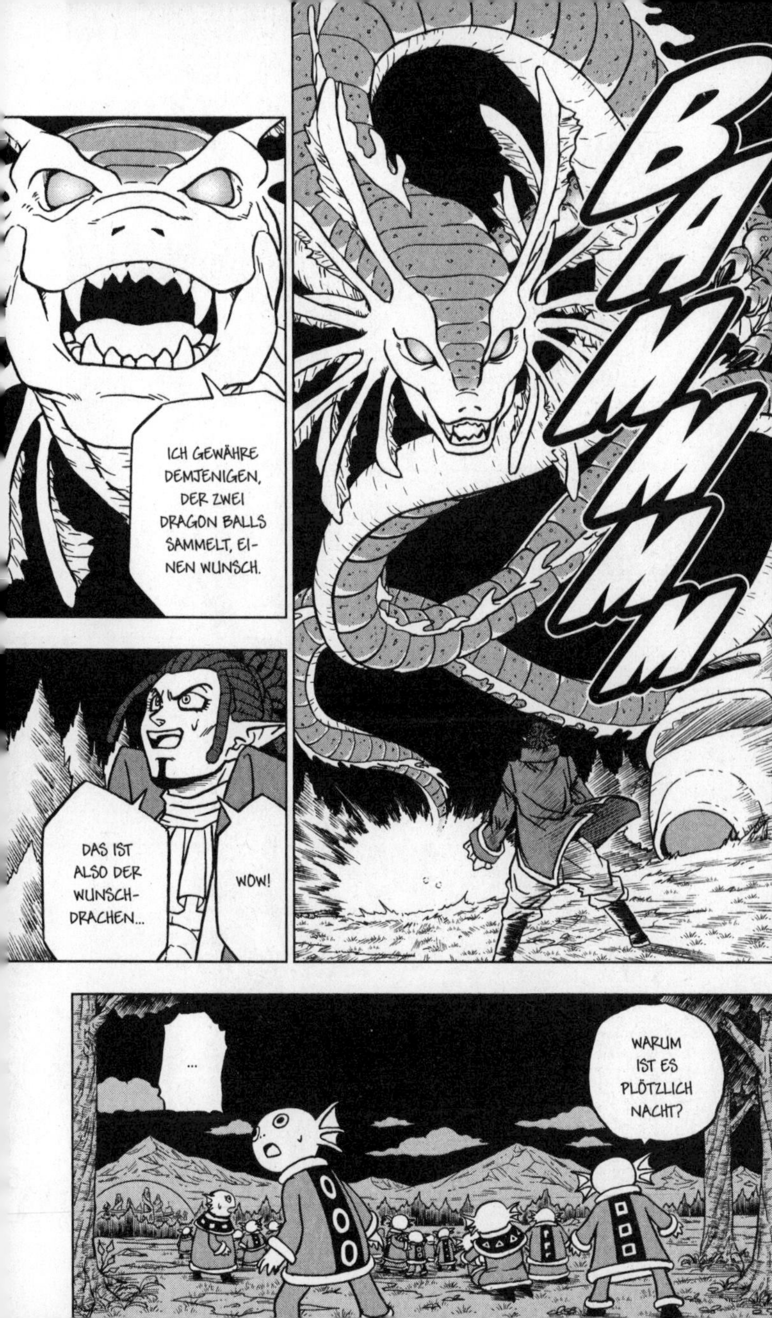
BAMMMMM
ICH GEWÄHRE DEMJENIGEN, DER ZWEI DRAGON BALLS SAMMELT, EINEN WUNSCH.
WOW!
DAS IST ALSO DER WUNSCHDRACHEN...
WARUM IST ES PLÖTZLICH NACHT?
...

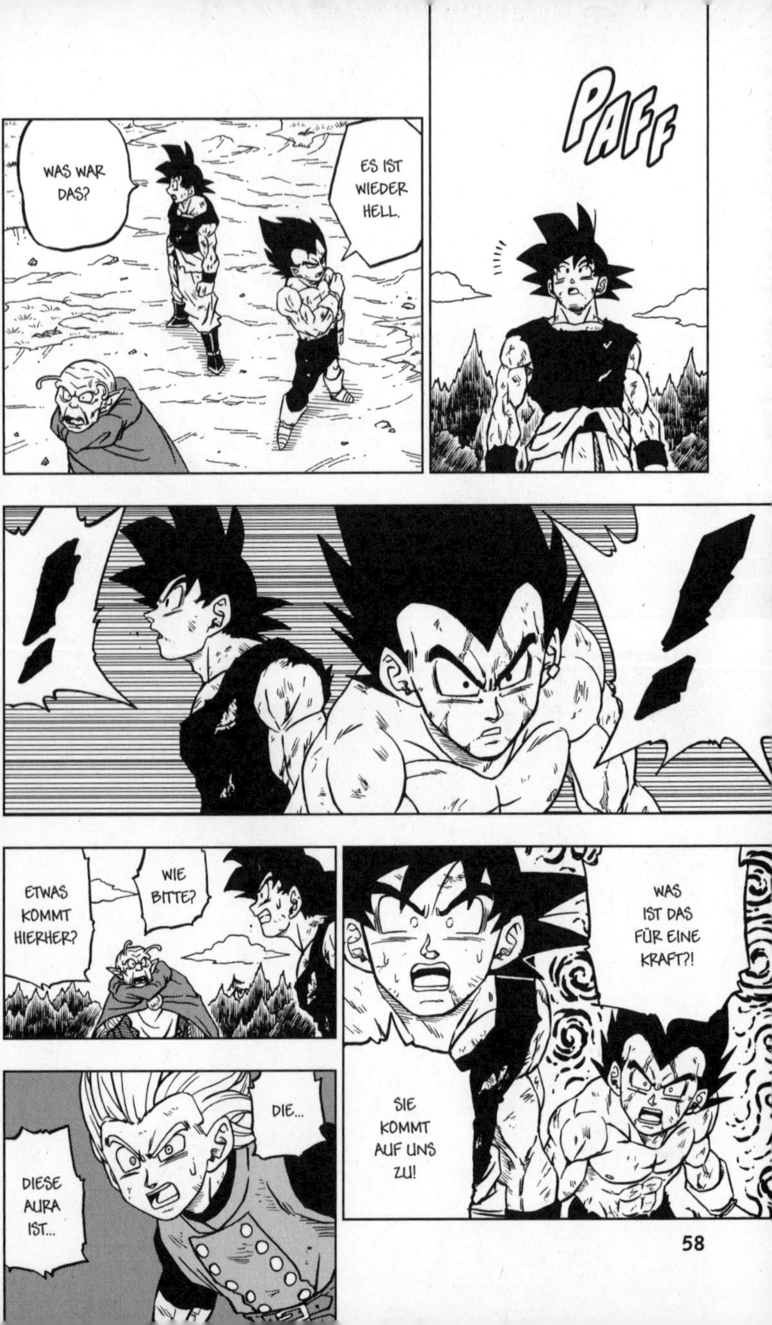
PAFF
ES IST WIEDER HELL.
WAS WAR DAS?
WAS IST DAS FÜR EINE KRAFT?!
SIE KOMMT AUF UNS ZU!
WIE BITTE?
ETWAS KOMMT HIERHER?
DIE...
DIESE AURA IST...

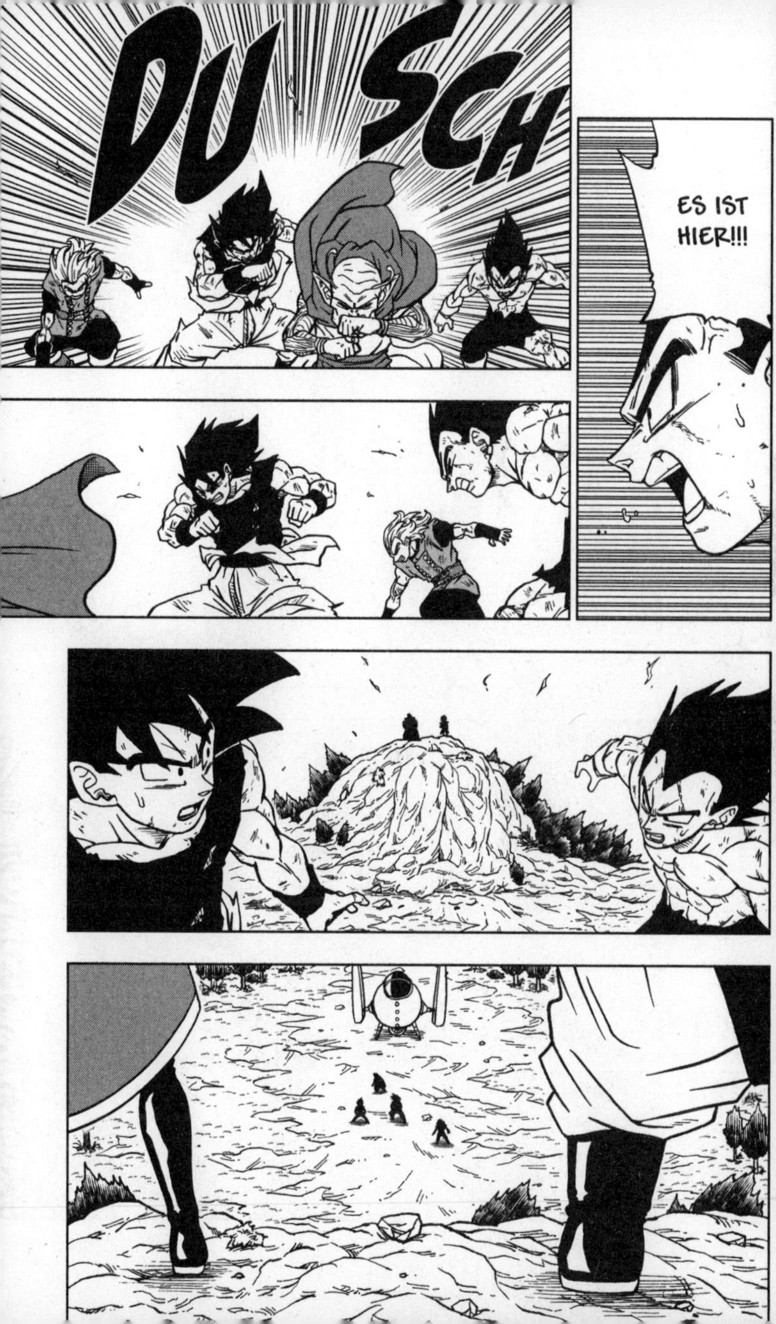
DUSCH
ES IST HIER!!!

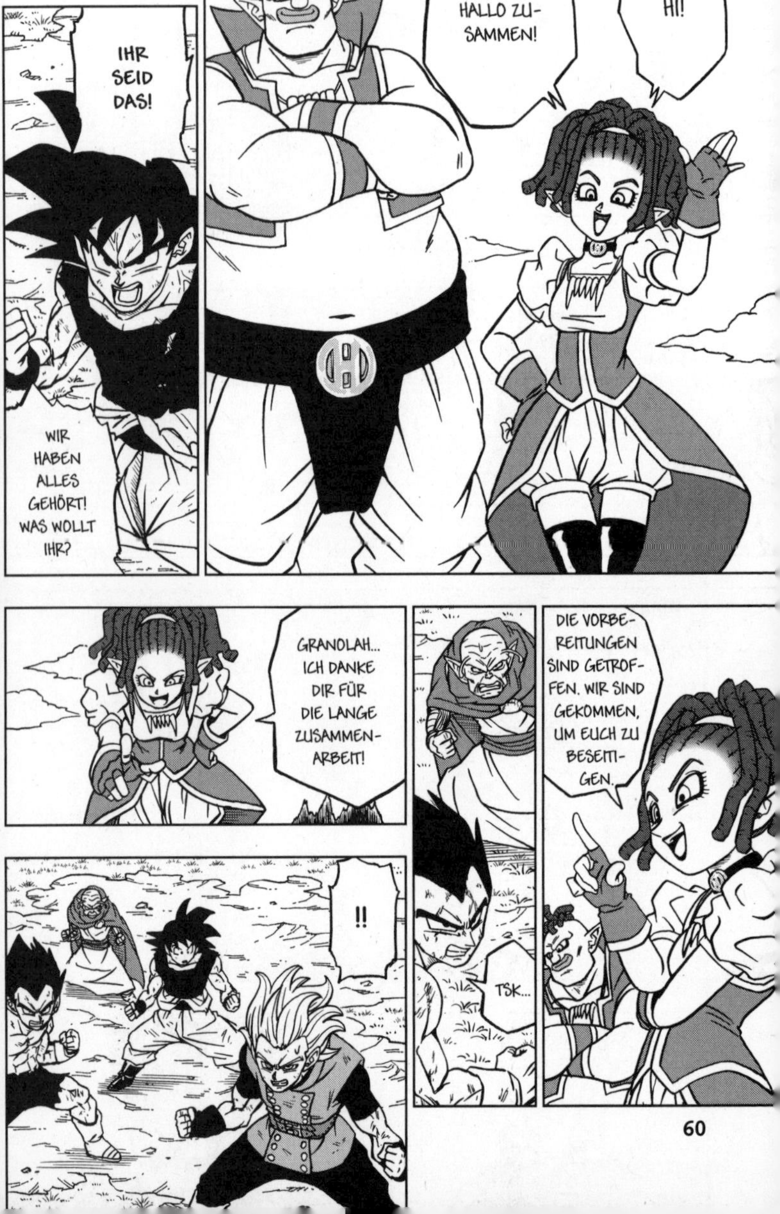

IHR SEID DAS!
WIR HABEN ALLES GEHÖRT! WAS WOLLT IHR?
HALLO ZUSAMMEN!
HI!
GRANOLAH... ICH DANKE DIR FÜR DIE LANGE ZUSAMMENARBEIT!
DIE VORBEREITUNGEN SIND GETROFFEN. WIR SIND GEKOMMEN, UM EUCH ZU BESEITIGEN.
TSK...
!!

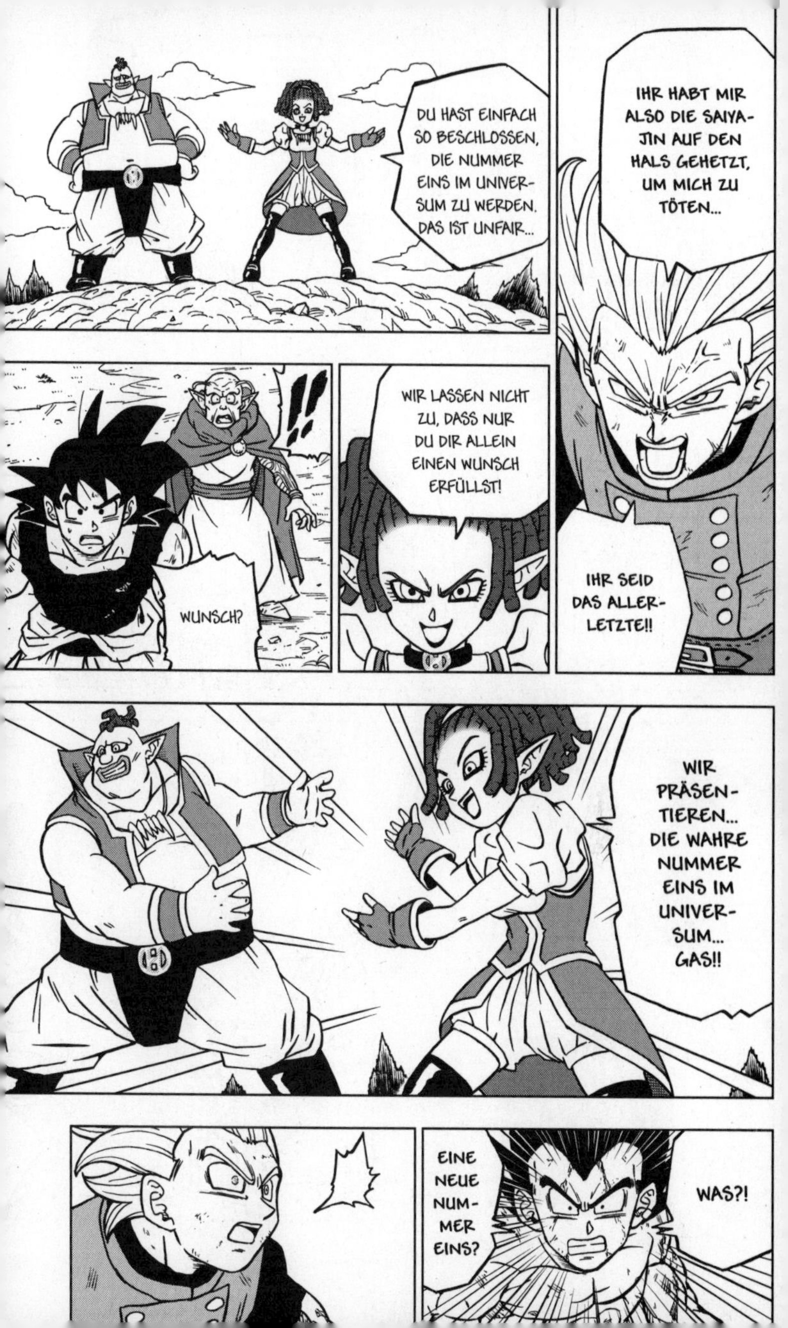

IHR HABT MIR ALSO DIE SAIYA-JIN AUF DEN HALS GEHETZT, UM MICH ZU TÖTEN...
IHR SEID DAS ALLER-LETZTE!!
DU HAST EINFACH SO BESCHLOSSEN, DIE NUMMER EINS IM UNIVER-SUM ZU WERDEN. DAS IST UNFAIR...
WIR LASSEN NICHT ZU, DASS NUR DU DIR ALLEIN EINEN WUNSCH ERFÜLLST!
!!
WUNSCH?
WIR PRÄSEN-TIEREN... DIE WAHRE NUMMER EINS IM UNIVER-SUM... GAS!!
WAS?!
EINE NEUE NUM-MER EINS?

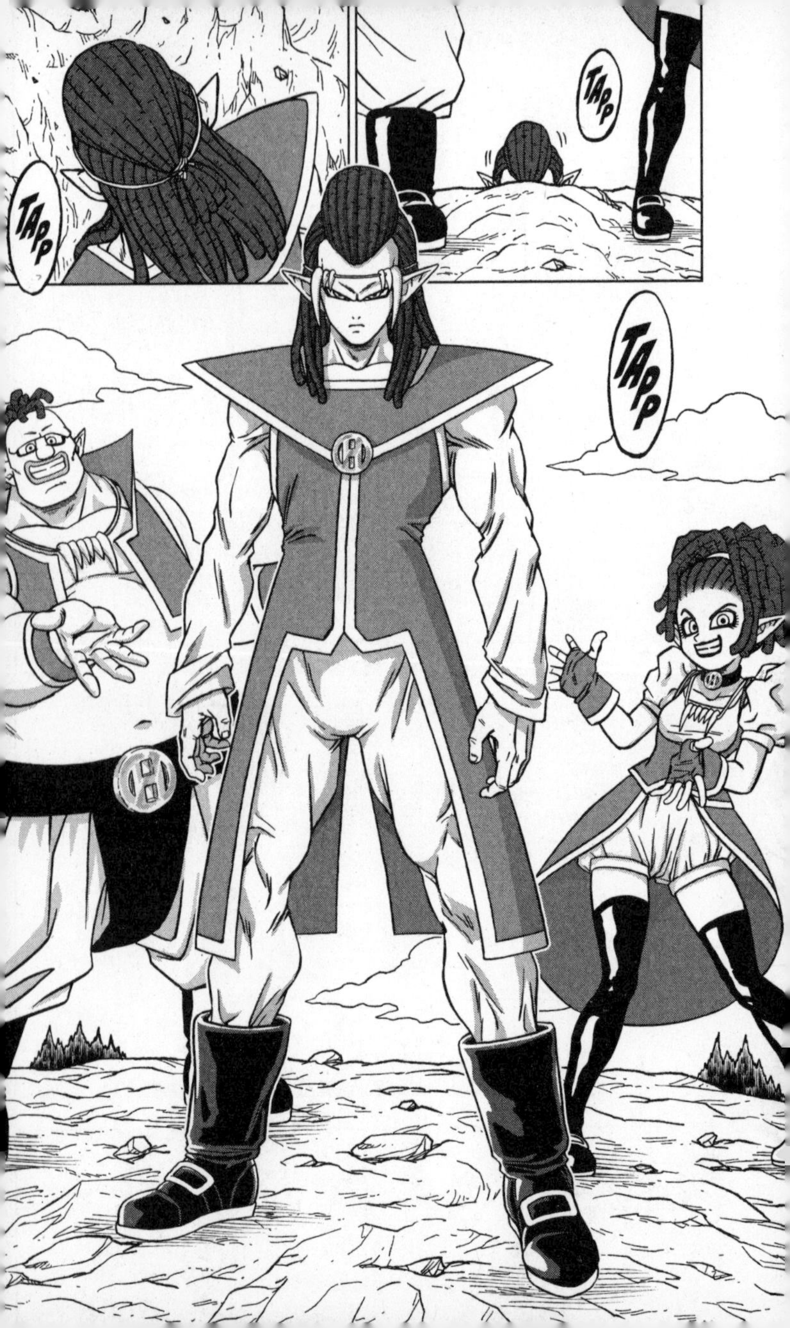
TAPP
TAPP
TAPP

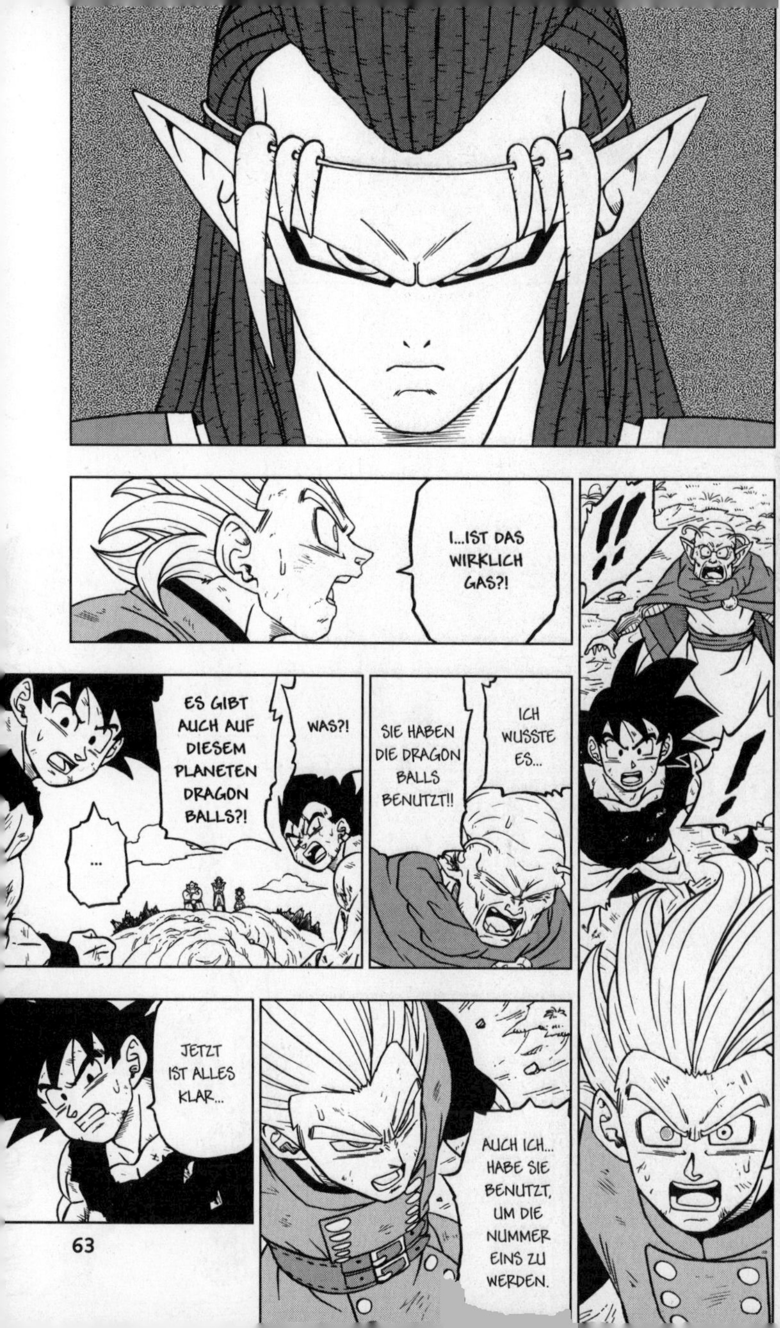

I...IST DAS WIRKLICH GAS?!
!!
ES GIBT AUCH AUF DIESEM PLANETEN DRAGON BALLS?!
...
WAS?!
SIE HABEN DIE DRAGON BALLS BENUTZT!!
ICH WUSSTE ES...
!
JETZT IST ALLES KLAR...
AUCH ICH... HABE SIE BENUTZT, UM DIE NUMMER EINS ZU WERDEN.

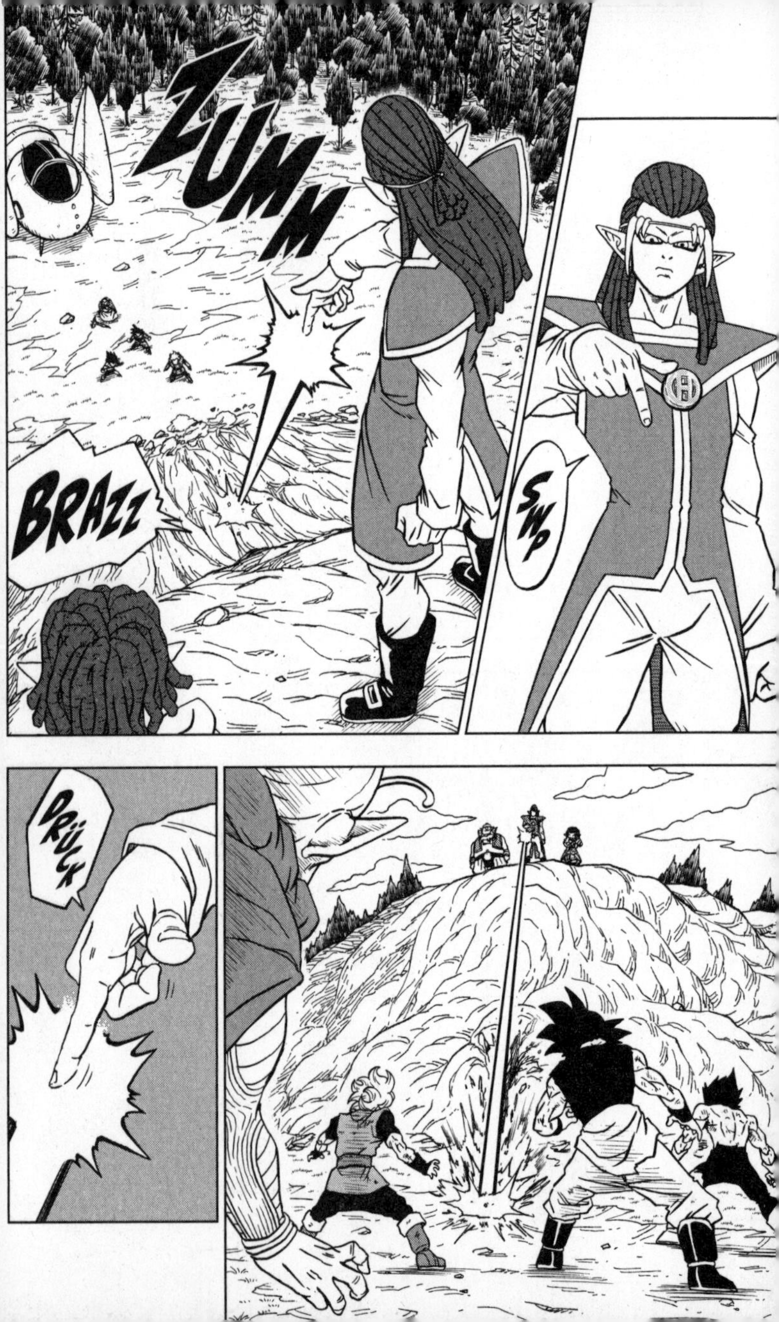

ZUMM
BRAZZ
SWP
DRÜCK

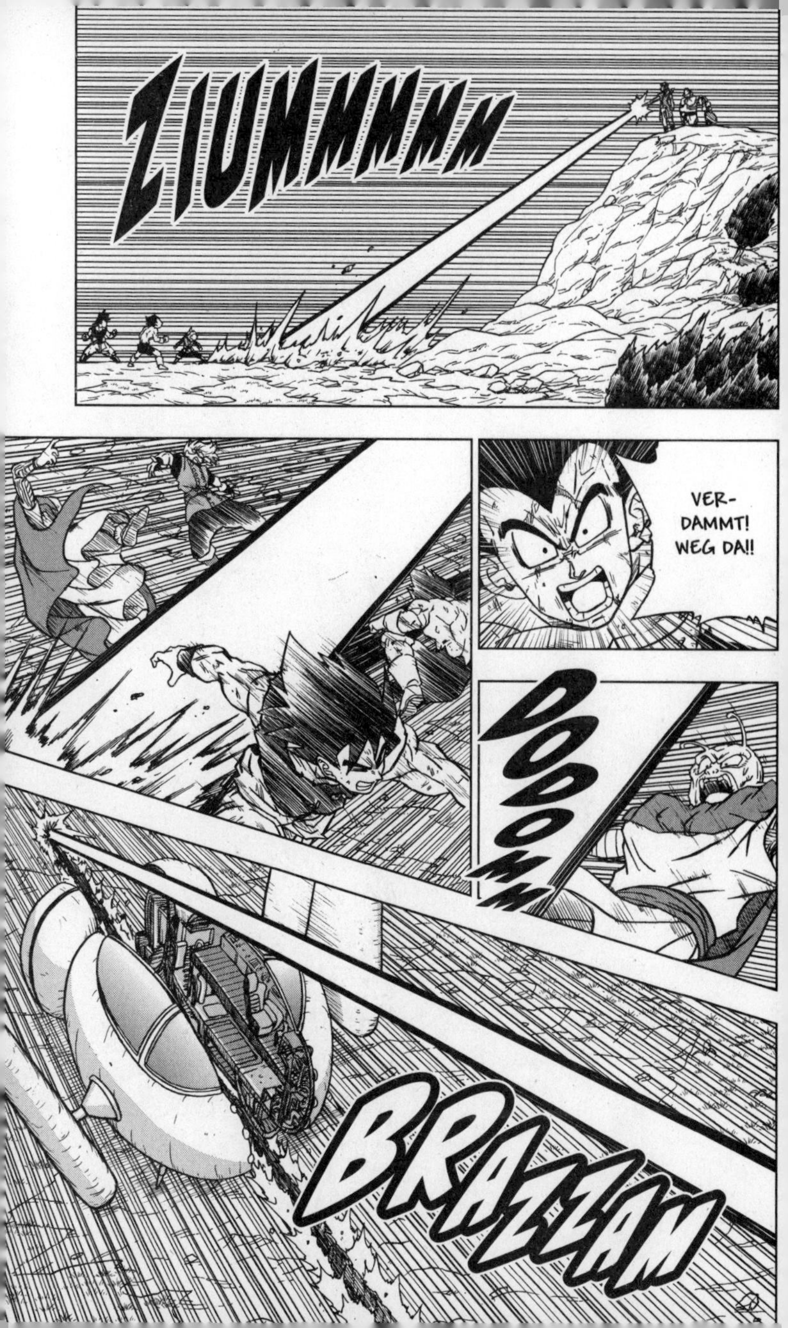
ZIUMMMMM
VER-
DAMMT!
WEG DA!!
DODOMMM
BRAZZAM

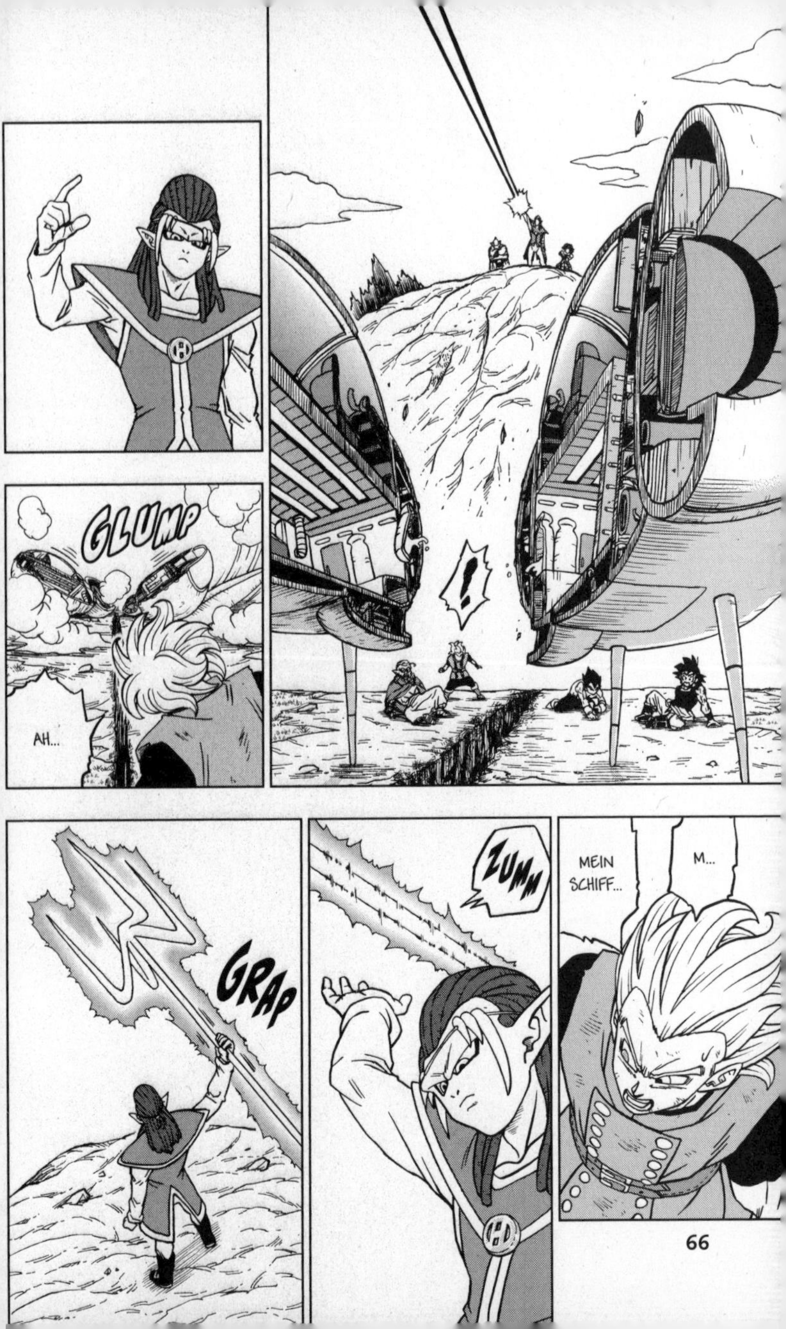
!
GLUMP
AH...
M...
MEIN SCHIFF...
ZUMM
GRAP

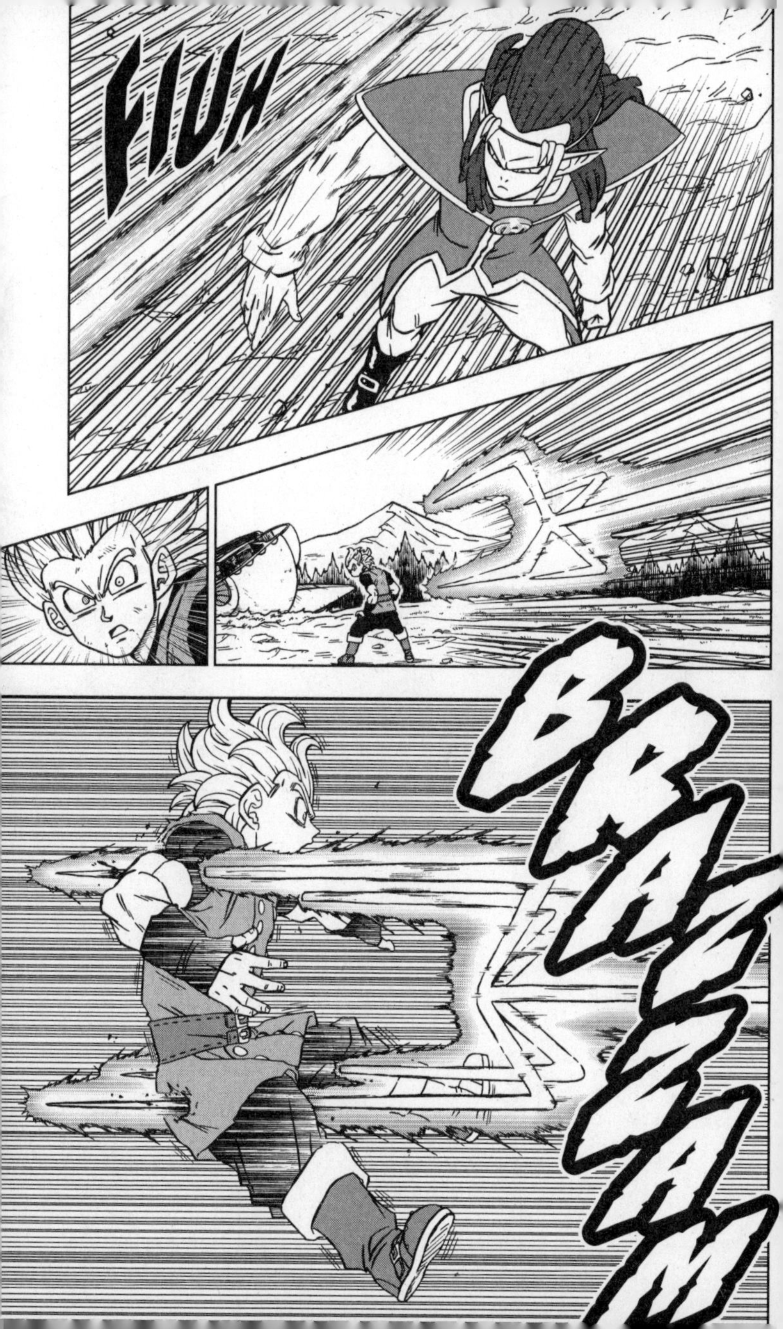
FLUH
BAZAAM

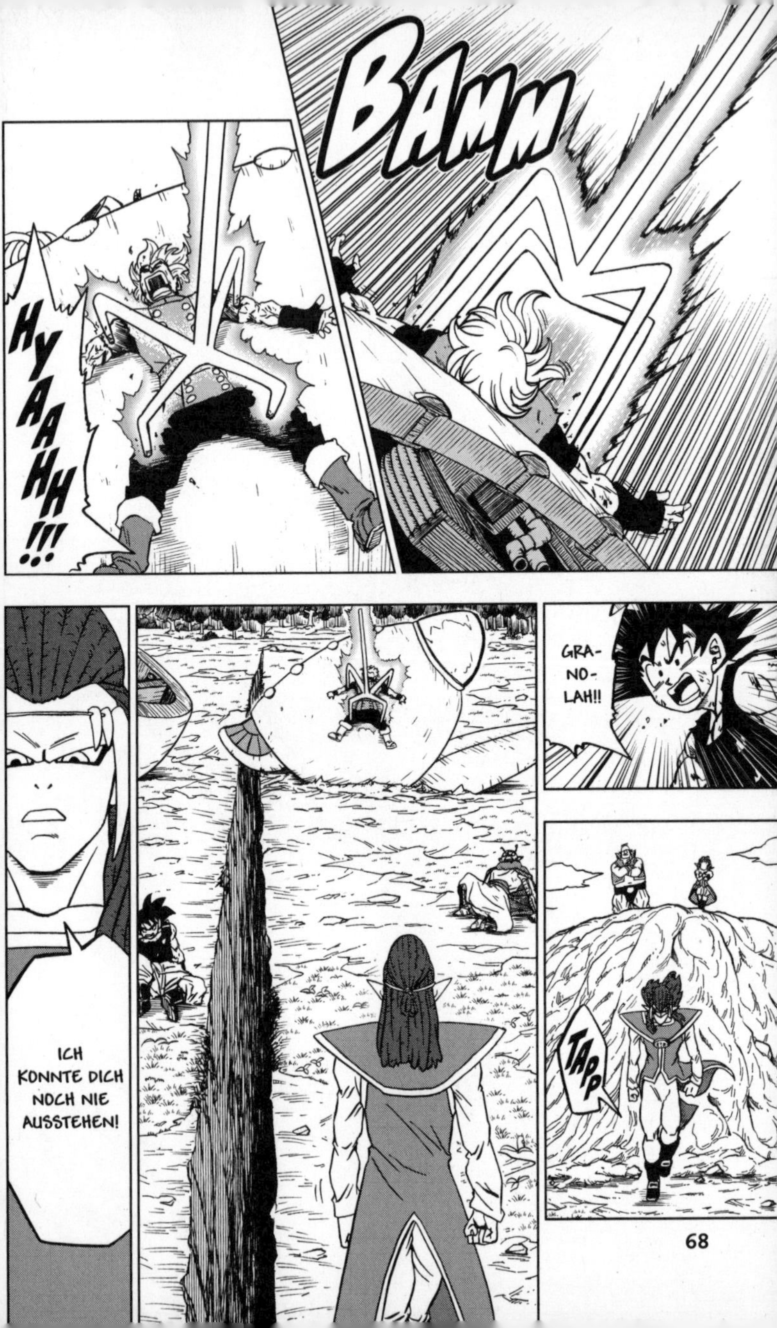
BAMM
HYAAAHH!!!
GRA-
NO-
LAH!!
ICH KONNTE DICH NOCH NIE AUSSTEHEN!
TAPP

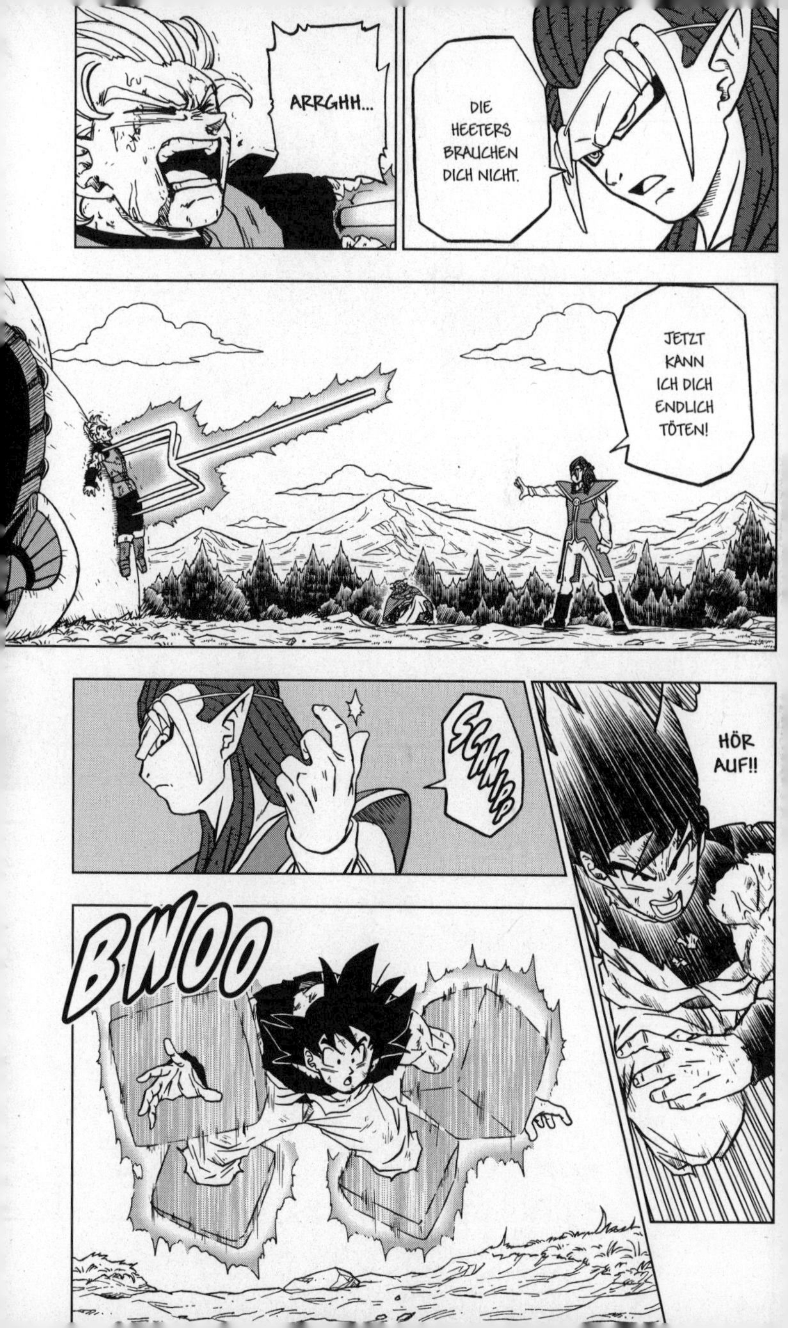

DIE HEETERS BRAUCHEN DICH NICHT.
ARRGHH...
JETZT KANN ICH DICH ENDLICH TÖTEN!
SCHNIPP
HÖR AUF!!
BWOO

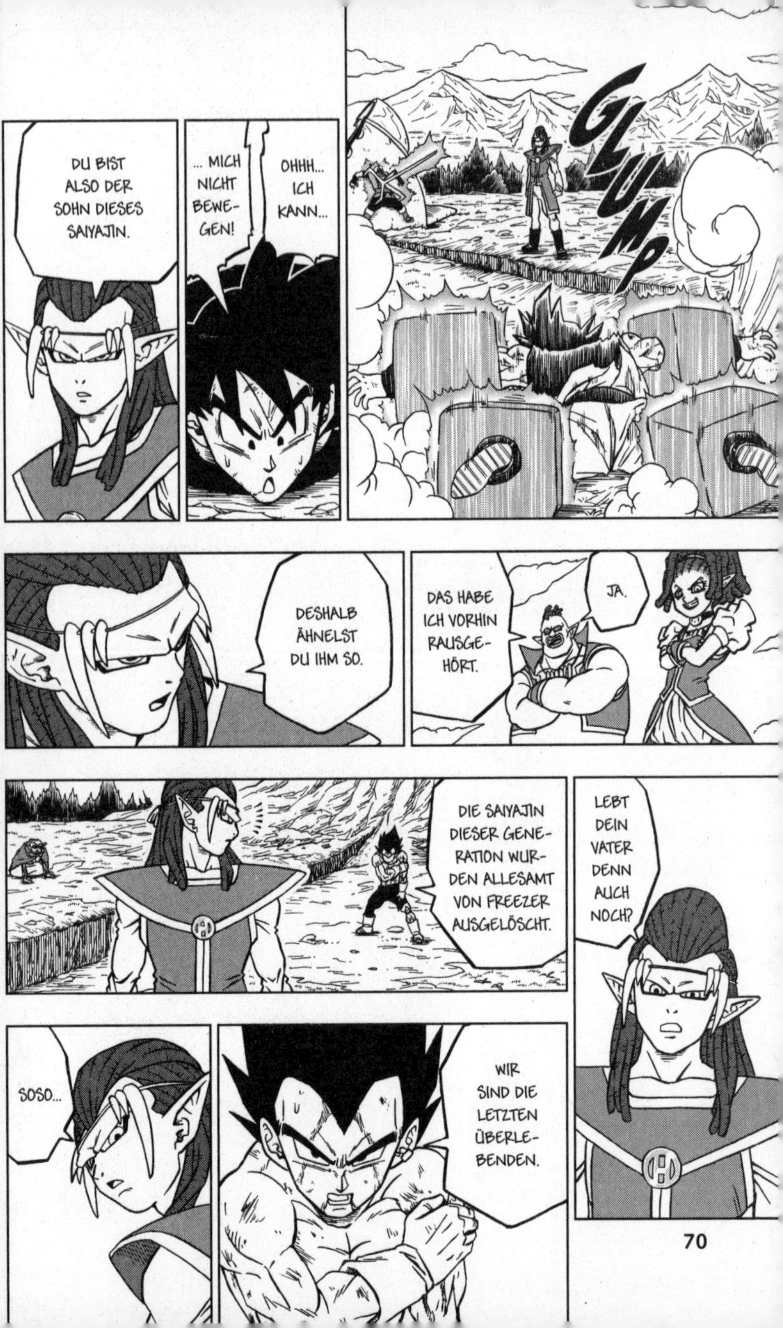
GLUMP
OHHH... ICH KANN...
... MICH NICHT BEWEGEN!
DU BIST ALSO DER SOHN DIESES SAIYAJIN.
JA.
DAS HABE ICH VORHIN RAUSGEHÖRT.
DESHALB ÄHNELST DU IHM SO.
LEBT DEIN VATER DENN AUCH NOCH?
DIE SAIYAJIN DIESER GENERATION WURDEN ALLESAMT VON FREEZER AUSGELÖSCHT.
WIR SIND DIE LETZTEN ÜBERLEBENDEN.
SOSO...

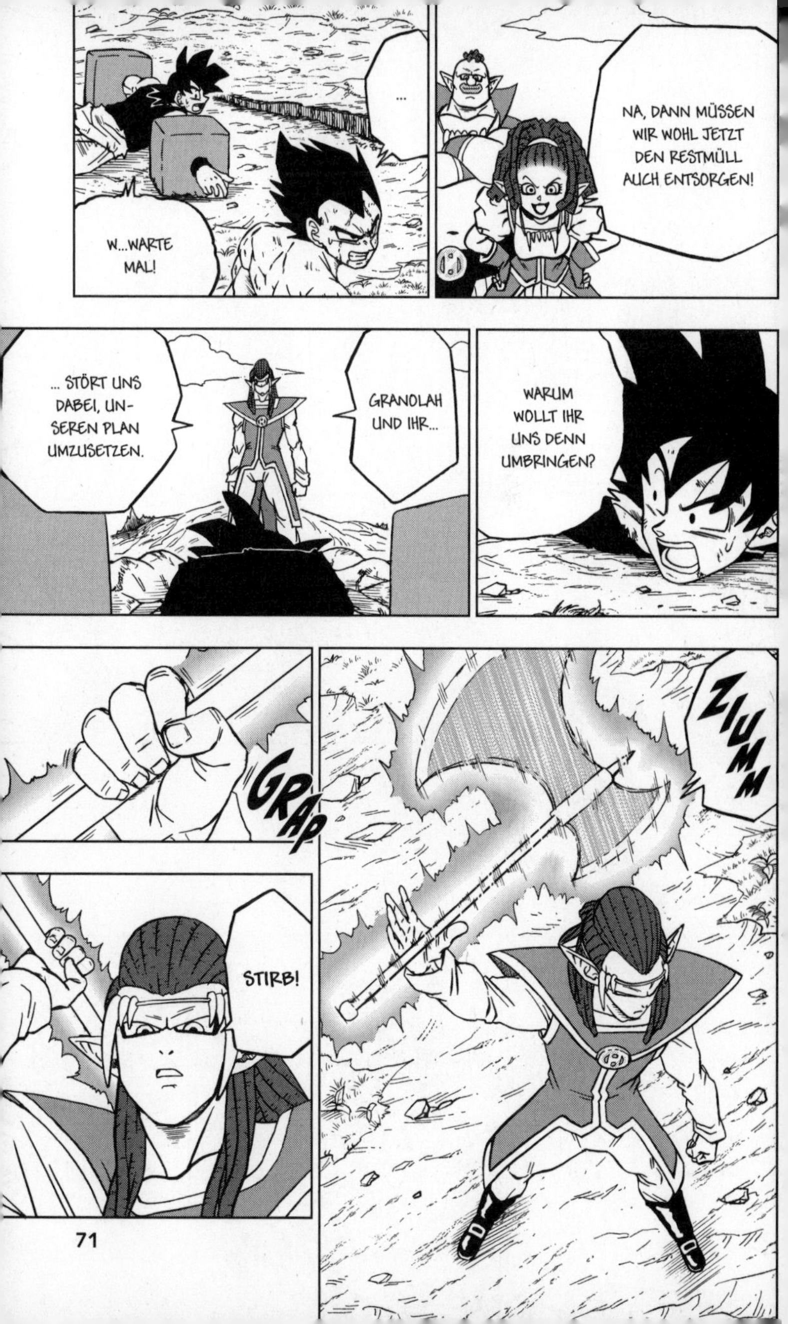
NA, DANN MÜSSEN WIR WOHL JETZT DEN RESTMÜLL AUCH ENTSORGEN!
...
W...WARTE MAL!
WARUM WOLLT IHR UNS DENN UMBRINGEN?
GRANOLAH UND IHR...
... STÖRT UNS DABEI, UN-SEREN PLAN UMZUSETZEN.
ZIUMM
GRAP
STIRB!

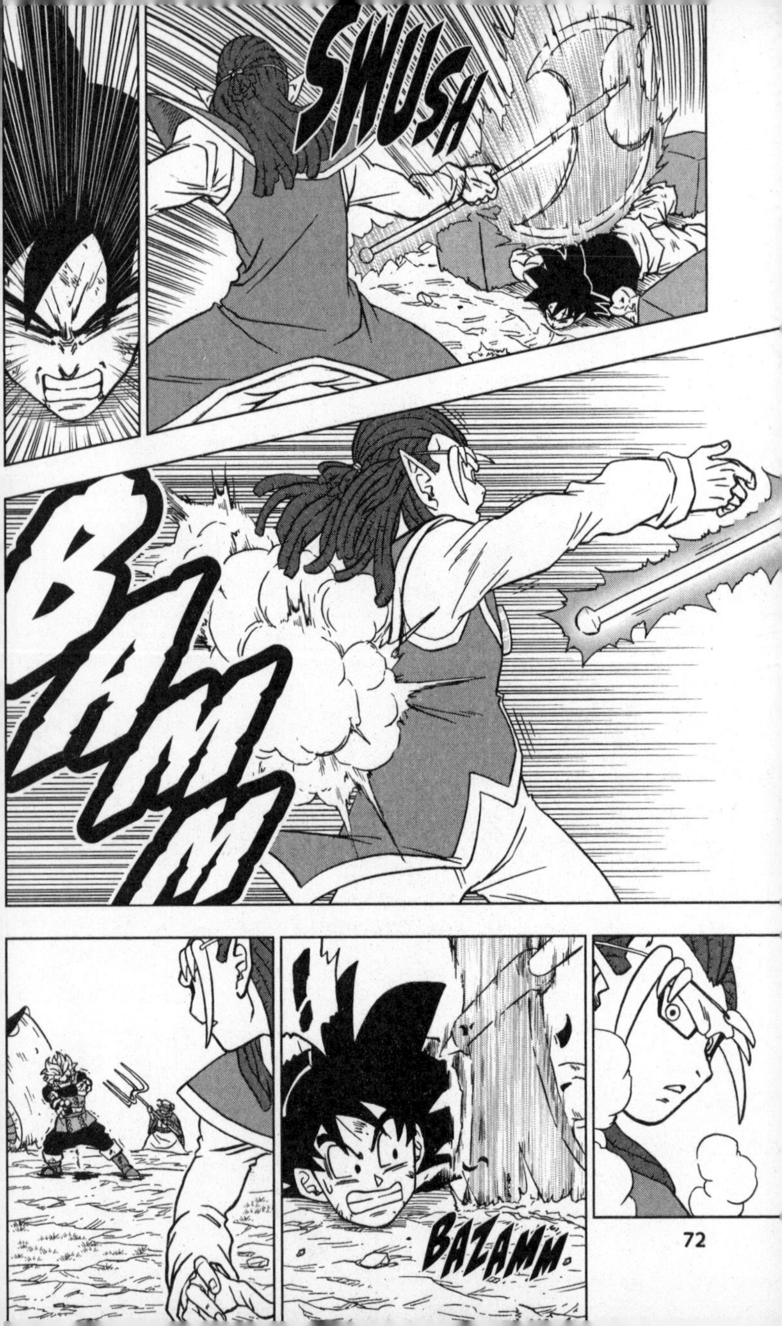
SWUSH
BAMM
!
BAZAMM

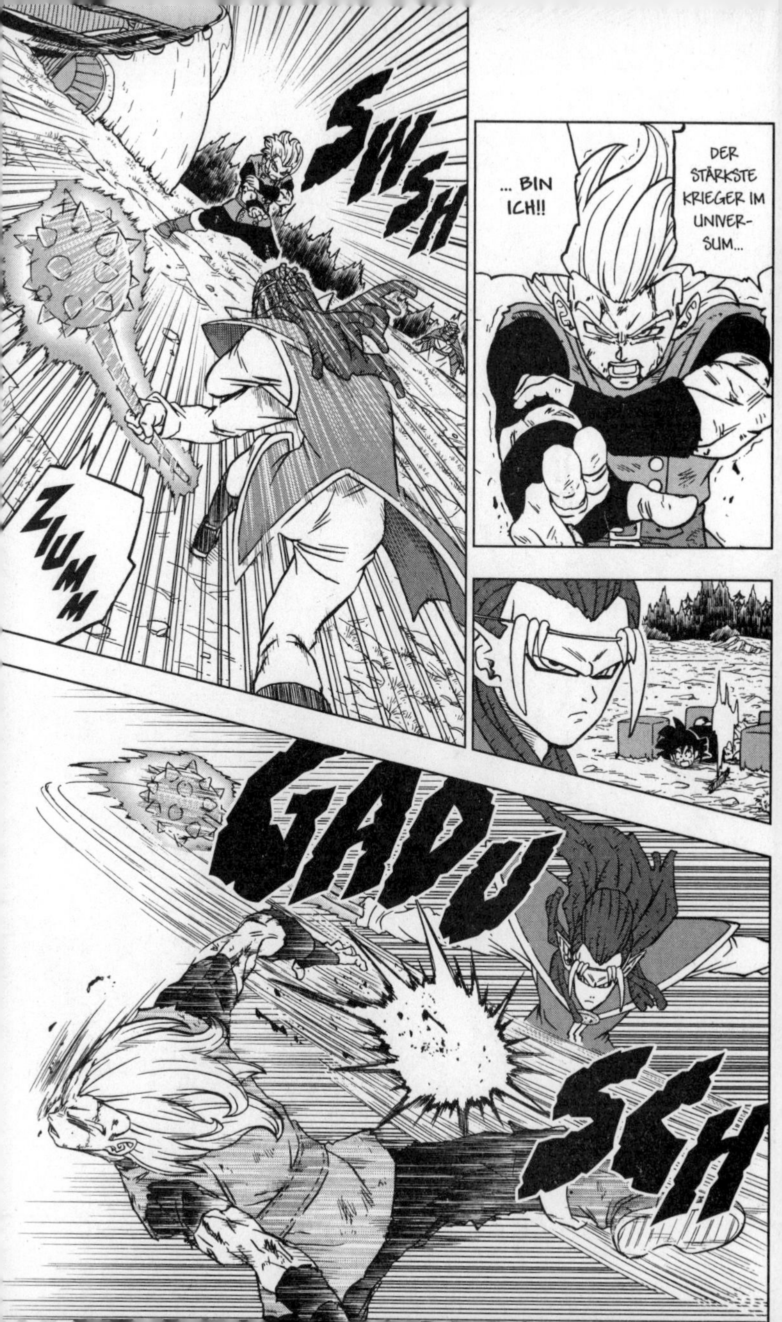
DER STÄRKSTE KRIEGER IM UNIVER-SUM...
... BIN ICH!!
SWSH
ZIUMM
GADUSCH

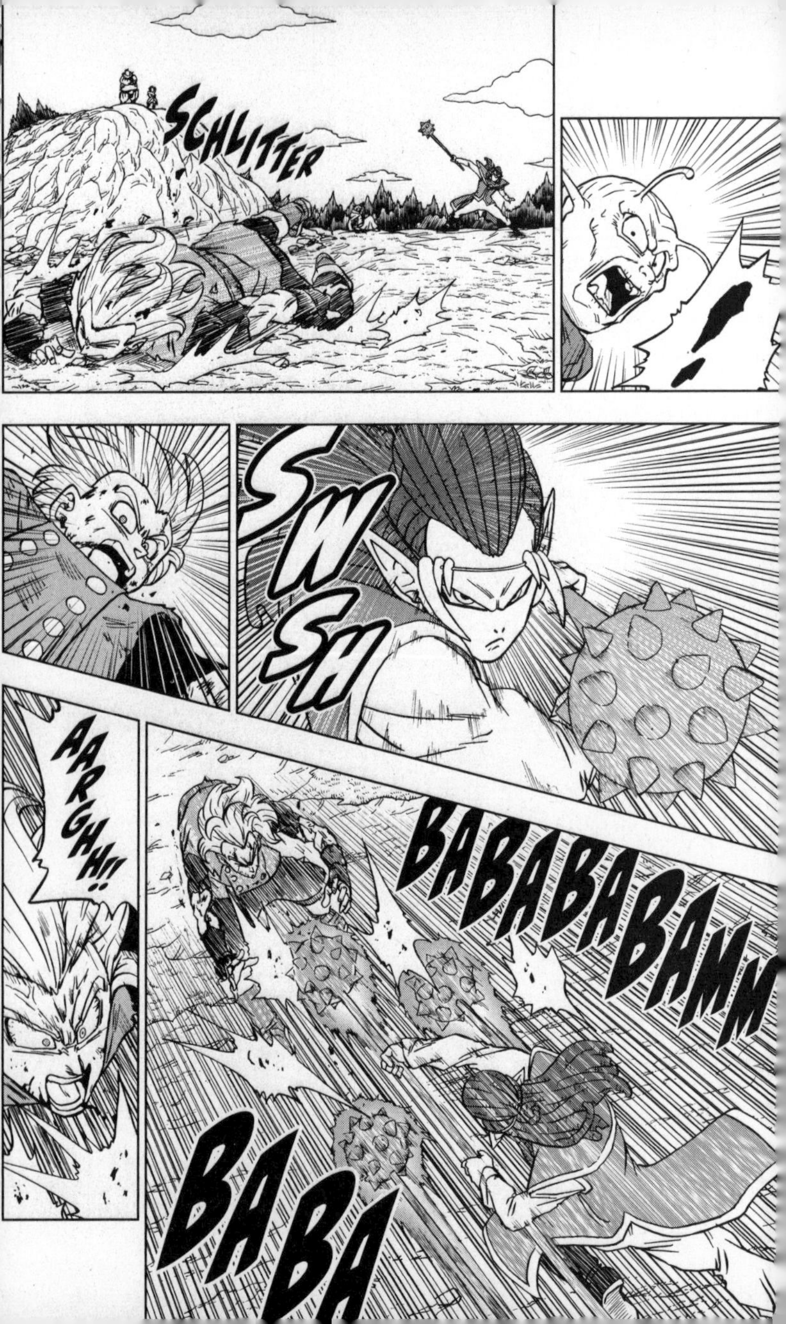
SCHLITTER
SWSH
BABABABAMM
BABA
AARGHH!!

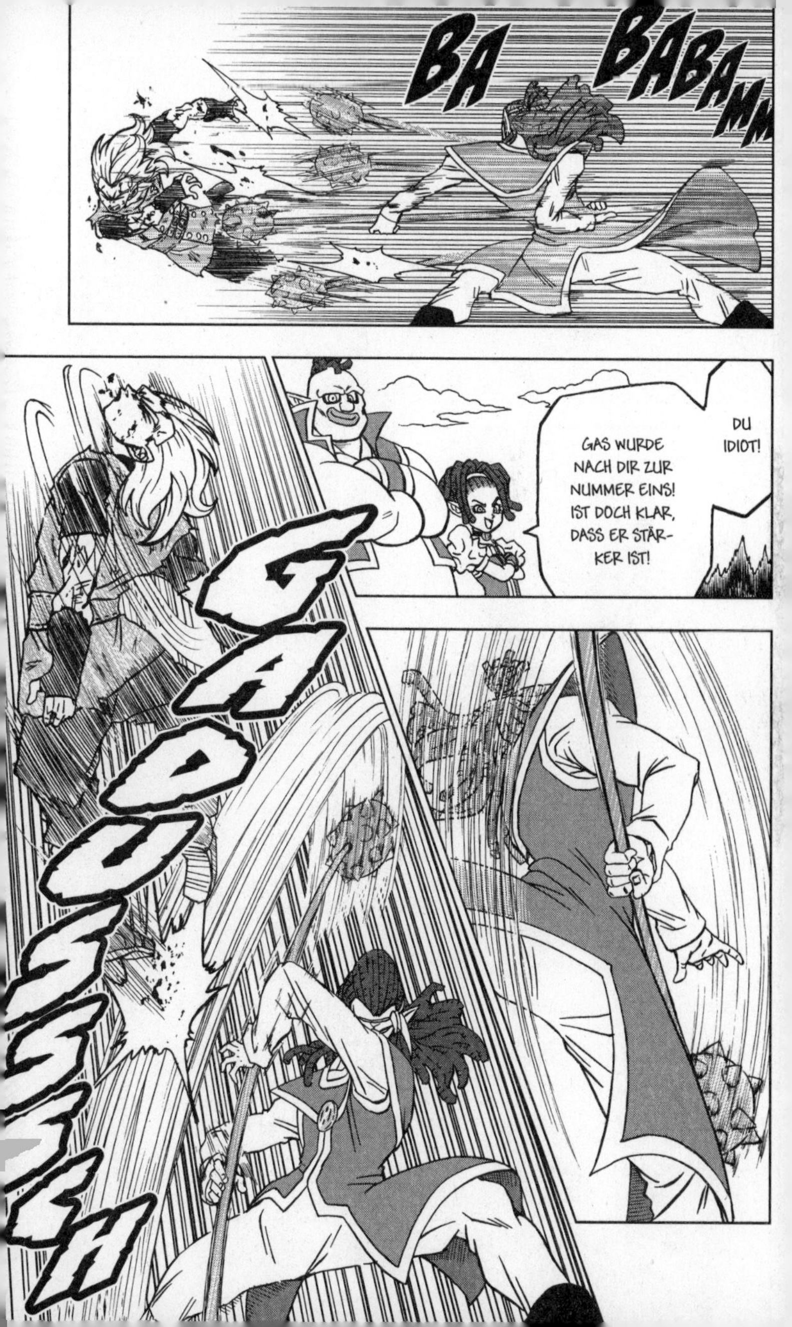
BA BABAMM
DU IDIOT!
GAS WURDE NACH DIR ZUR NUMMER EINS! IST DOCH KLAR, DASS ER STÄRKER IST!
GADUSHH

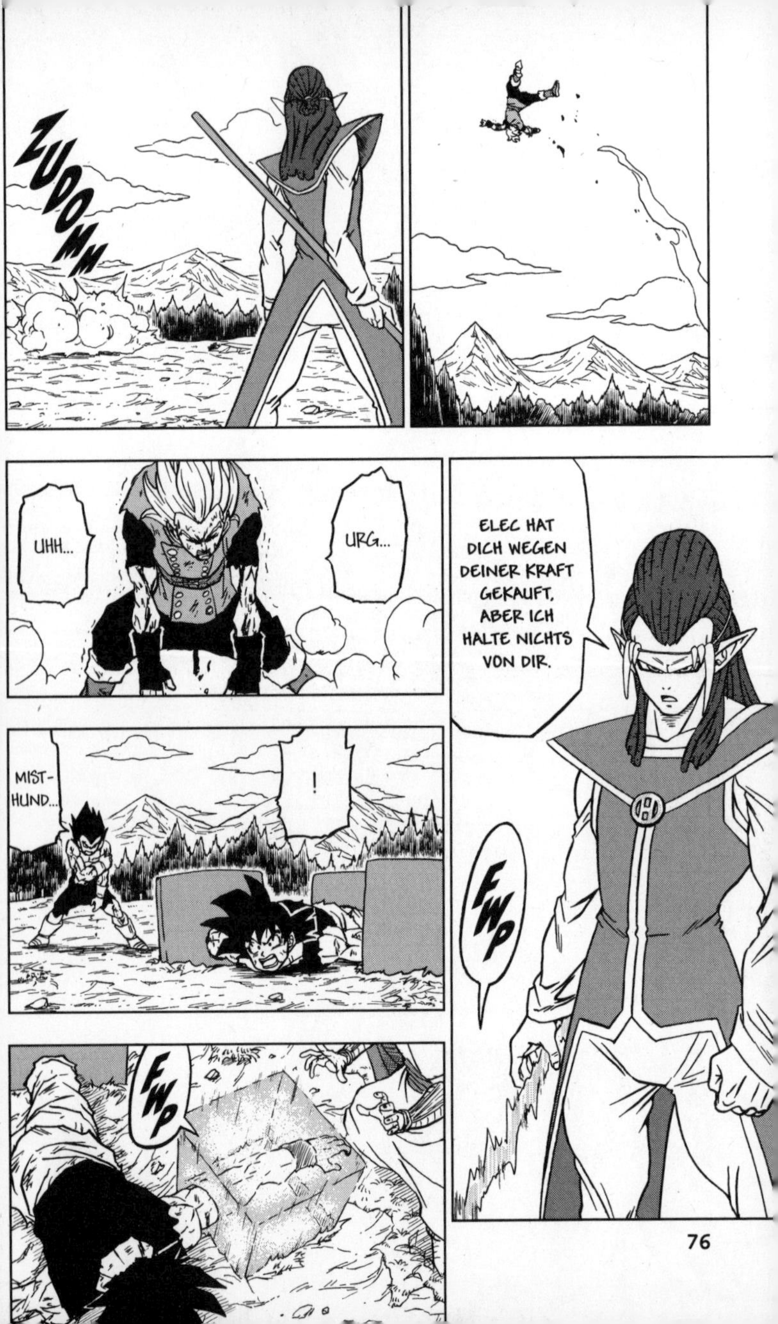
ZUDOMM
UHH...
URG...
ELEC HAT DICH WEGEN DEINER KRAFT GEKAUFT, ABER ICH HALTE NICHTS VON DIR.
MIST-HUND...
!
FWP
FWP

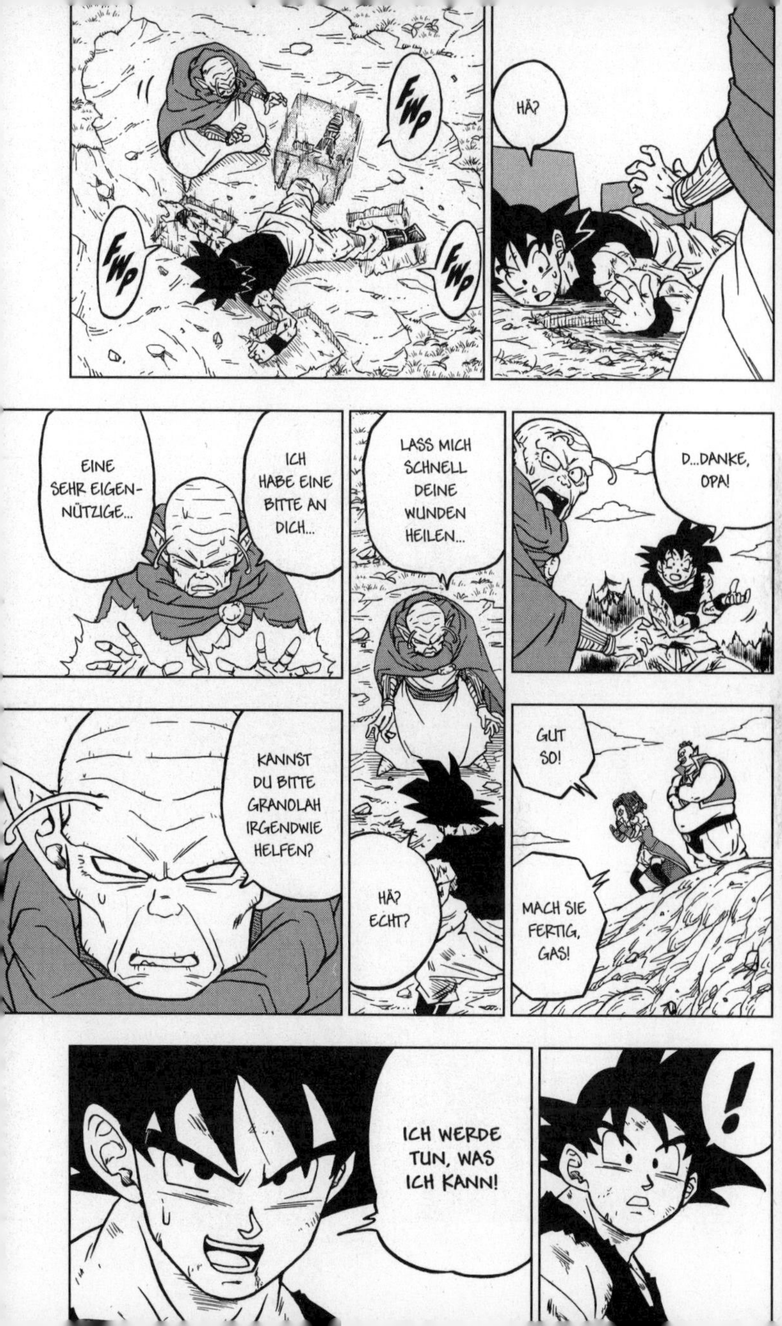
HÄ?
FWP
FWP
FWP
D...DANKE, OPA!
LASS MICH SCHNELL DEINE WUNDEN HEILEN...
ICH HABE EINE BITTE AN DICH...
EINE SEHR EIGEN-NÜTZIGE...
GUT SO!
MACH SIE FERTIG, GAS!
HÄ? ECHT?
KANNST DU BITTE GRANOLAH IRGENDWIE HELFEN?
!
ICH WERDE TUN, WAS ICH KANN!

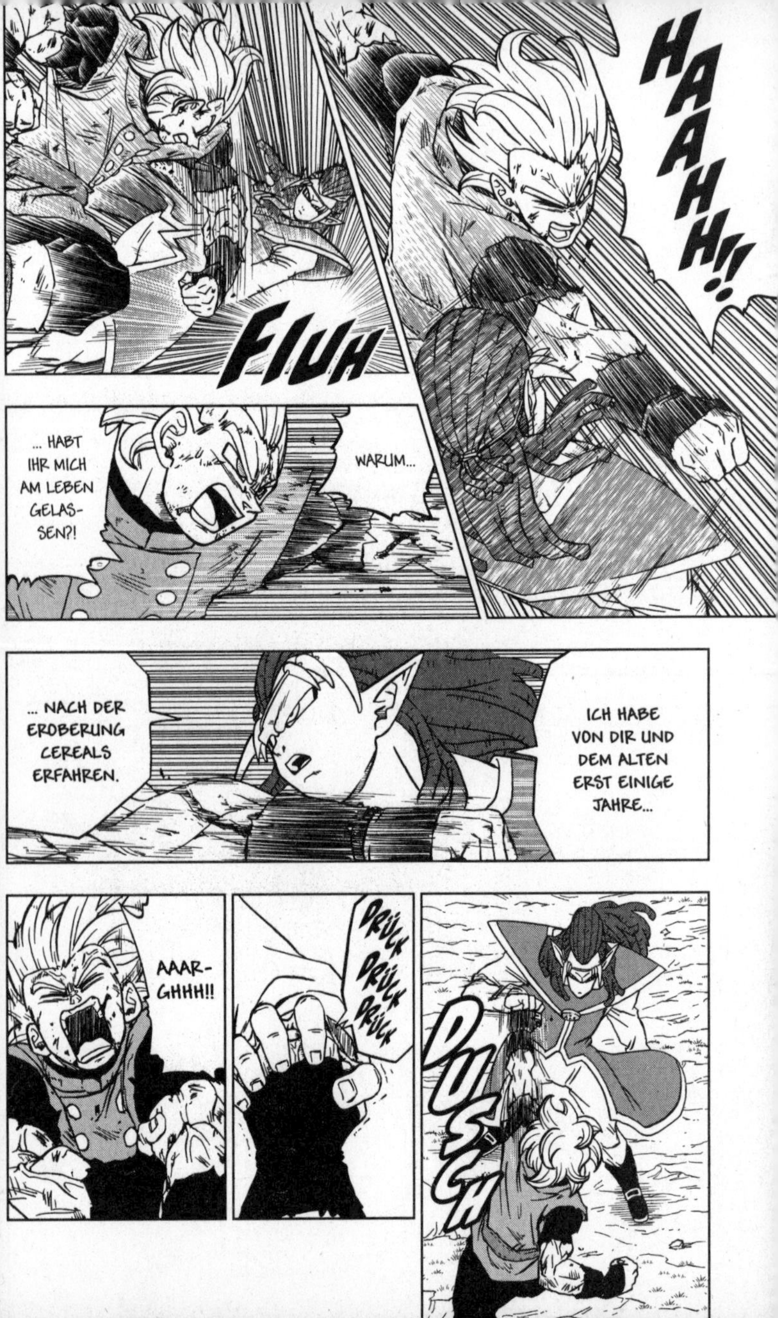

HAAAHH!!
FIUH
WARUM...
... HABT IHR MICH AM LEBEN GELAS-SEN?!
ICH HABE VON DIR UND DEM ALTEN ERST EINIGE JAHRE...
... NACH DER EROBERUNG CEREALS ERFAHREN.
DUSCH
DRÜCK DRÜCK DRÜCK
AAAR-GHHH!!

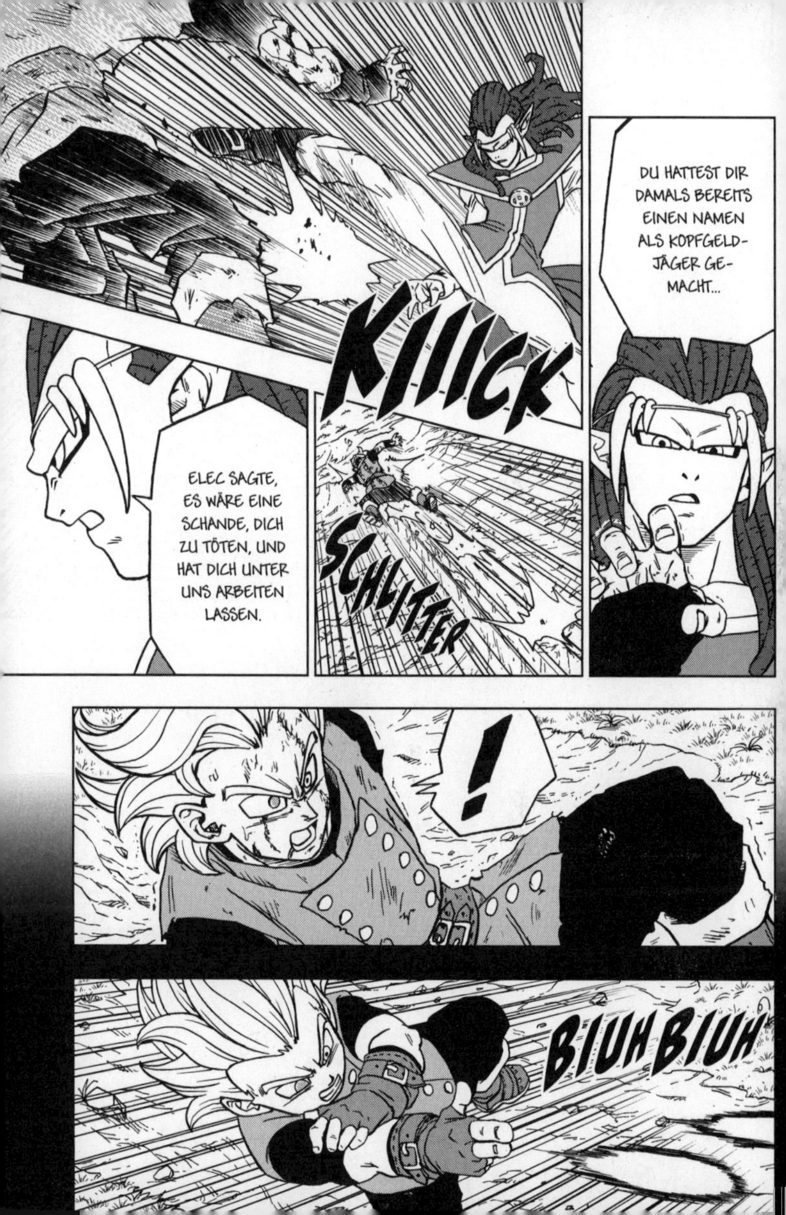
KIIICK
DU HATTEST DIR DAMALS BEREITS EINEN NAMEN ALS KOPFGELD-JÄGER GE-MACHT...
SCHLITTER
ELEC SAGTE, ES WÄRE EINE SCHANDE, DICH ZU TÖTEN, UND HAT DICH UNTER UNS ARBEITEN LASSEN.
!
BIUHBIUH

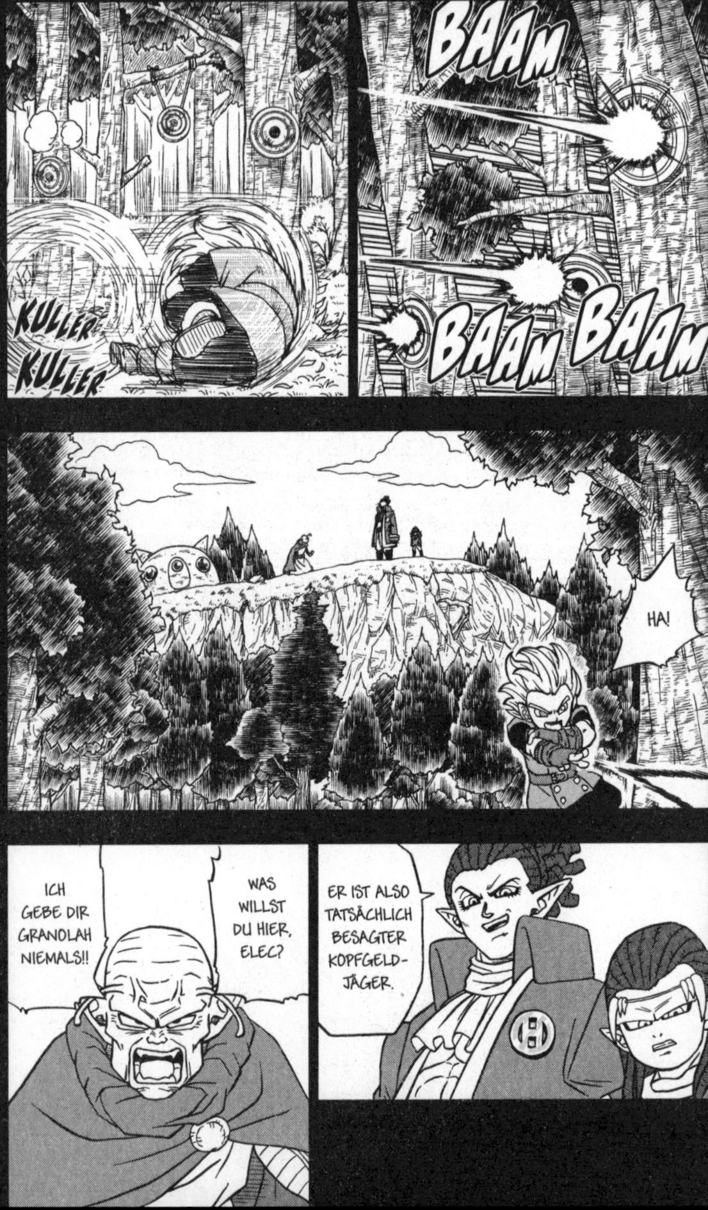
BAAM
BAAM BAAM
KULLER KULLER
HA!
ER IST ALSO TATSÄCHLICH BESAGTER KOPFGELD-JÄGER.
WAS WILLST DU HIER, ELEC?
ICH GEBE DIR GRANOLAH NIEMALS!!

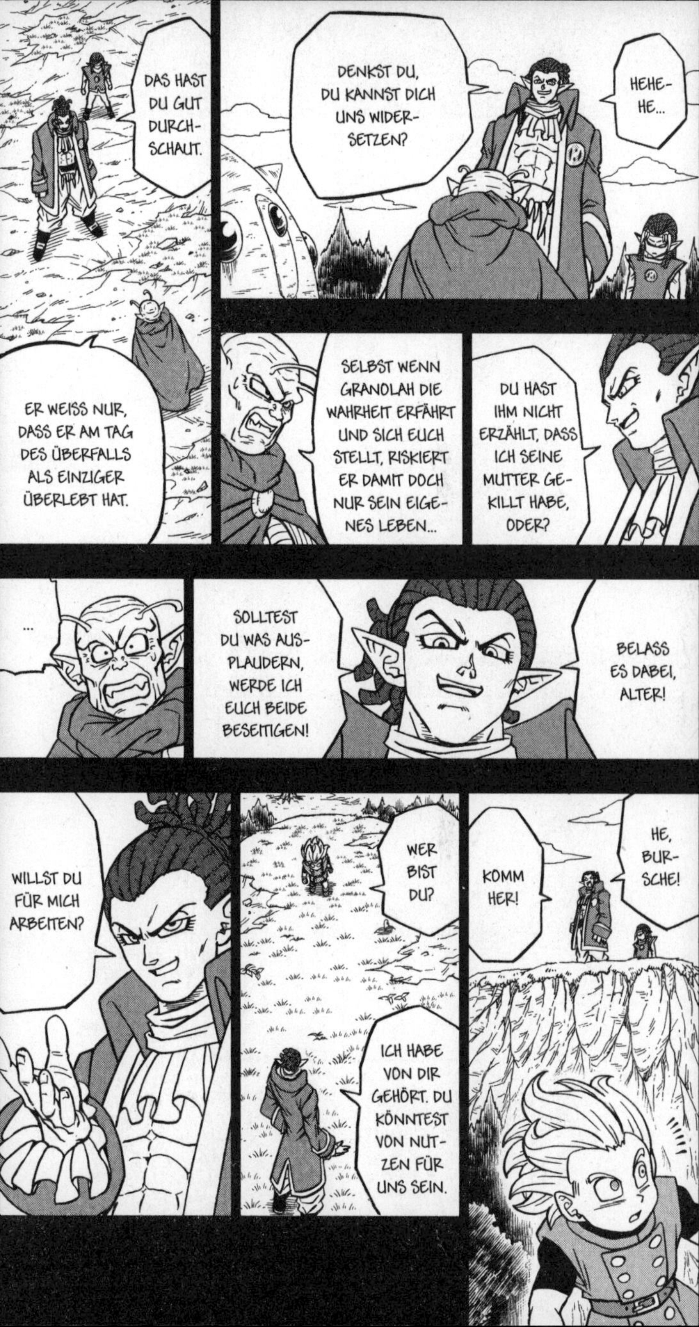
HEHE-HE...
DENKST DU, DU KANNST DICH UNS WIDER-SETZEN?
DAS HAST DU GUT DURCH-SCHAUT.
DU HAST IHM NICHT ERZÄHLT, DASS ICH SEINE MUTTER GE-KILLT HABE, ODER?
SELBST WENN GRANOLAH DIE WAHRHEIT ERFÄHRT UND SICH EUCH STELLT, RISKIERT ER DAMIT DOCH NUR SEIN EIGE-NES LEBEN...
ER WEISS NUR, DASS ER AM TAG DES ÜBERFALLS ALS EINZIGER ÜBERLEBT HAT.
BELASS ES DABEI, ALTER!
SOLLTEST DU WAS AUS-PLAUDERN, WERDE ICH EUCH BEIDE BESEITIGEN!
...
HE, BUR-SCHE!
KOMM HER!
WER BIST DU?
ICH HABE VON DIR GEHÖRT. DU KÖNNTEST VON NUT-ZEN FÜR UNS SEIN.
WILLST DU FÜR MICH ARBEITEN?

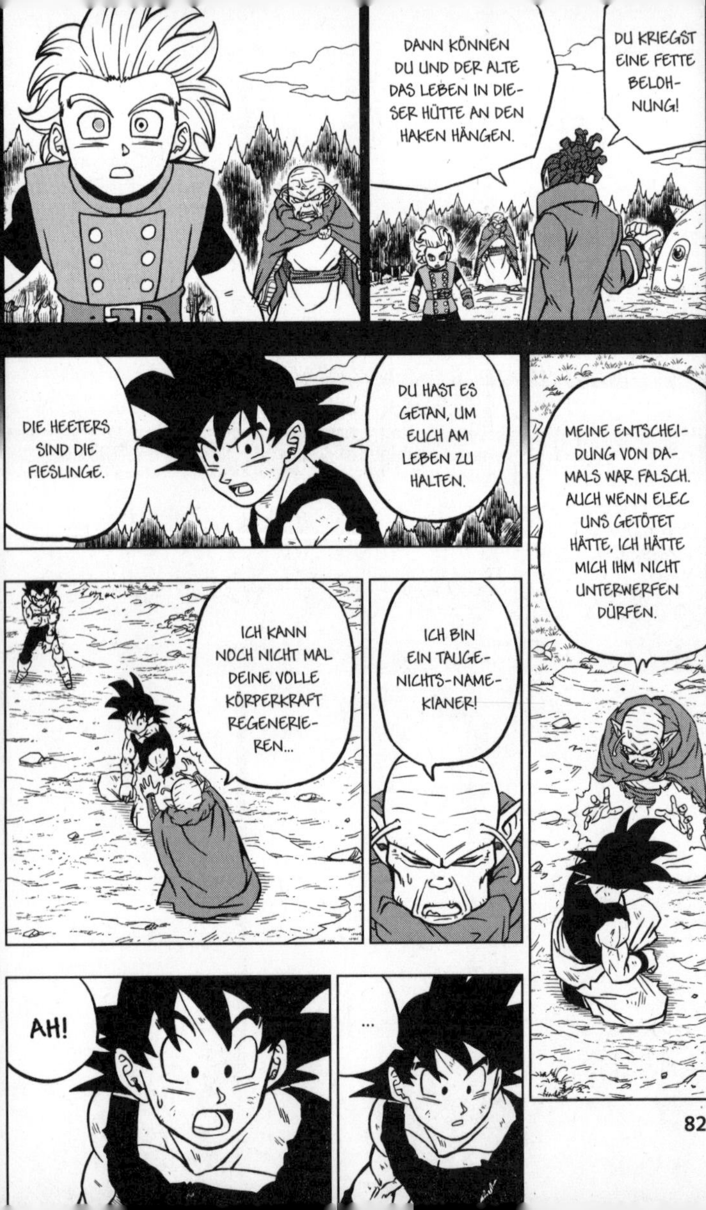
DU KRIEGST EINE FETTE BELOHNUNG!
DANN KÖNNEN DU UND DER ALTE DAS LEBEN IN DIESER HÜTTE AN DEN HAKEN HÄNGEN.
DU HAST ES GETAN, UM EUCH AM LEBEN ZU HALTEN.
DIE HEETERS SIND DIE FIESLINGE.
MEINE ENTSCHEIDUNG VON DAMALS WAR FALSCH. AUCH WENN ELEC UNS GETÖTET HÄTTE, ICH HÄTTE MICH IHM NICHT UNTERWERFEN DÜRFEN.
ICH BIN EIN TAUGENICHTS-NAMEKIANER!
ICH KANN NOCH NICHT MAL DEINE VOLLE KÖRPERKRAFT REGENERIEREN...
...
AH!

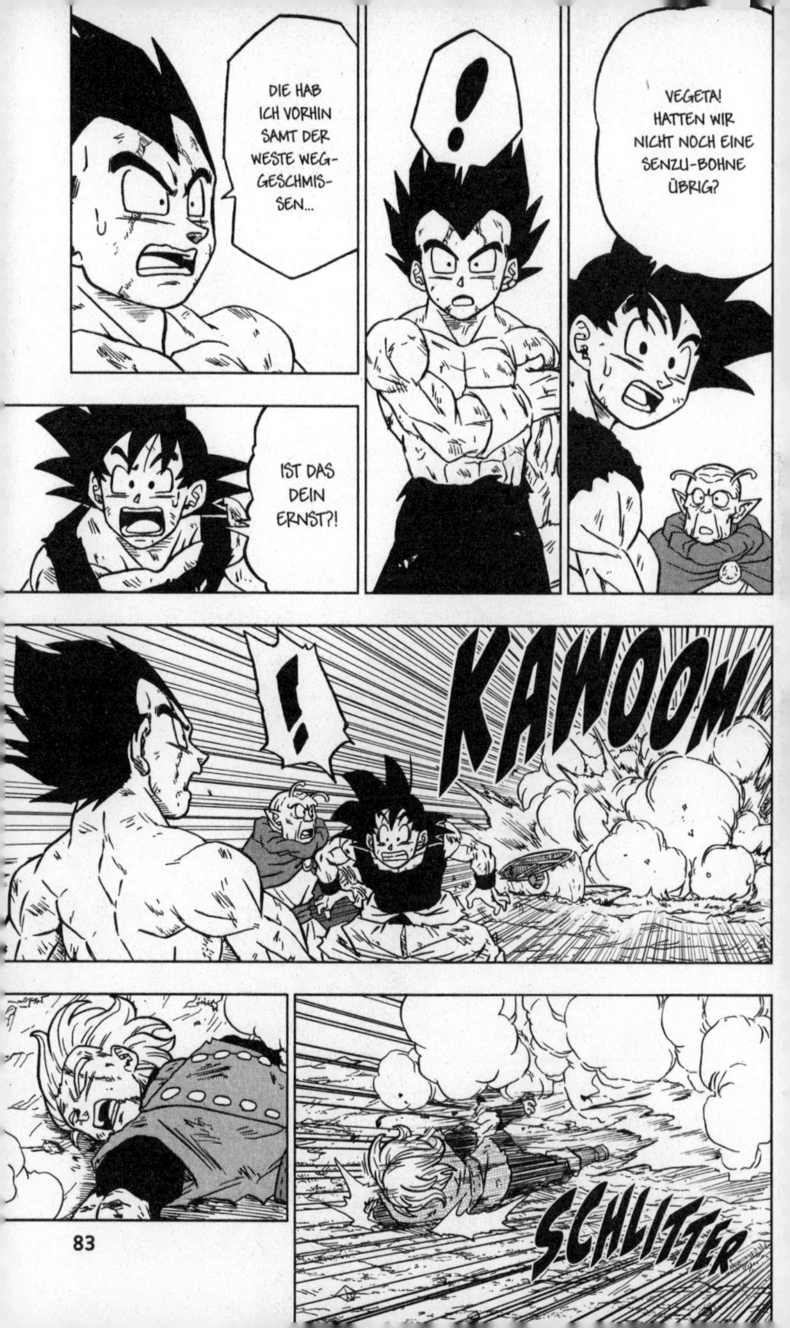
DIE HAB ICH VORHIN SAMT DER WESTE WEG-GESCHMIS-SEN...
!
VEGETA! HATTEN WIR NICHT NOCH EINE SENZU-BOHNE ÜBRIG?
IST DAS DEIN ERNST?!
!
KAWOOM
SCHLITTER

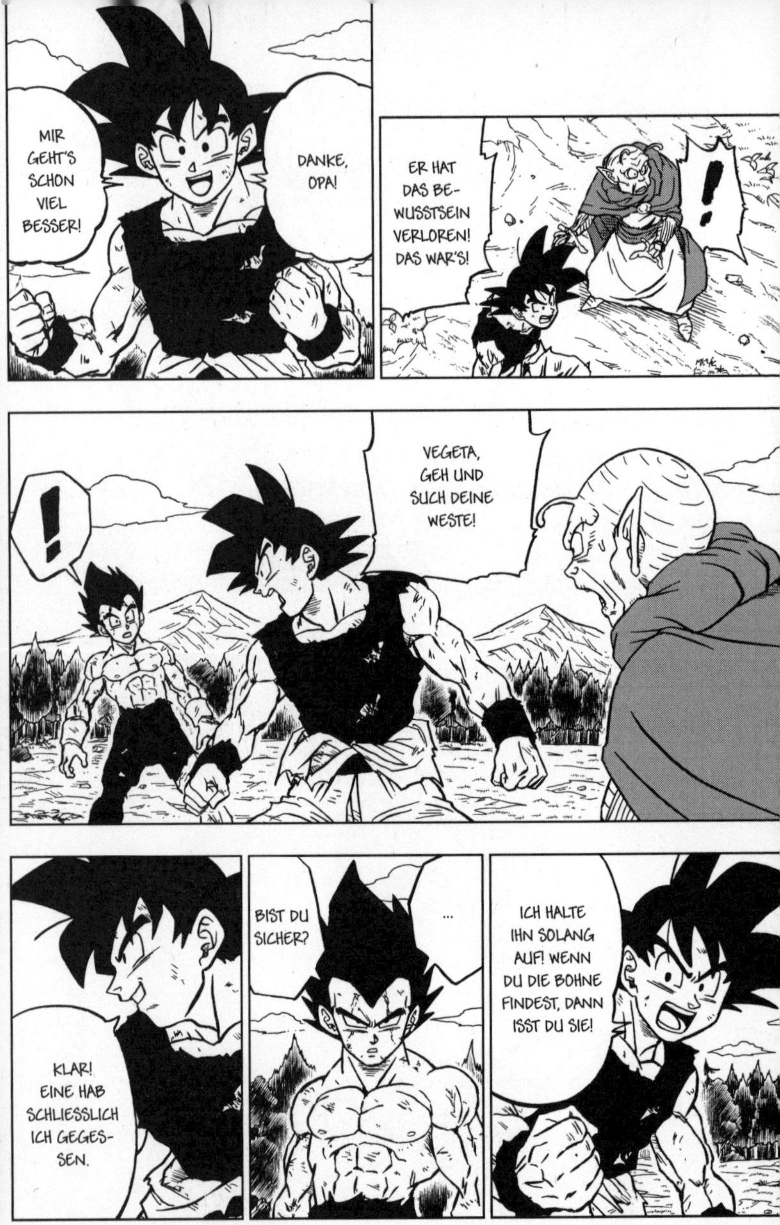
ER HAT DAS BE-WUSSTSEIN VERLOREN! DAS WAR'S!
!
DANKE, OPA!
MIR GEHT'S SCHON VIEL BESSER!
VEGETA, GEH UND SUCH DEINE WESTE!
!
ICH HALTE IHN SOLANG AUF! WENN DU DIE BOHNE FINDEST, DANN ISST DU SIE!
...
BIST DU SICHER?
KLAR! EINE HAB SCHLIESSLICH ICH GEGES-SEN.

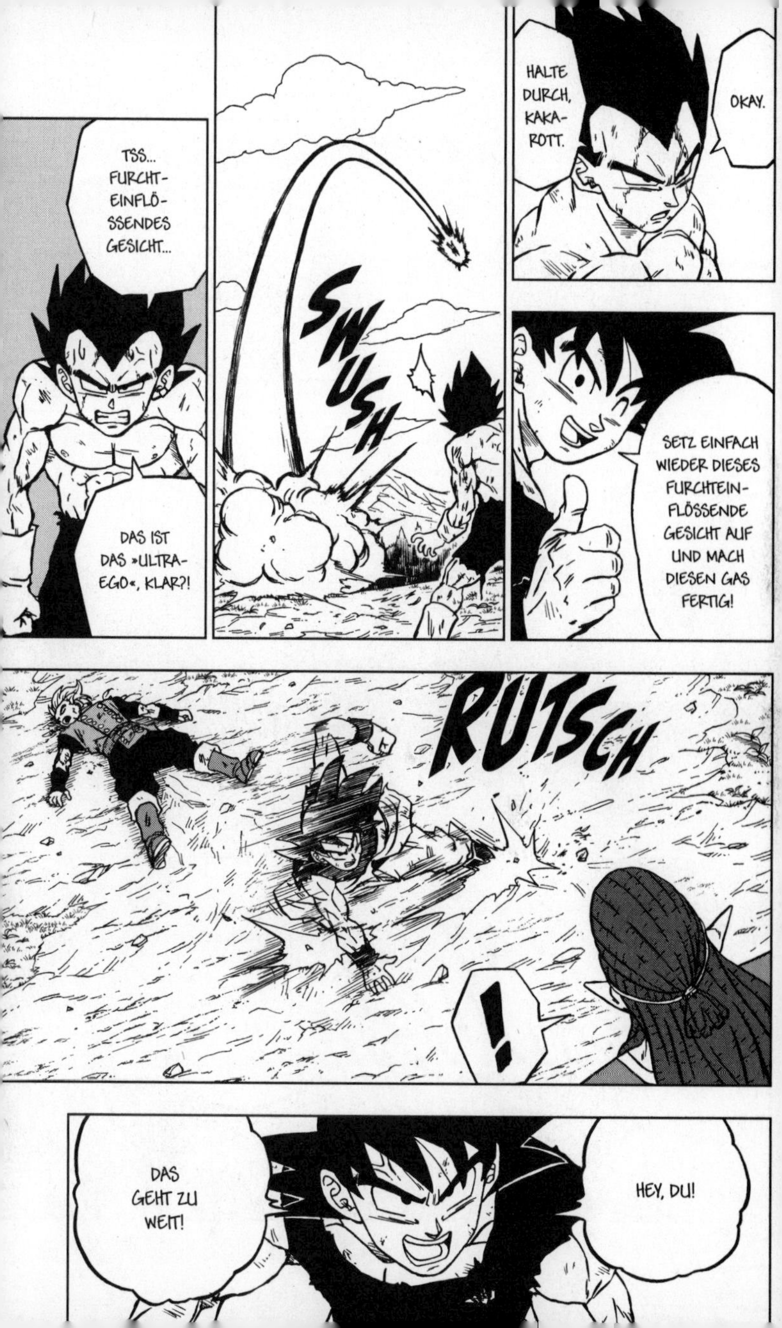

HALTE DURCH, KAKAROTT.
OKAY.
SETZ EINFACH WIEDER DIESES FURCHTEIN-FLÖSSENDE GESICHT AUF UND MACH DIESEN GAS FERTIG!
SWUSH
TSS... FURCHT-EINFLÖ-SSENDES GESICHT...
DAS IST DAS »ULTRA-EGO«, KLAR?!
RUTSCH
!
HEY, DU!
DAS GEHT ZU WEIT!

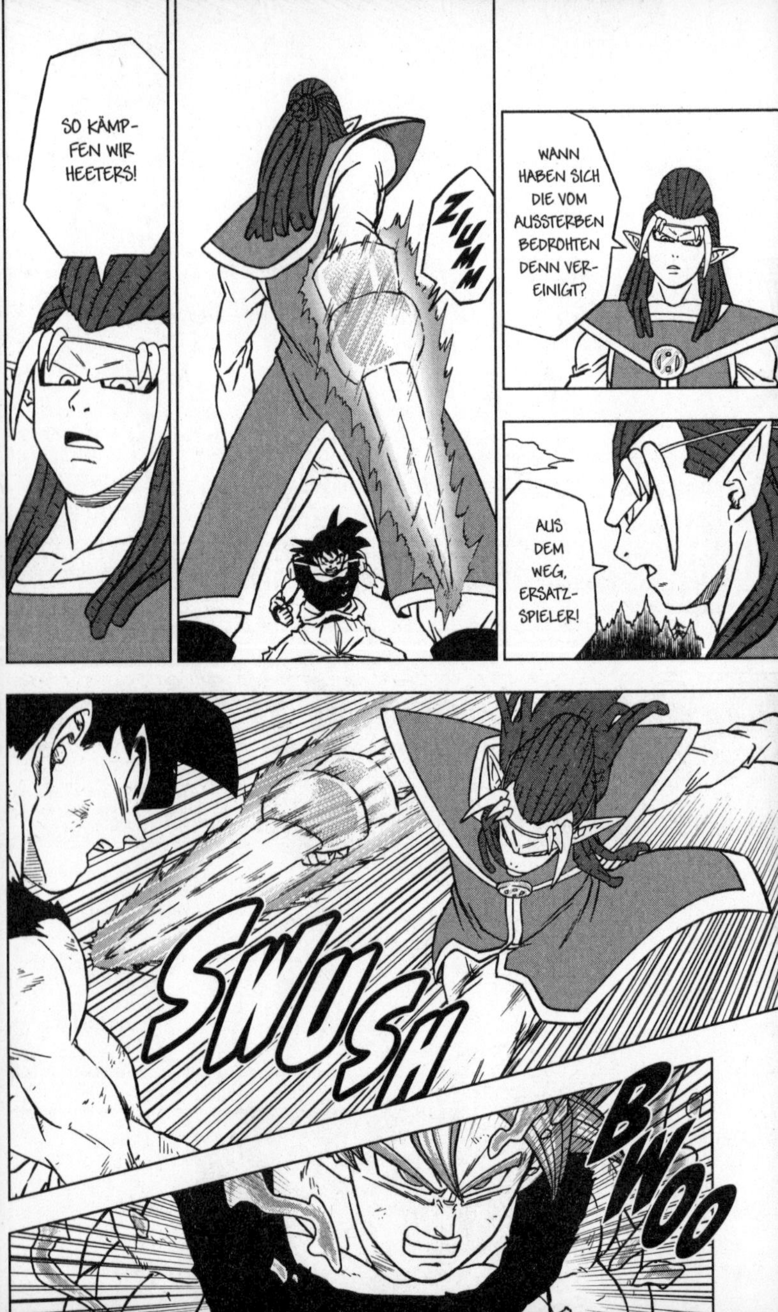
SO KÄMPFEN WIR HEETERS!
ZIUMM
WANN HABEN SICH DIE VOM AUSSTERBEN BEDROHTEN DENN VEREINIGT?
AUS DEM WEG, ERSATZSPIELER!
SWUSH
BWOO

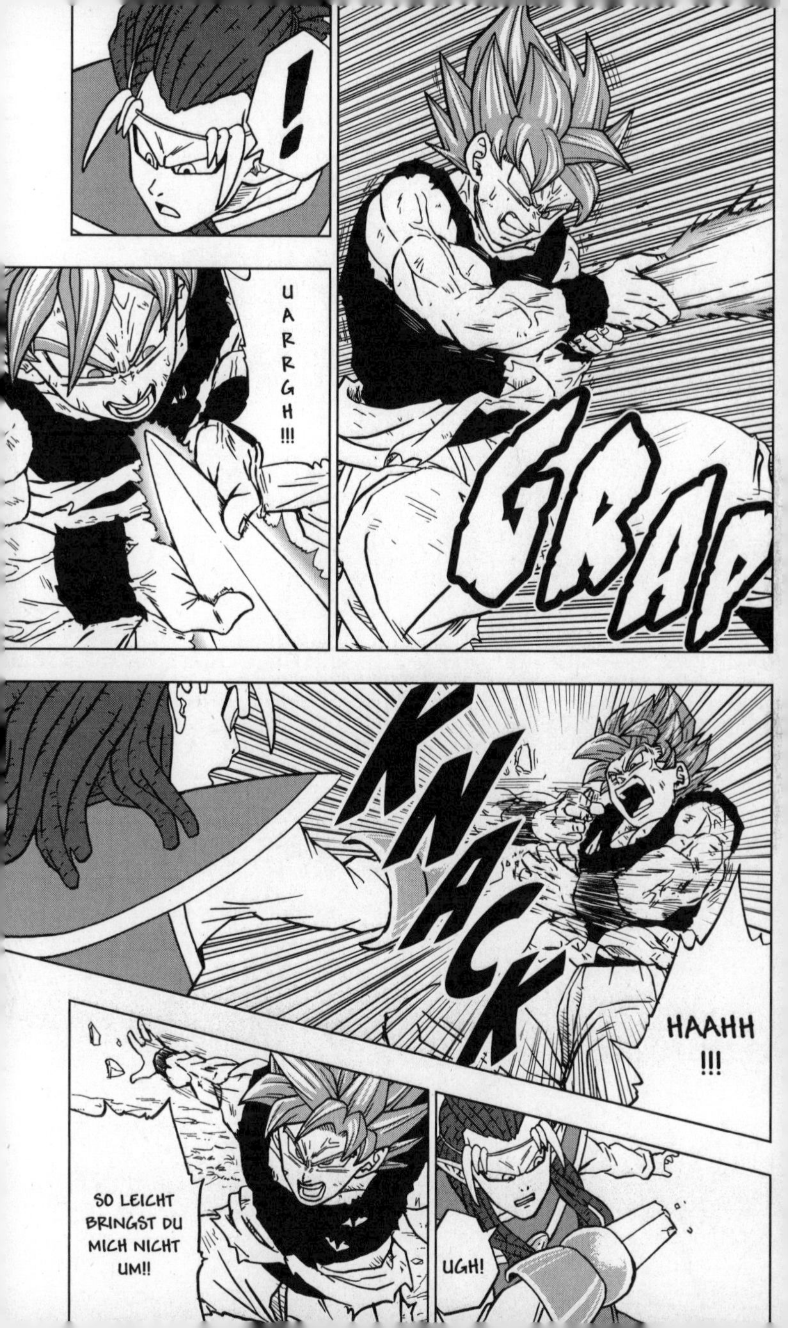

GRAP
!
UARRGH!!!
KNACK
HAAHH!!!
UGH!
SO LEICHT BRINGST DU MICH NICHT UM!!

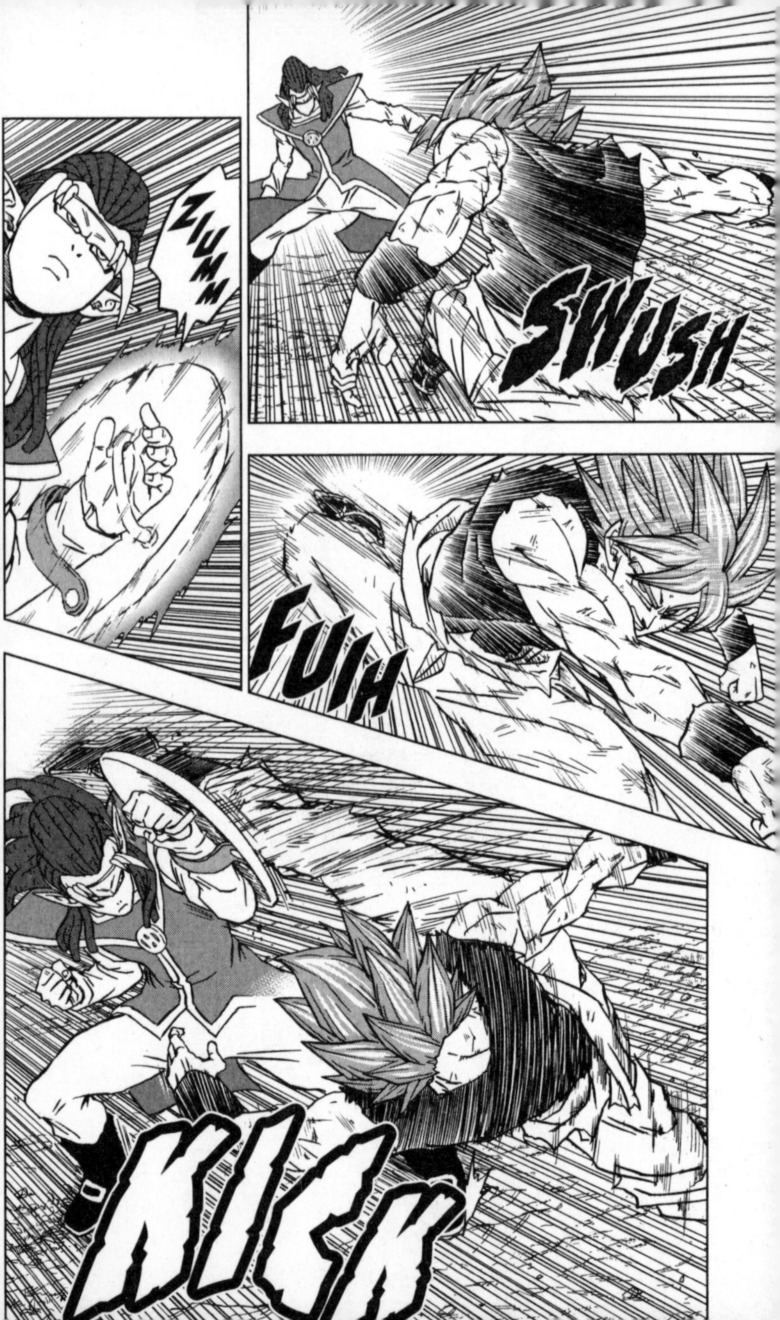

SWUSH
ZUMM
FUH
KICK

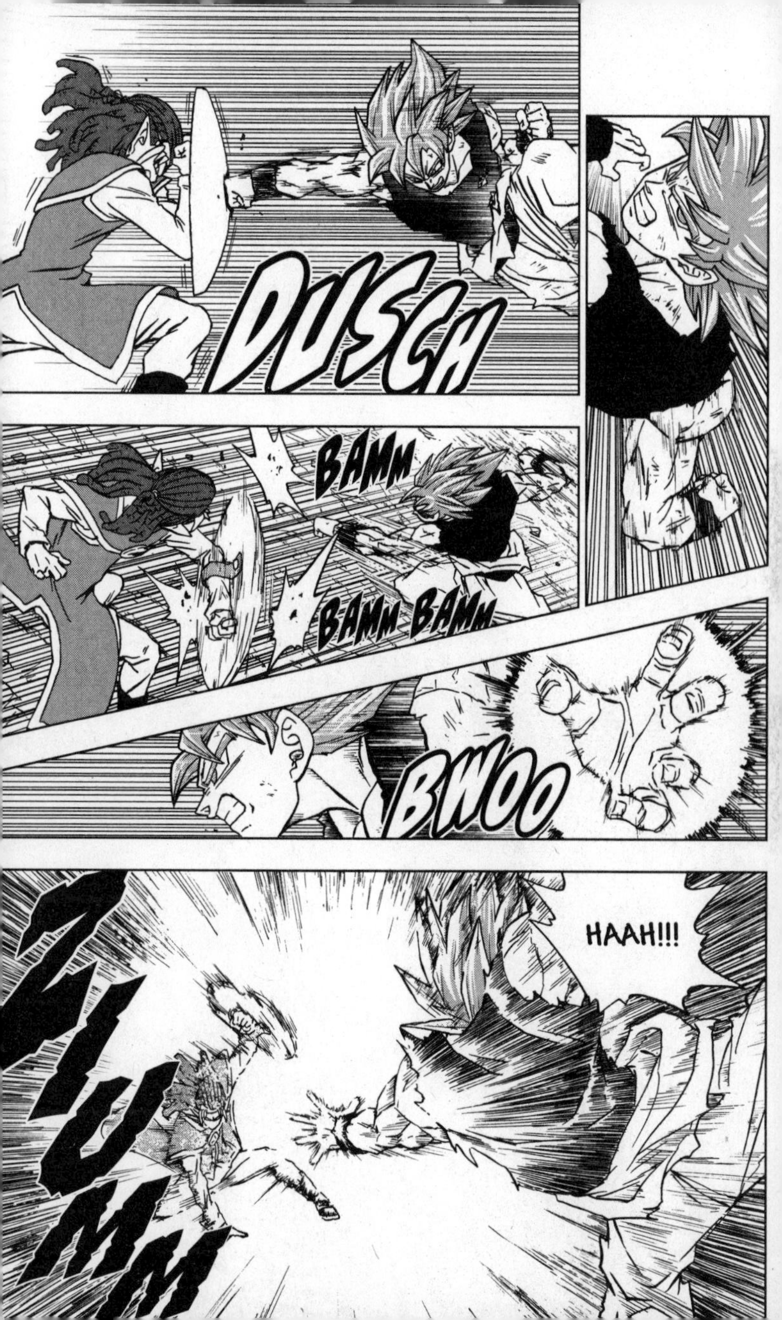

DUSCH
BAMM
BAMM BAMM
BWOO
HAAH!!!
ZUUMM

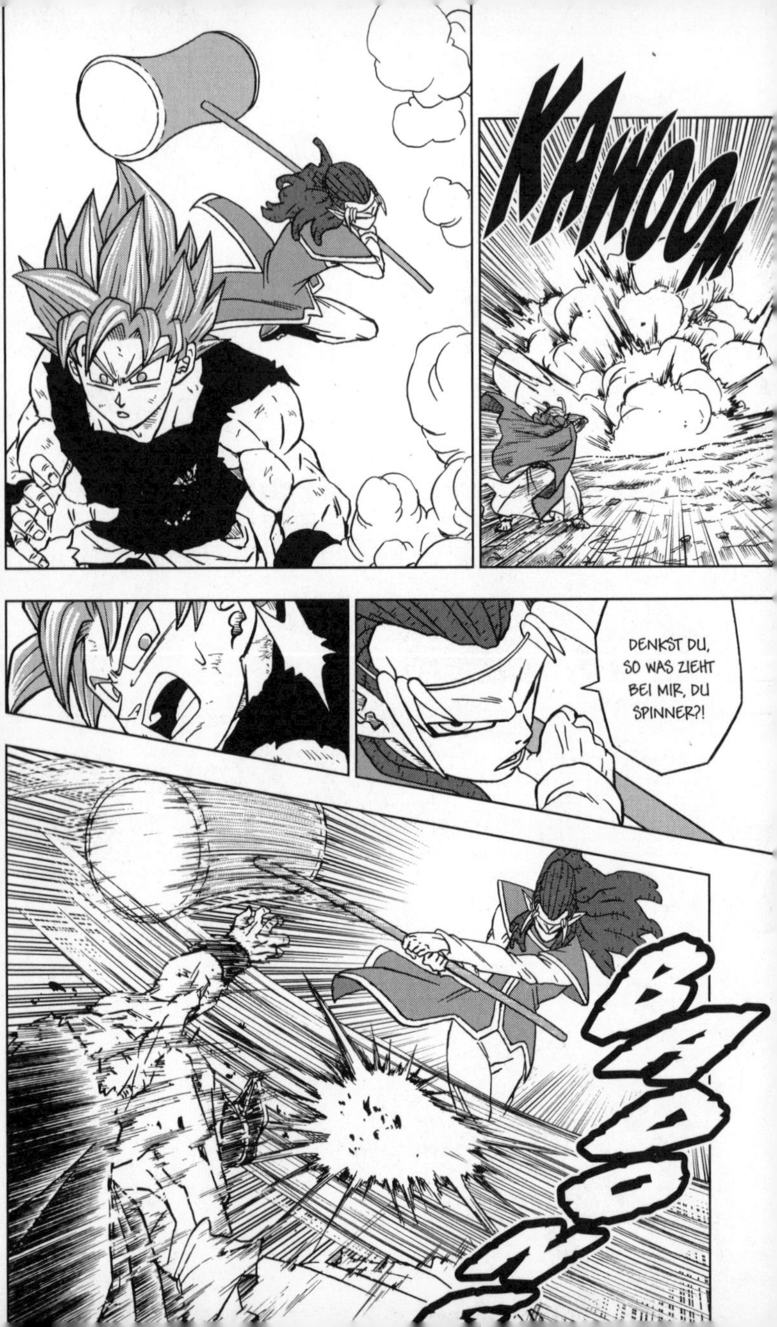
KAWOOM
DENKST DU, SO WAS ZIEHT BEI MIR, DU SPINNER?!
BADONG

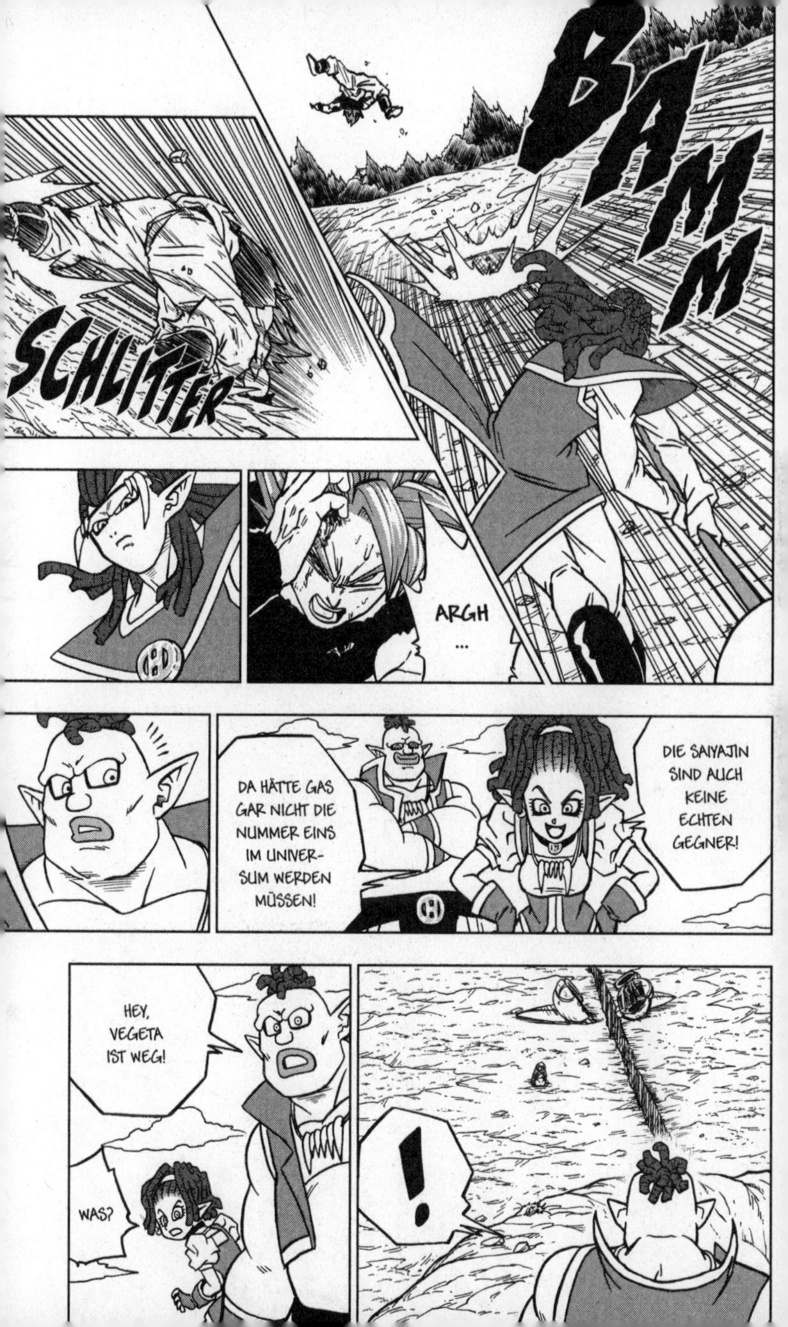
BAMM
SCHLITTER
ARGH ...
DIE SAIYAJIN SIND AUCH KEINE ECHTEN GEGNER!
DA HÄTTE GAS GAR NICHT DIE NUMMER EINS IM UNIVERSUM WERDEN MÜSSEN!
HEY, VEGETA IST WEG!
!
WAS?

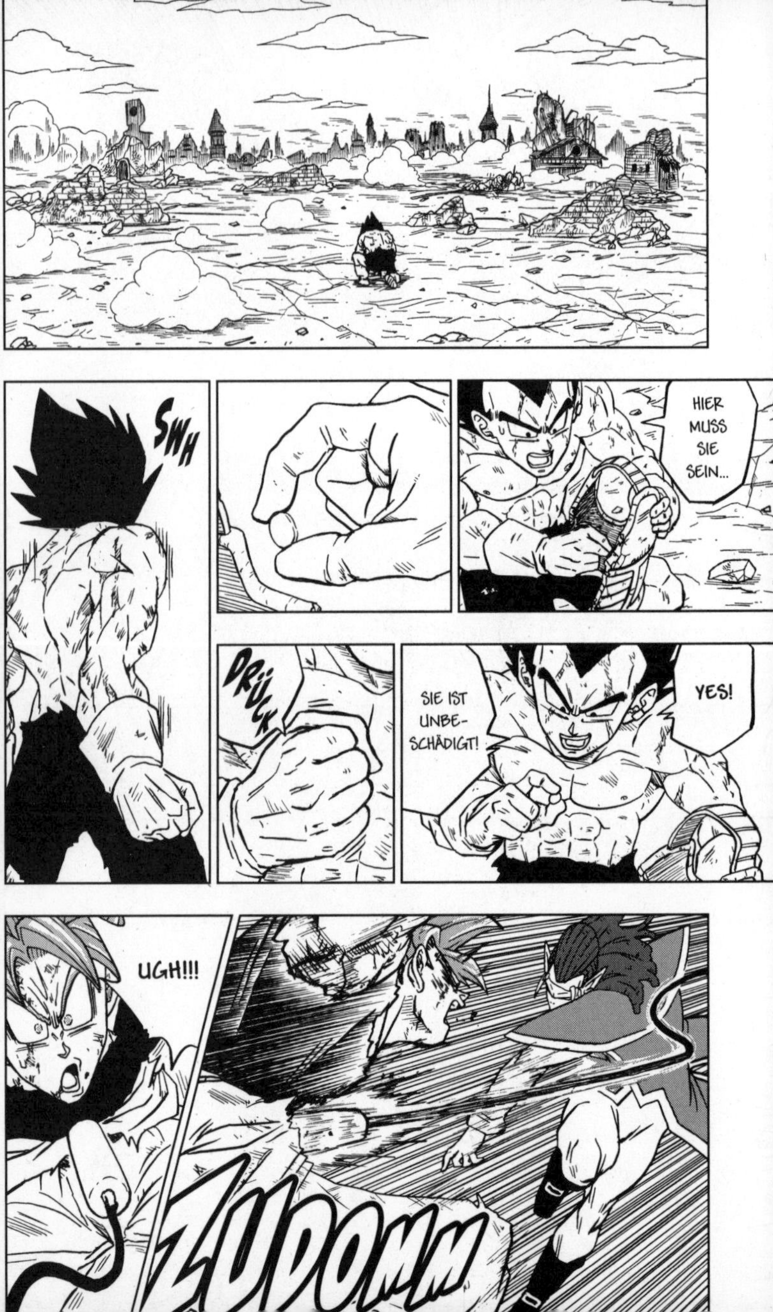
HIER MUSS SIE SEIN...
SWH
YES!
SIE IST UNBE-SCHÄDIGT!
DRÜCK
UGH!!!
ZUDOMM

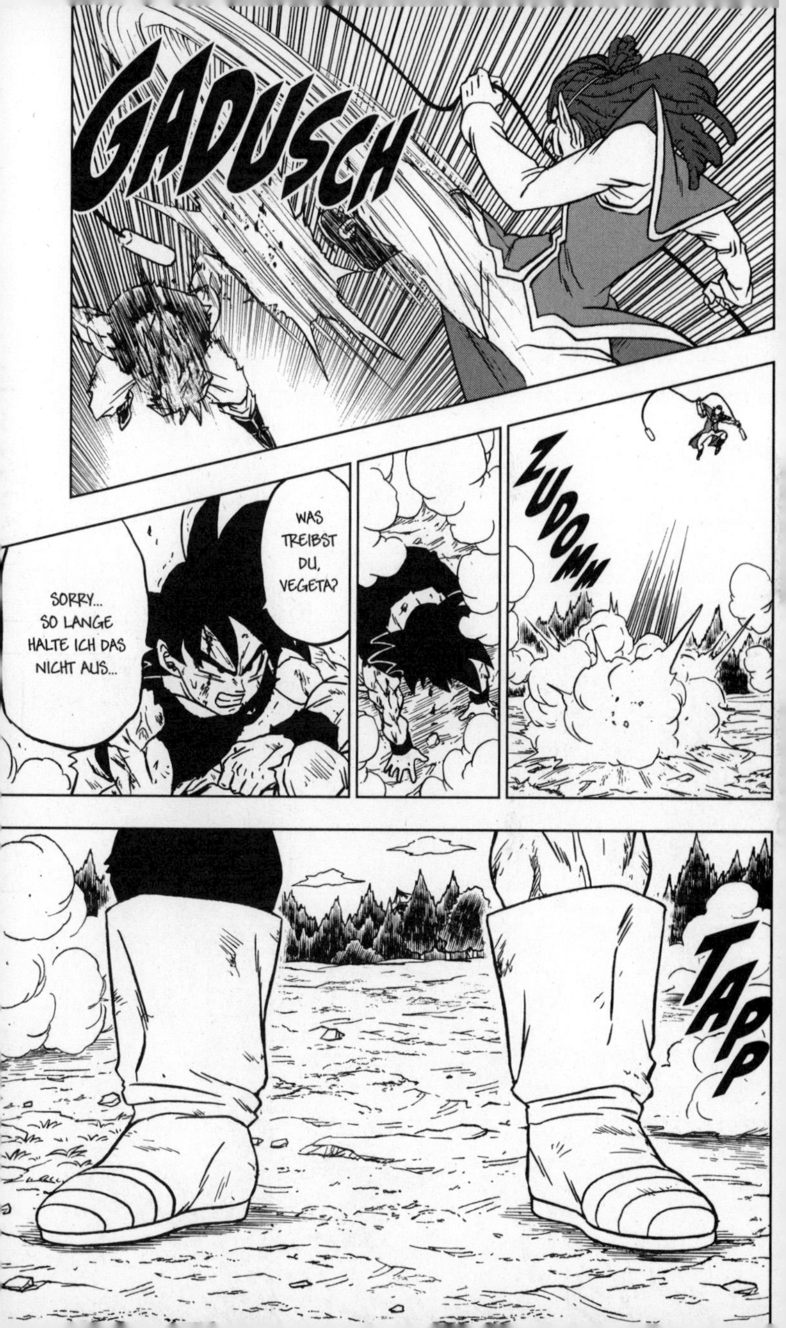
GADUSCH
ZUDOMM
WAS TREIBST DU, VEGETA?
SORRY... SO LANGE HALTE ICH DAS NICHT AUS...
TAPP

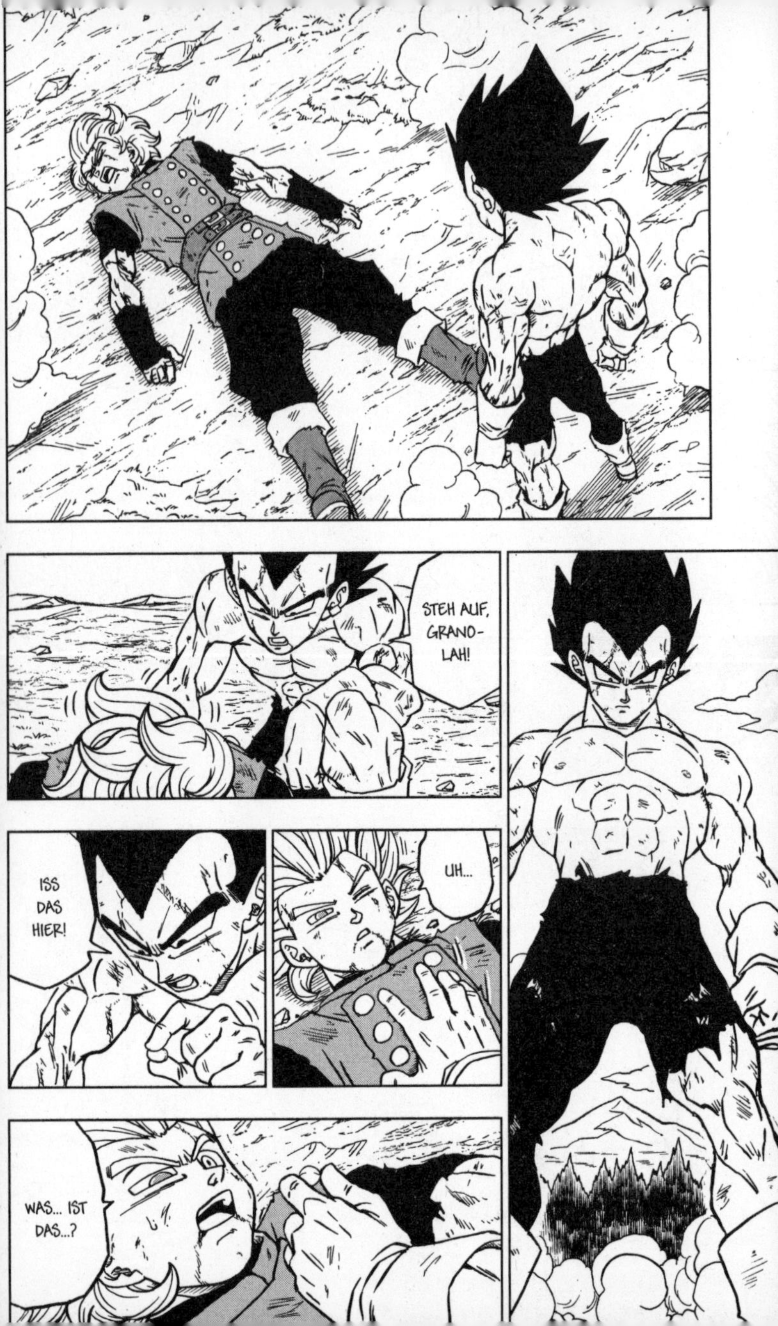
STEH AUF, GRANO-LAH!
UH...
ISS DAS HIER!
WAS... IST DAS...?

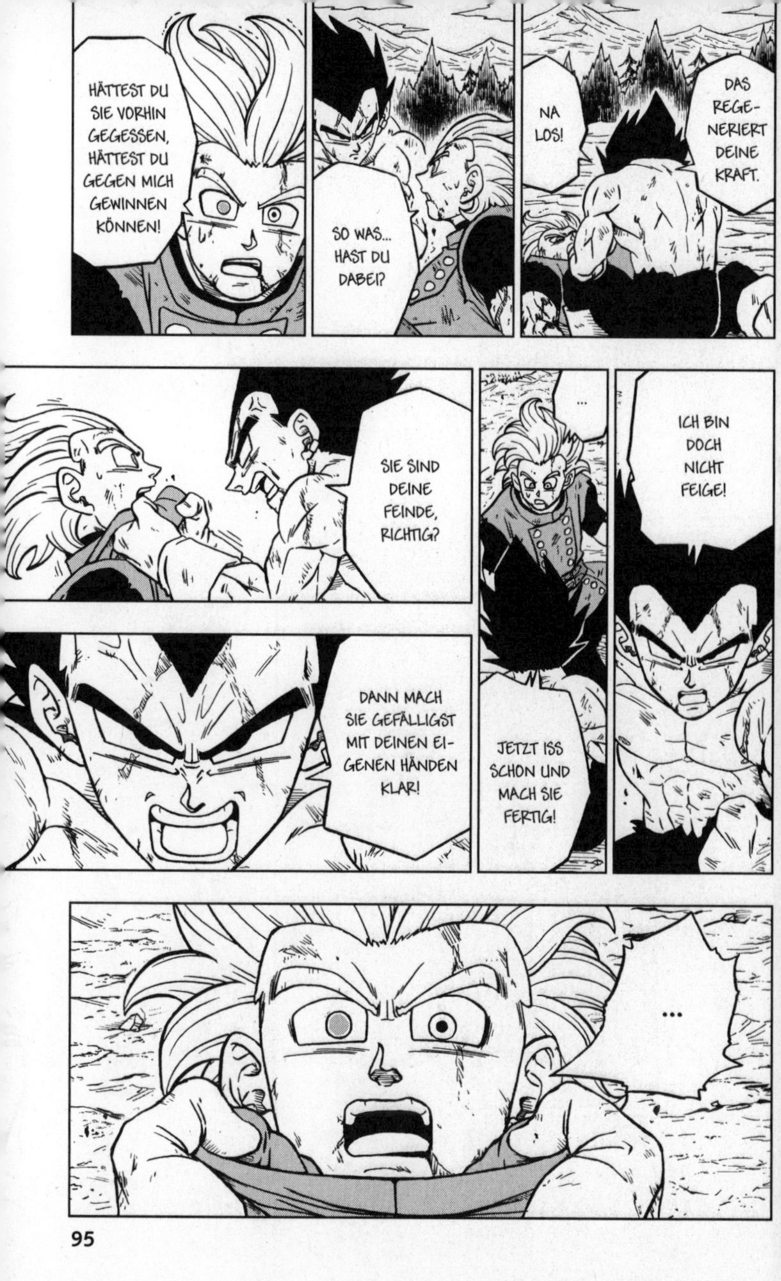
DAS REGE-
NERIERT
DEINE
KRAFT.
NA
LOS!
SO WAS...
HAST DU
DABEI?
HÄTTEST DU
SIE VORHIN
GEGESSEN,
HÄTTEST DU
GEGEN MICH
GEWINNEN
KÖNNEN!
ICH BIN
DOCH
NICHT
FEIGE!
...
JETZT ISS
SCHON UND
MACH SIE
FERTIG!
SIE SIND
DEINE
FEINDE,
RICHTIG?
DANN MACH
SIE GEFÄLLIGST
MIT DEINEN EI-
GENEN HÄNDEN
KLAR!
...

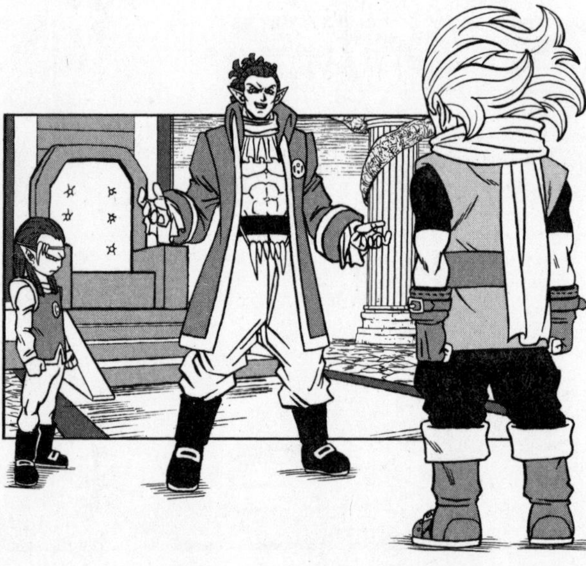

KAPITEL 79: GAS VS. GRANOLAH

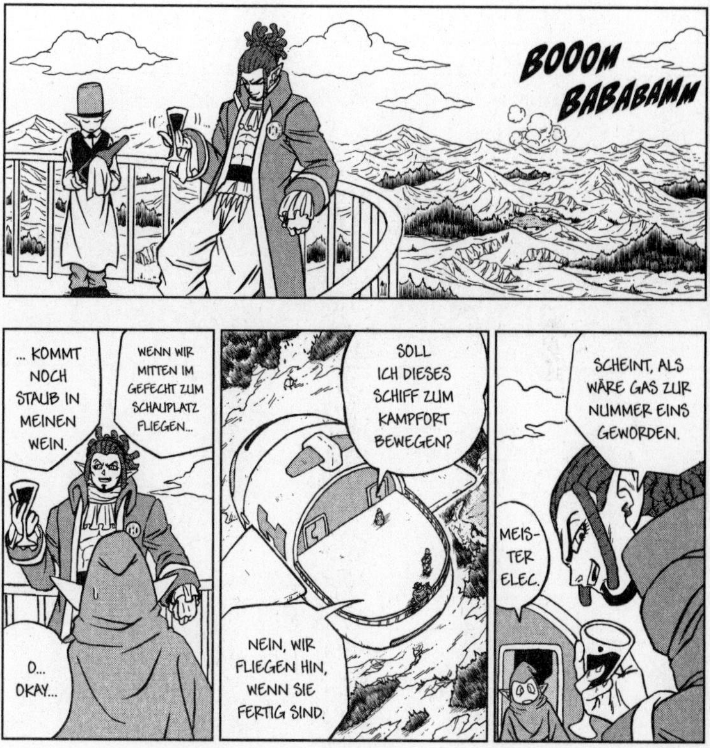

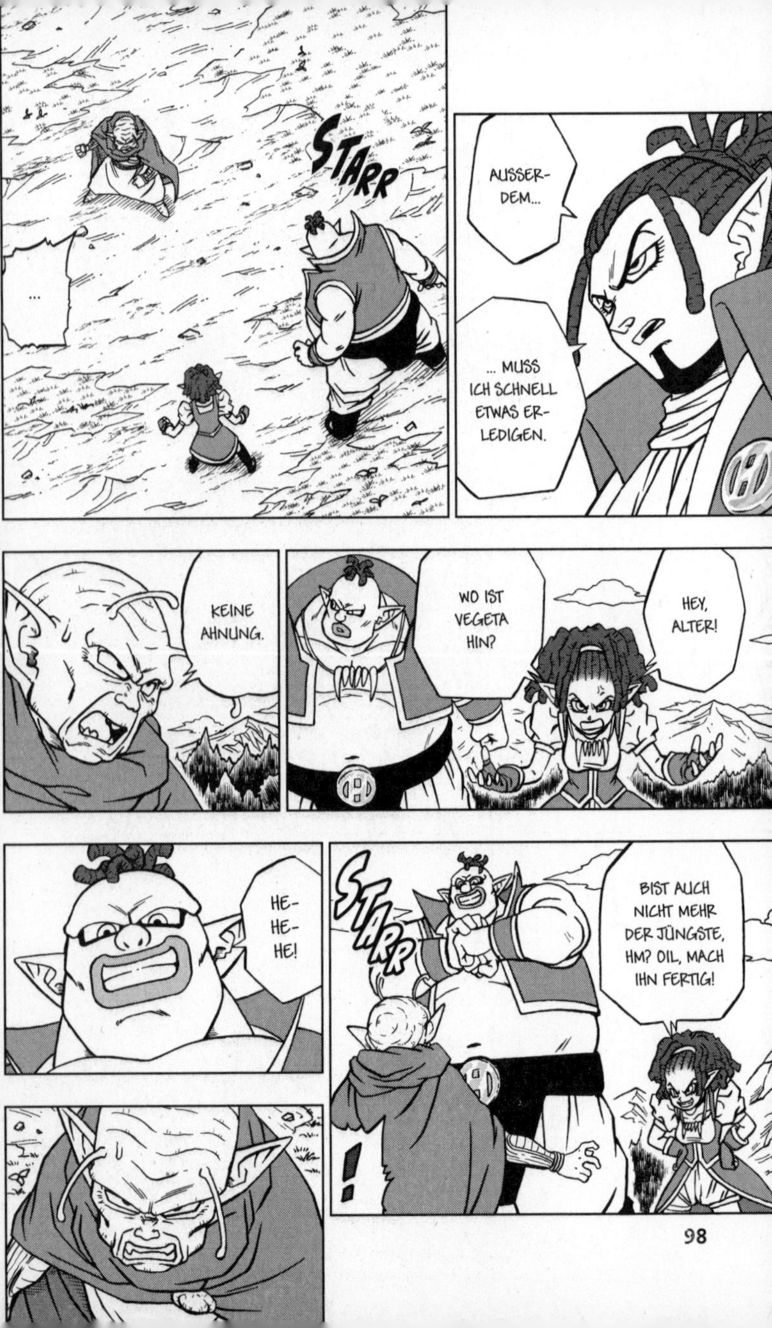
AUSSER-
DEM...
... MUSS ICH SCHNELL ETWAS ER-
LEDIGEN.
STARR
...
HEY, ALTER!
WO IST VEGETA HIN?
KEINE AHNUNG.
STARR
BIST AUCH NICHT MEHR DER JÜNGSTE, HM? OIL, MACH IHN FERTIG!
!
HE-
HE-
HE!

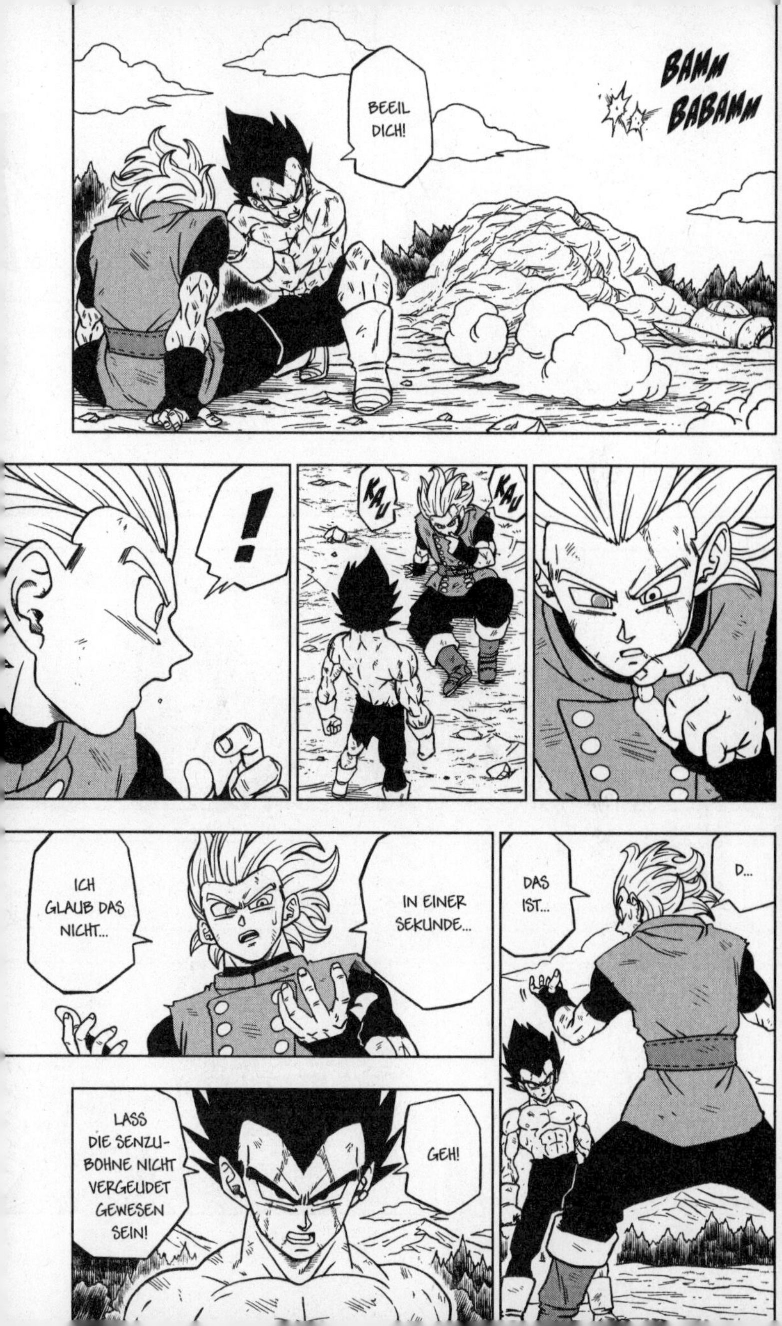
BAMM
BABAMM
BEEIL DICH!
KAU
KAU
!
D...
DAS IST...
IN EINER SEKUNDE...
ICH GLAUB DAS NICHT...
GEH!
LASS DIE SENZU-BOHNE NICHT VERGEUDET GEWESEN SEIN!

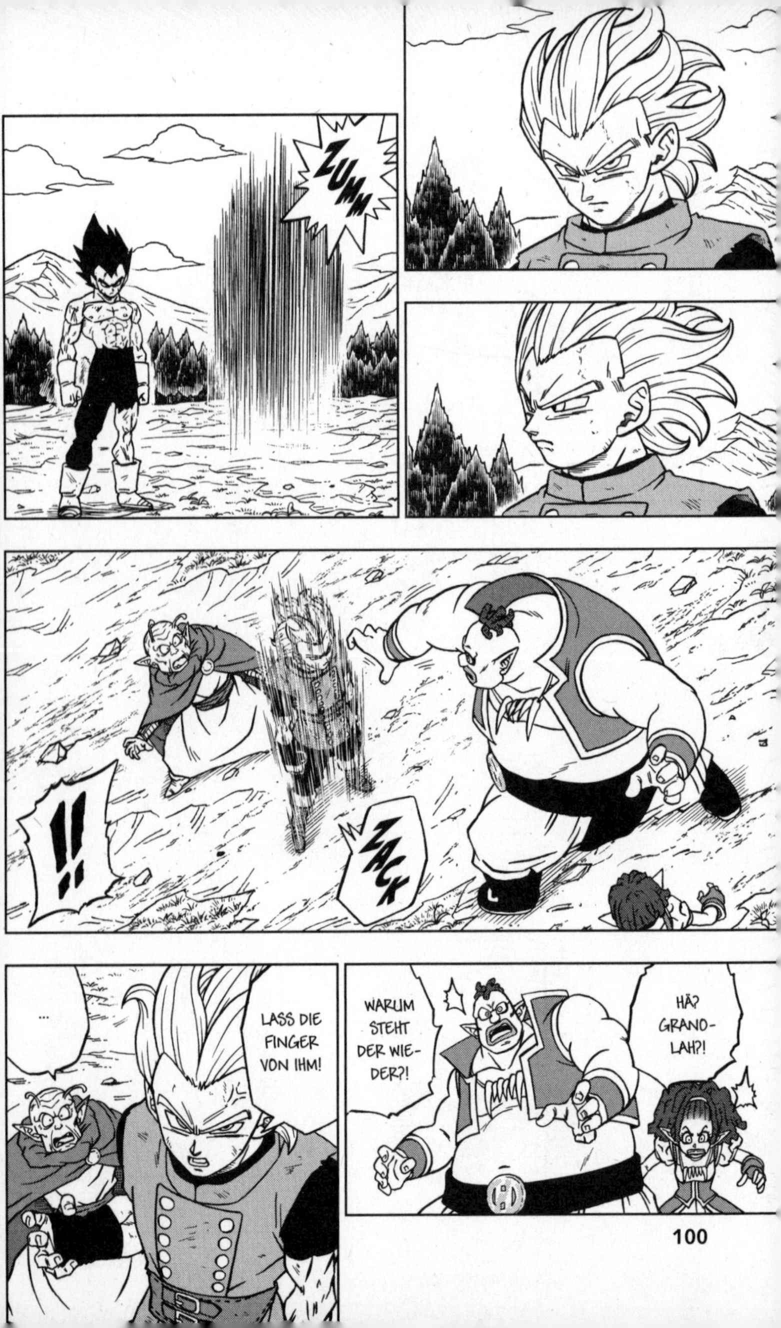
ZUMM
ZACK
!!
HÄ? GRANO-LAH?!
WARUM STEHT DER WIE-DER?!
LASS DIE FINGER VON IHM!
...

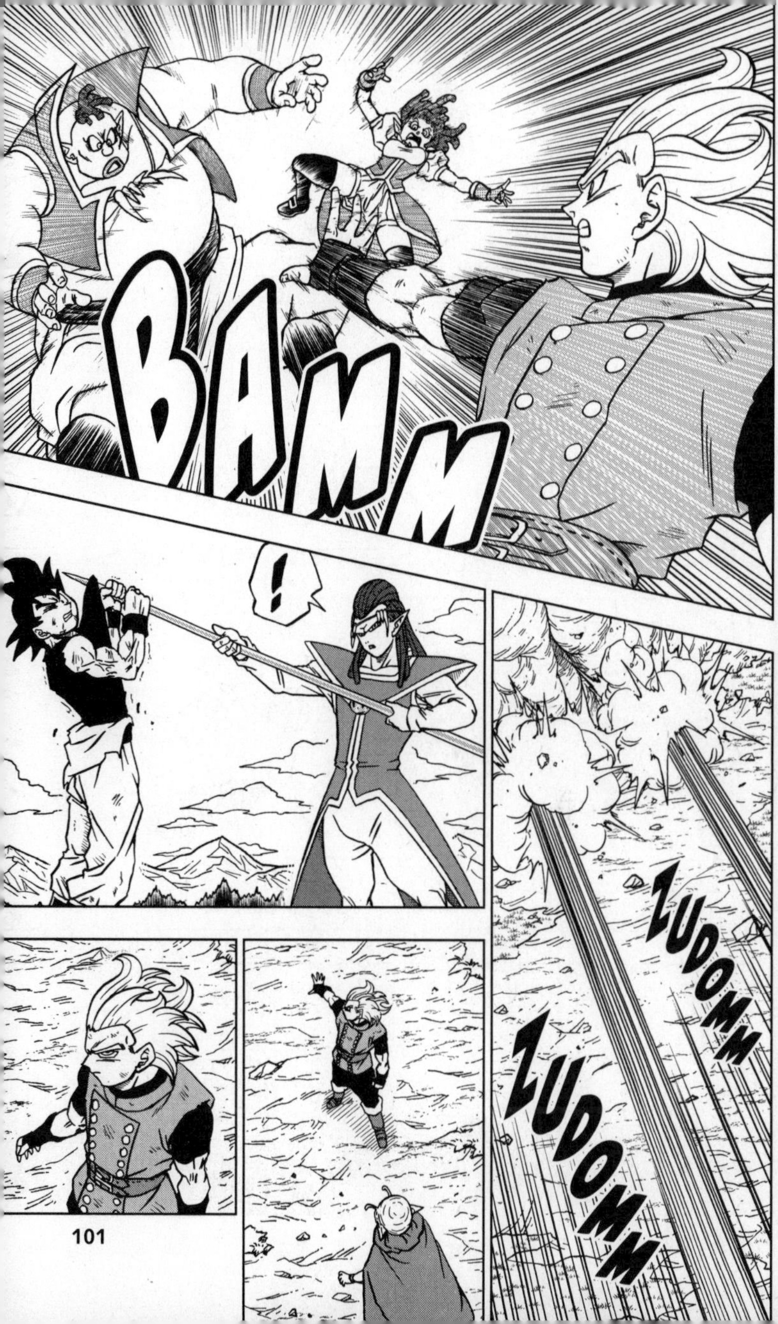
BAMM
!
ZUDOMM
ZUDOMM

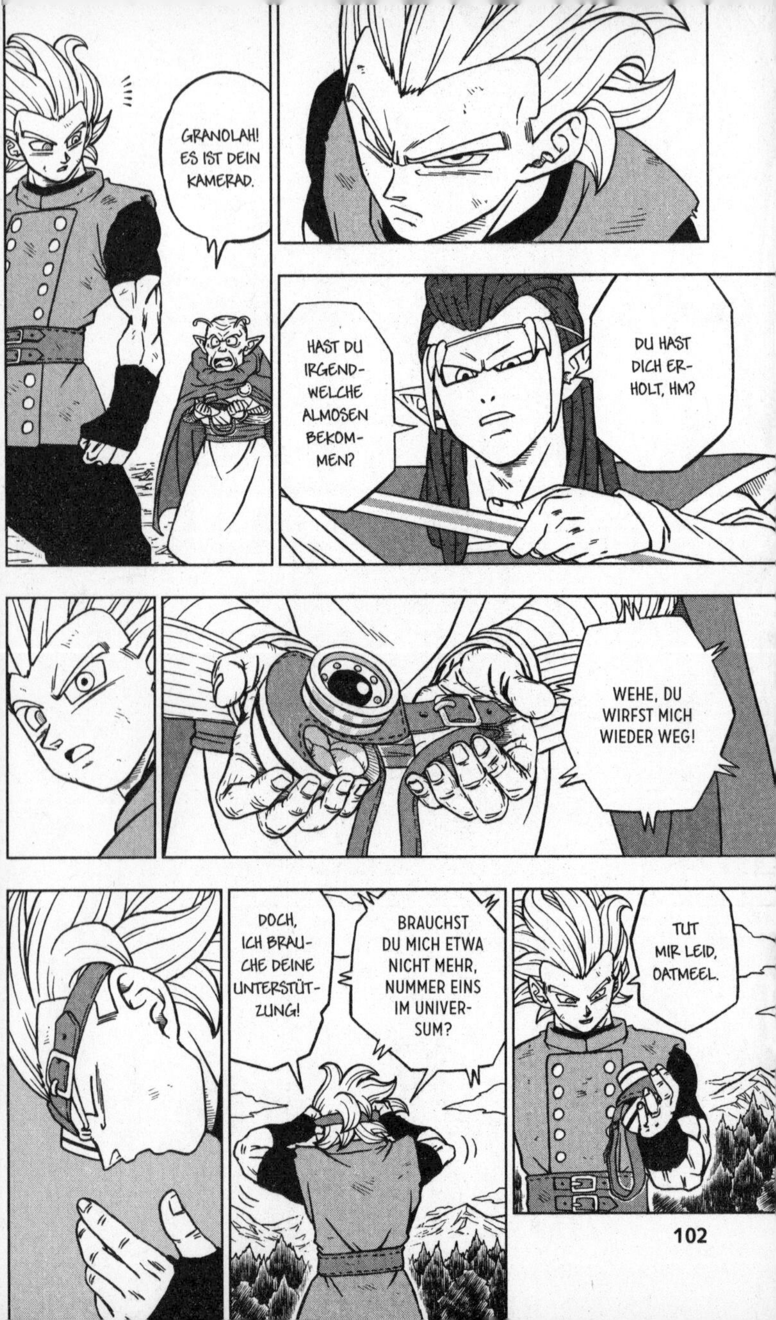
DU HAST DICH ERHOLT, HM?
HAST DU IRGENDWELCHE ALMOSEN BEKOMMEN?
GRANOLAH! ES IST DEIN KAMERAD.
WEHE, DU WIRFST MICH WIEDER WEG!
TUT MIR LEID, OATMEEL.
BRAUCHST DU MICH ETWA NICHT MEHR, NUMMER EINS IM UNIVERSUM?
DOCH, ICH BRAUCHE DEINE UNTERSTÜTZUNG!

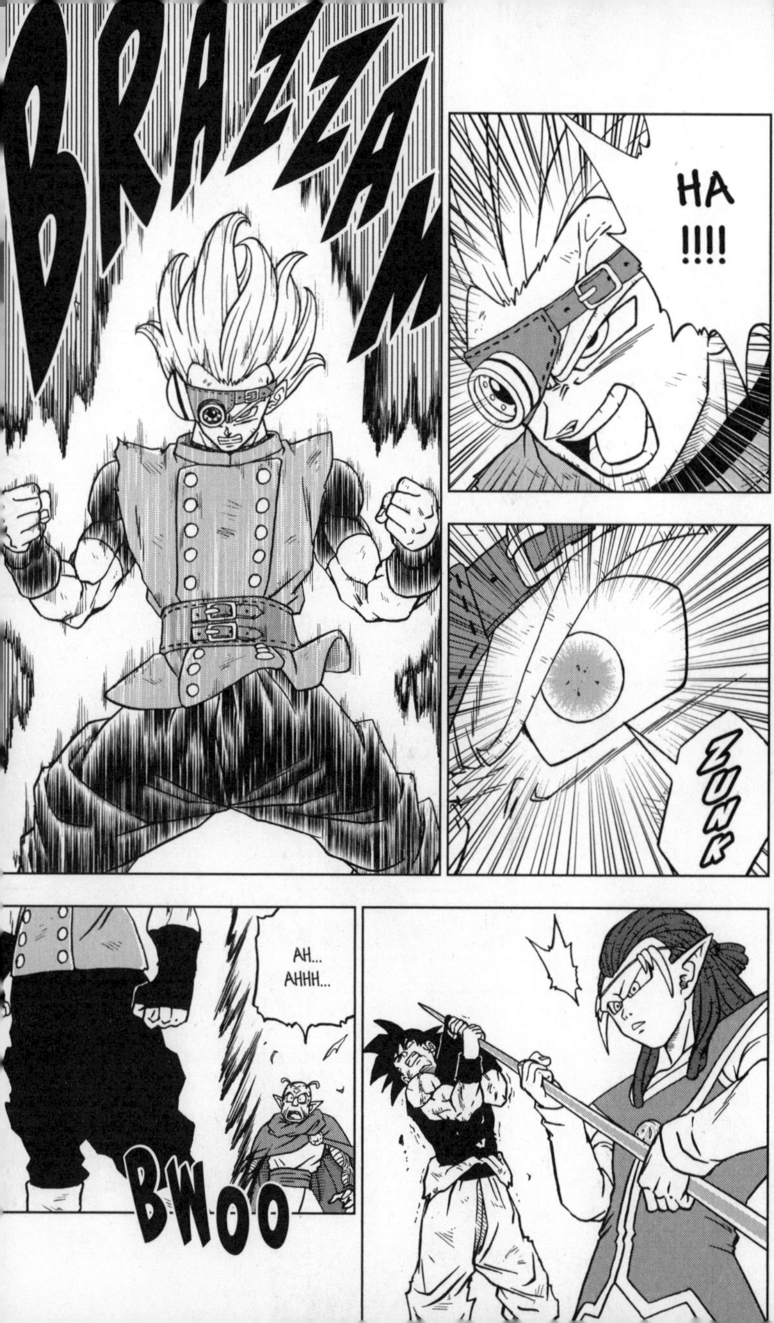

HA
!!!!
ZUNK
BRAZZAM
AH...
AHHH...
BWOO

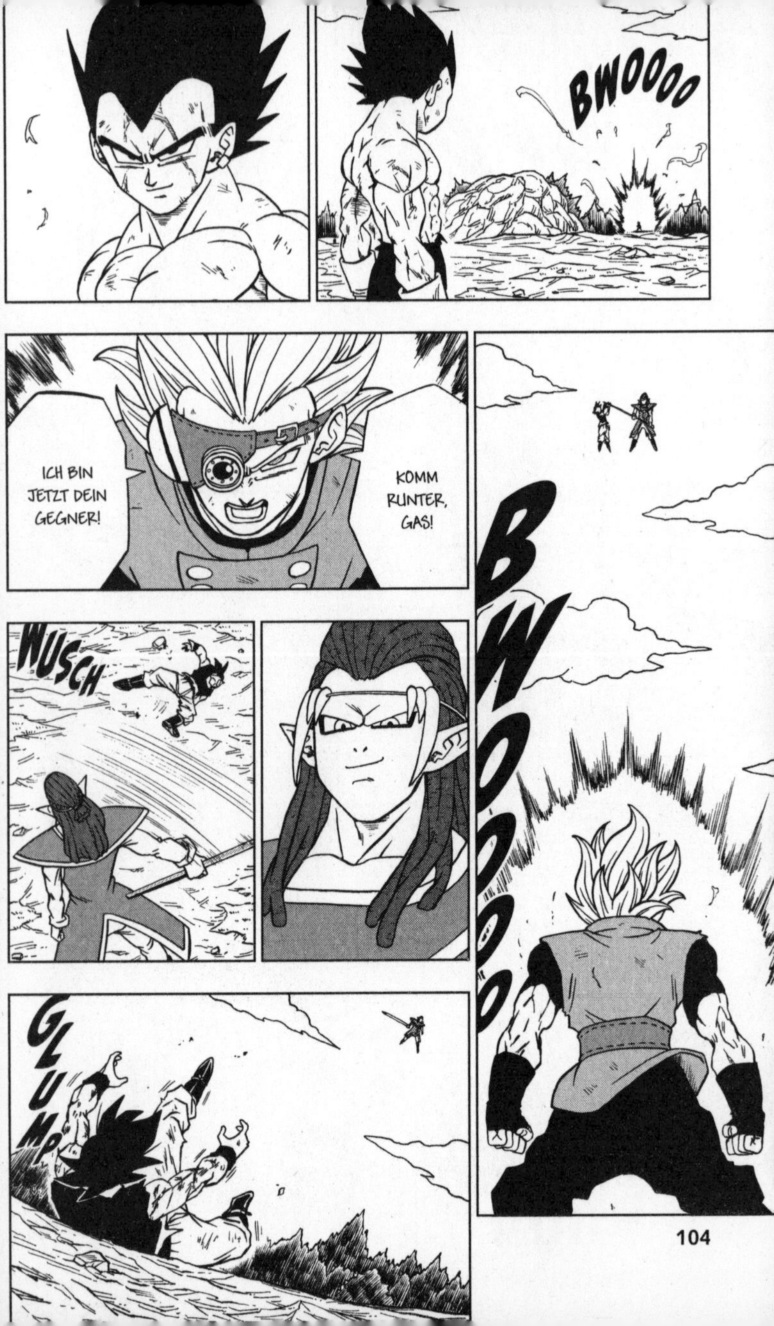
BWOOOO
KOMM RUNTER, GAS!
ICH BIN JETZT DEIN GEGNER!
BWOOOO
WUSCH
GLUMP

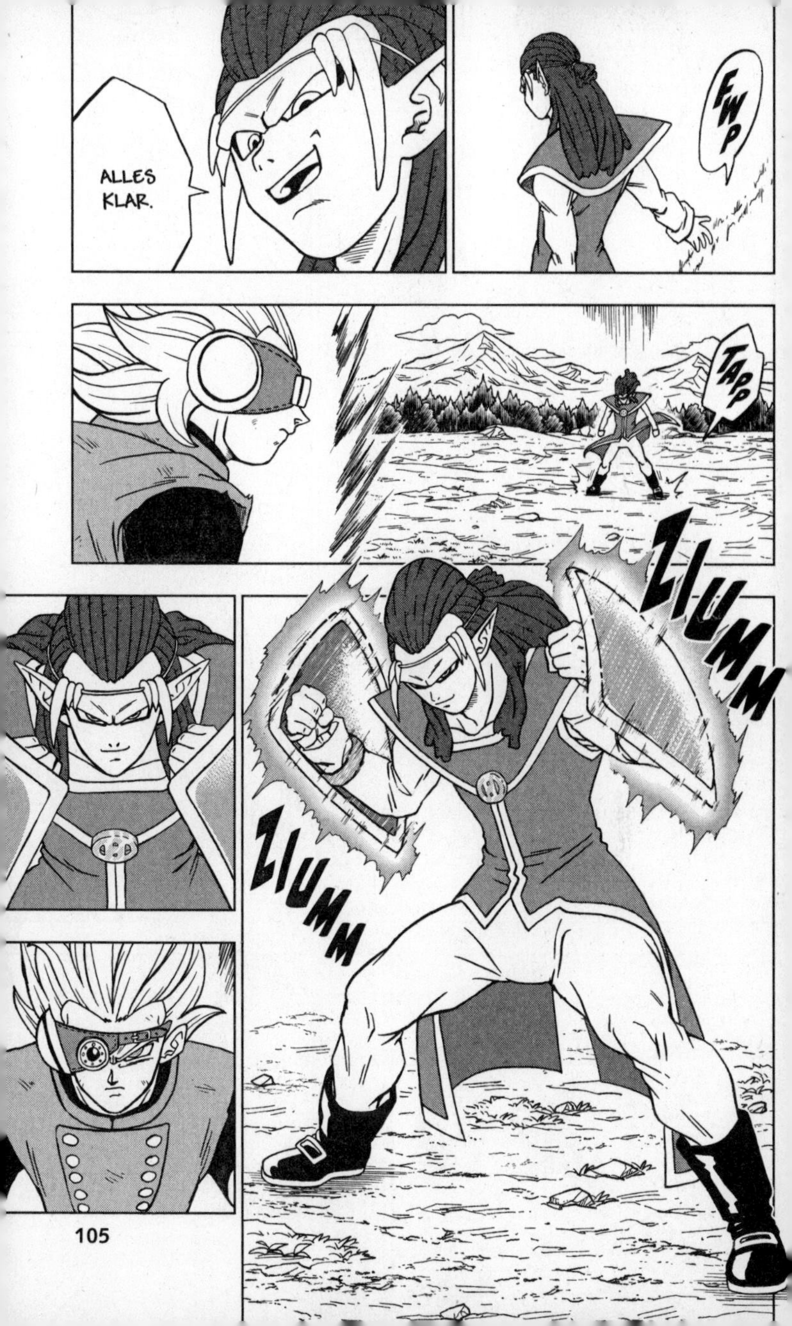
FWP
ALLES KLAR.
TAPP
ZIUMM
ZIUMM

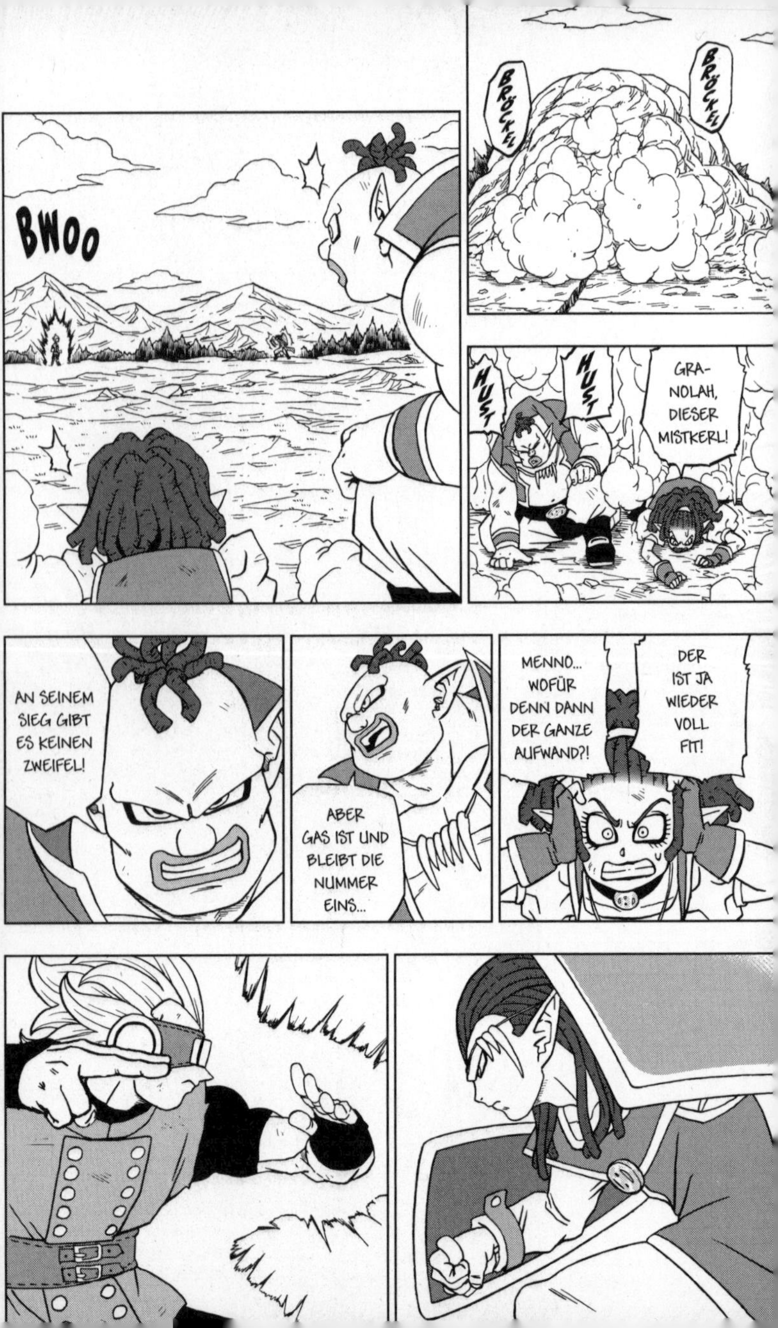
BRÖCKEL
BRÖCKEL
HUST
HUST
GRA-NOLAH, DIESER MISTKERL!
BWOO
DER IST JA WIEDER VOLL FIT!
MENNO... WOFÜR DENN DANN DER GANZE AUFWAND?!
ABER GAS IST UND BLEIBT DIE NUMMER EINS...
AN SEINEM SIEG GIBT ES KEINEN ZWEIFEL!

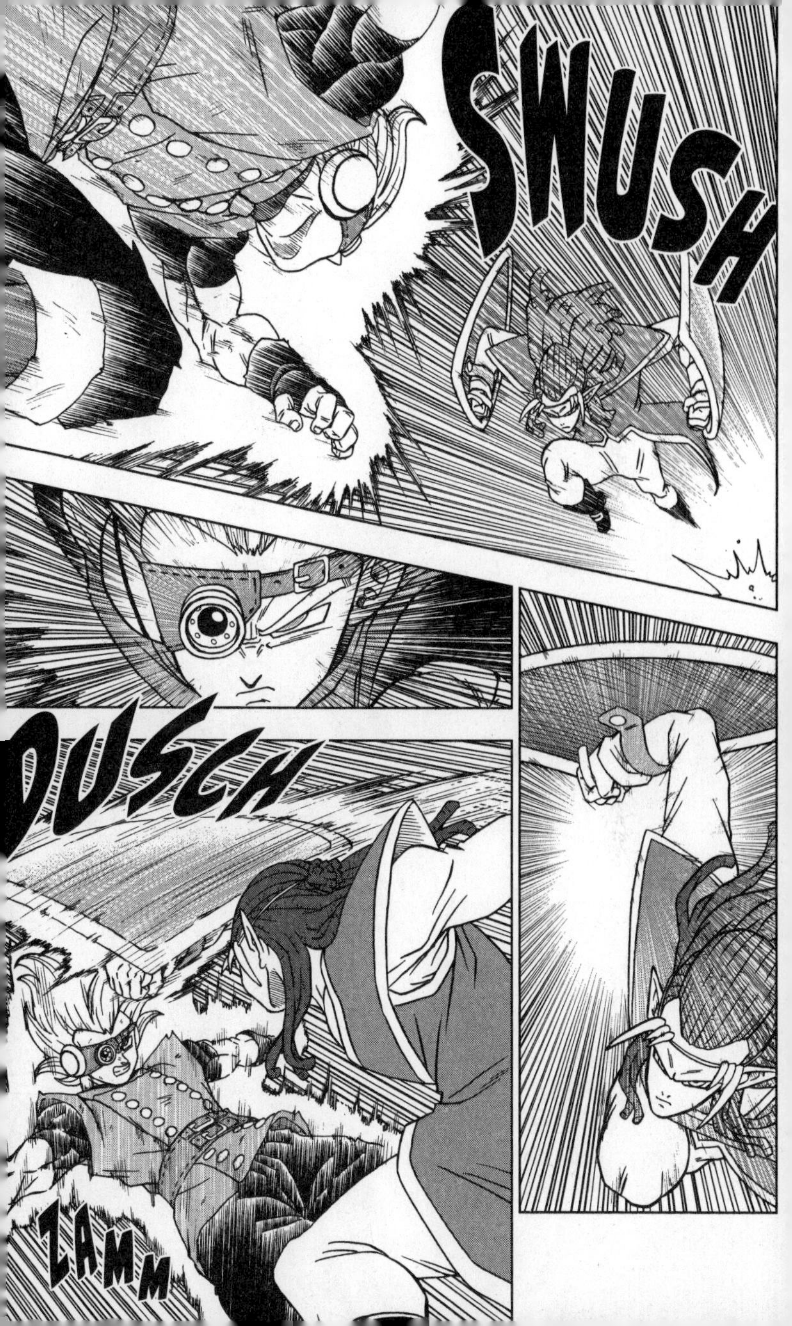
SWUSH
DUSCH
ZAMM

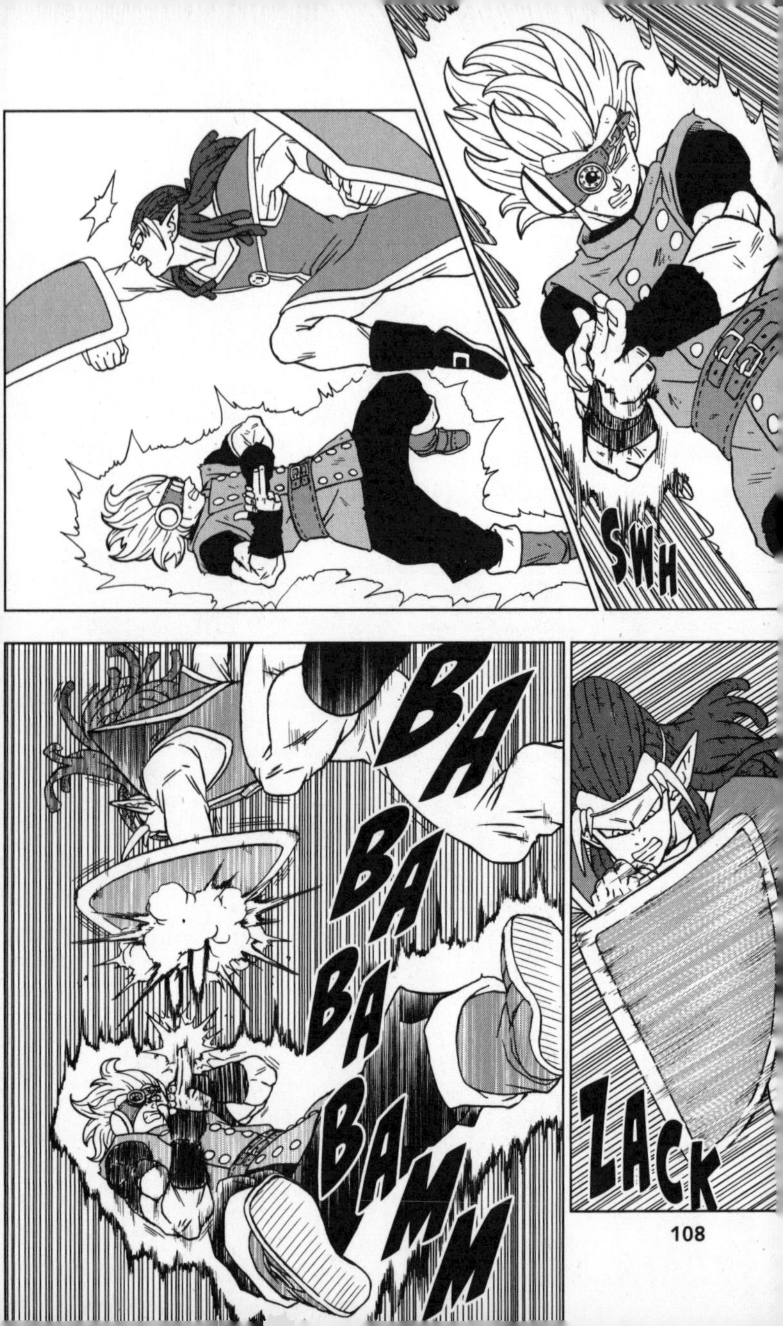
SWH
ZACK
BA BA BA BA BAMM

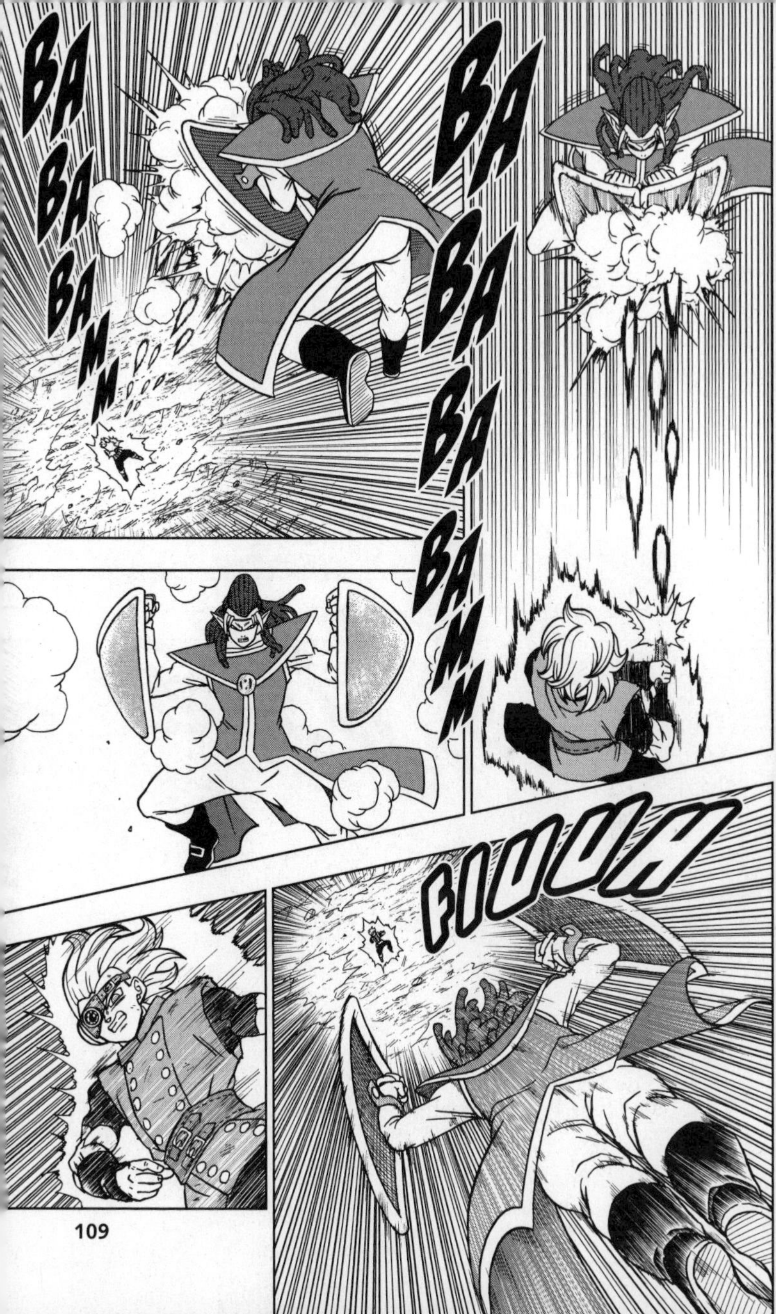
BABABABAMMM
BABABAMMM

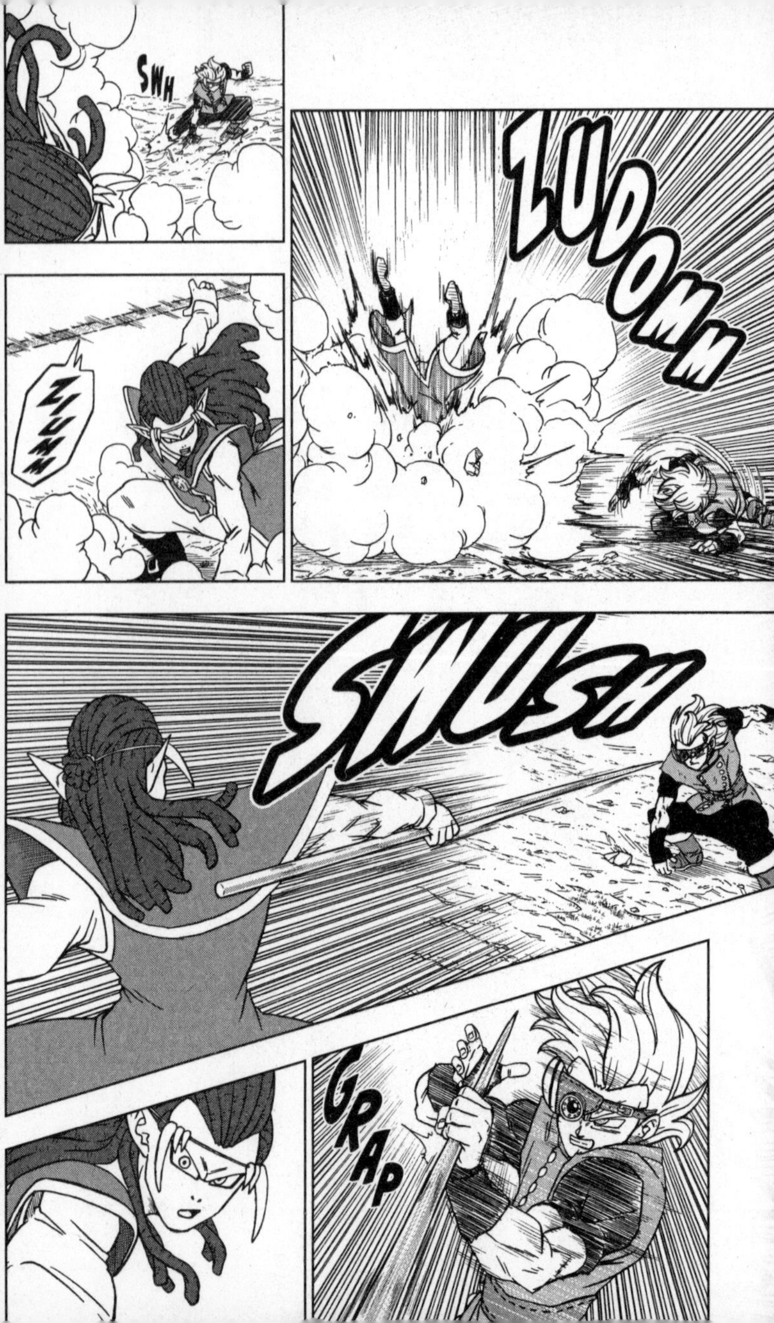
SWH
ZUDOMM
ZIUMM
SWUSH
GRAP

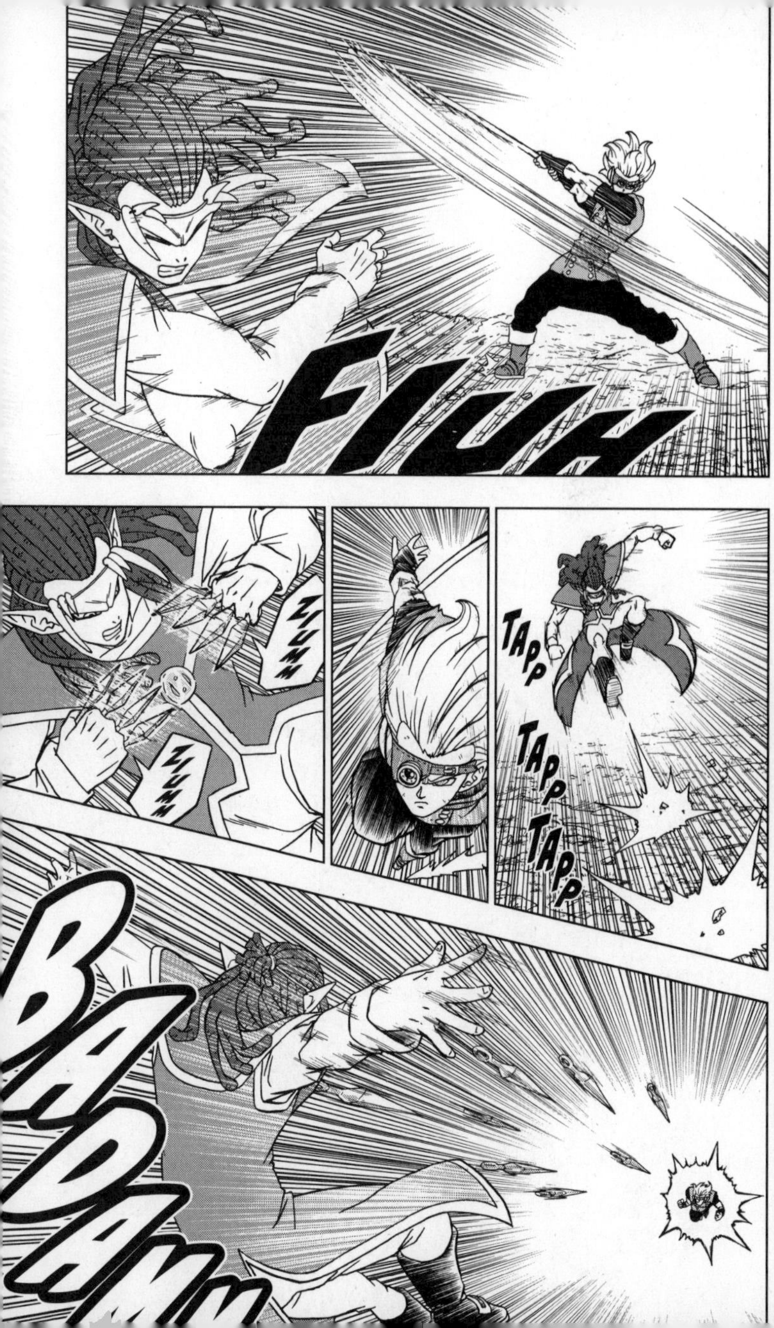
ZIUMM
ZIUMM
TAPP
TAPP
TAPP
TAPP
BADAMM

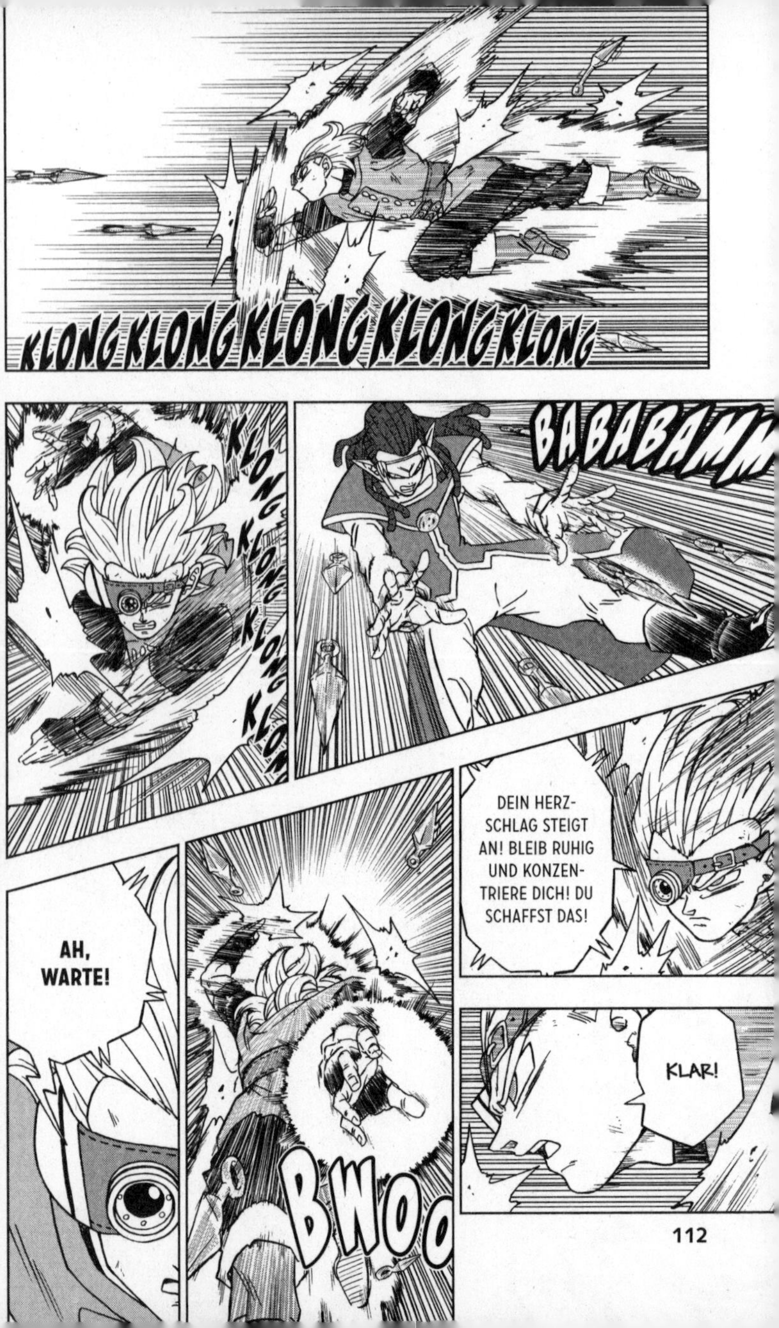
KLONG KLONG KLONG KLONG KLONG
BABABAMM
KLONG KLONG KLONG KLONG KLON
DEIN HERZ-SCHLAG STEIGT AN! BLEIB RUHIG UND KONZEN-TRIERE DICH! DU SCHAFFST DAS!
AH, WARTE!
KLAR!
BWOO

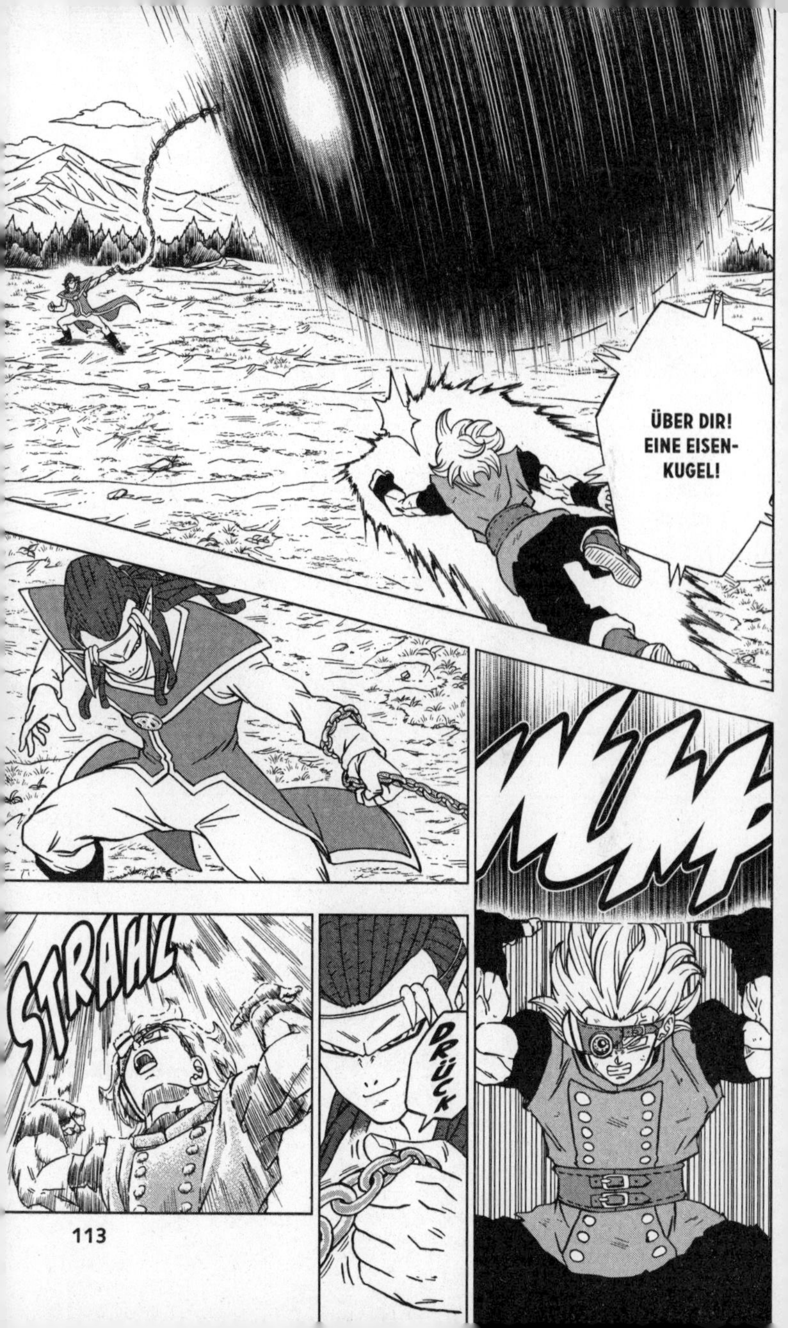
ÜBER DIR! EINE EISEN-KUGEL!
WUMP
STRAHL
DRÜCK

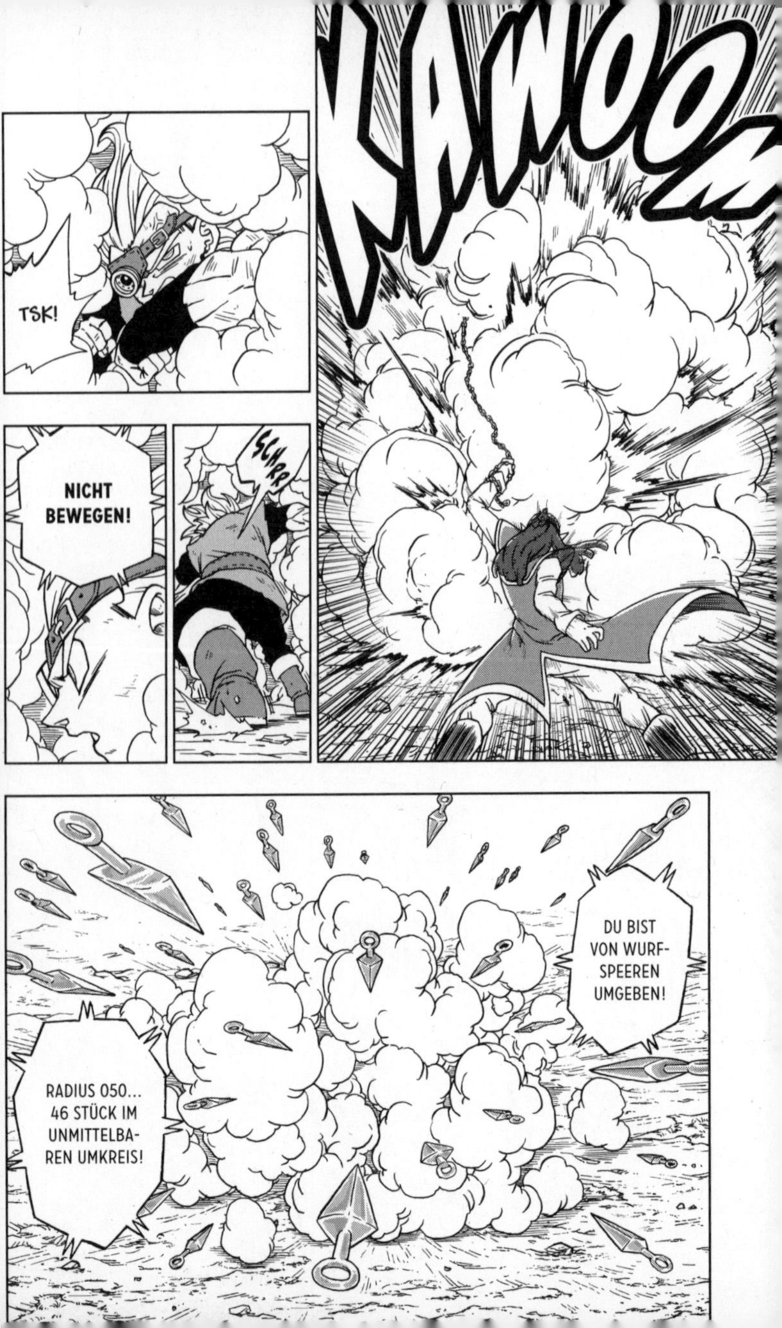
TSK!
SCHRR
NICHT BEWEGEN!
DU BIST VON WURF-SPEEREN UMGEBEN!
RADIUS 050… 46 STÜCK IM UNMITTELBAREN UMKREIS!

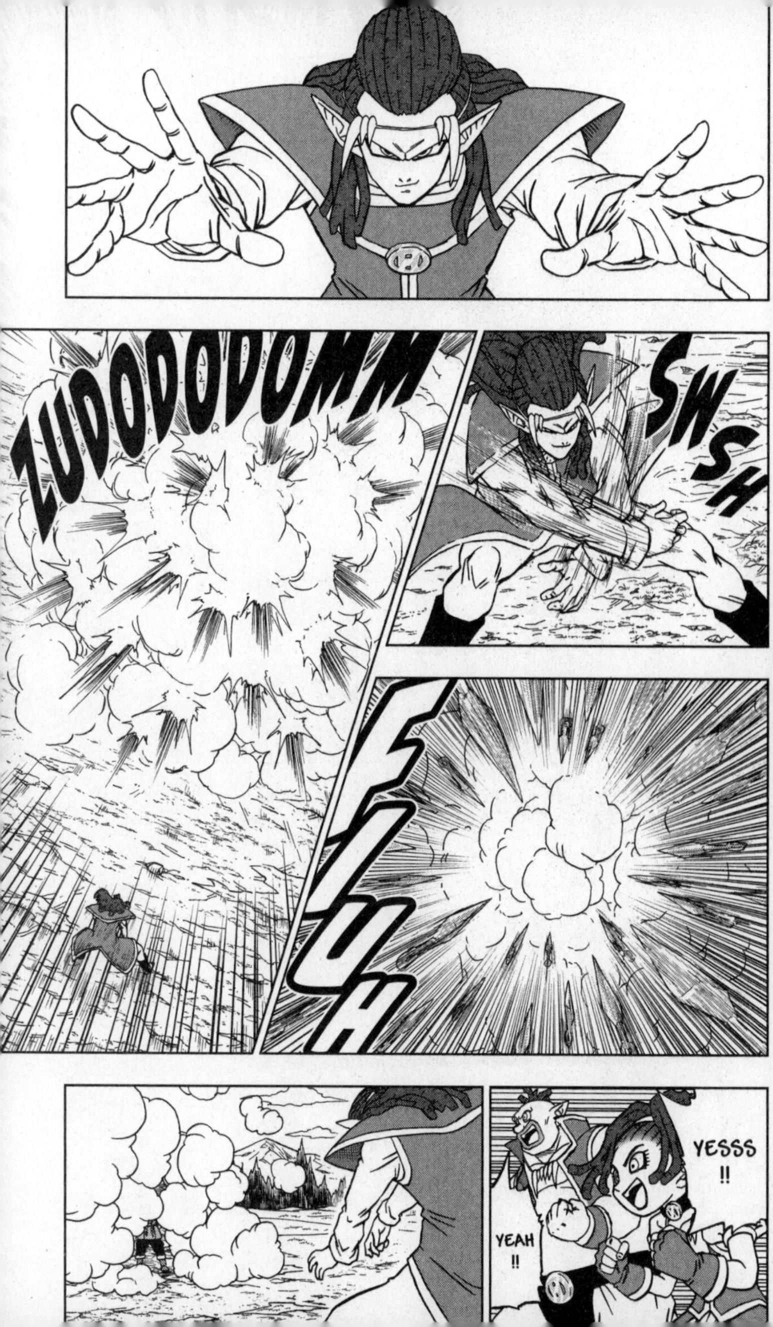
ZUDODODOMM
SWSH
YESSS !!
YEAH !!

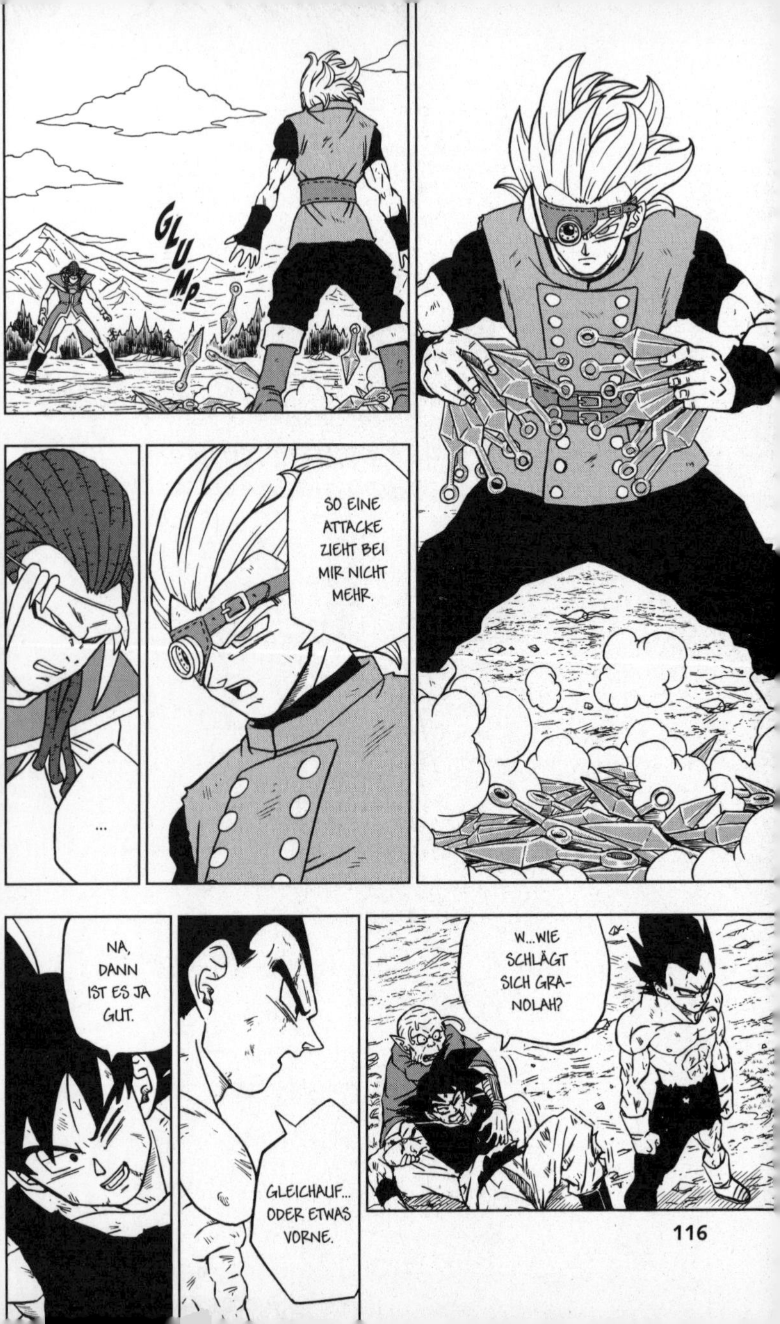
GLUMP
SO EINE ATTACKE ZIEHT BEI MIR NICHT MEHR.
...
W...WIE SCHLÄGT SICH GRA-NOLAH?
GLEICHAUF... ODER ETWAS VORNE.
NA, DANN IST ES JA GUT.

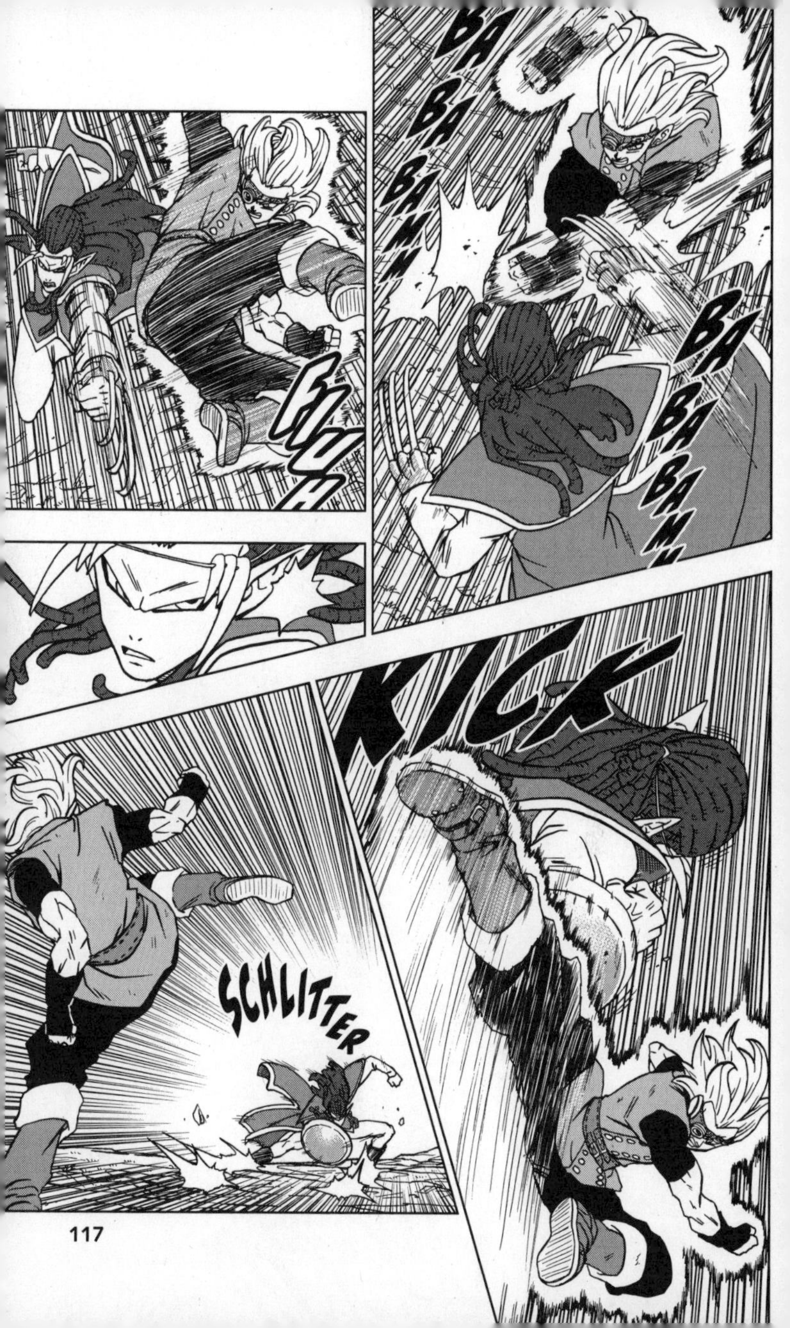
BA BA BAM
BA BA BA BAM
KICK
SCHLITTER

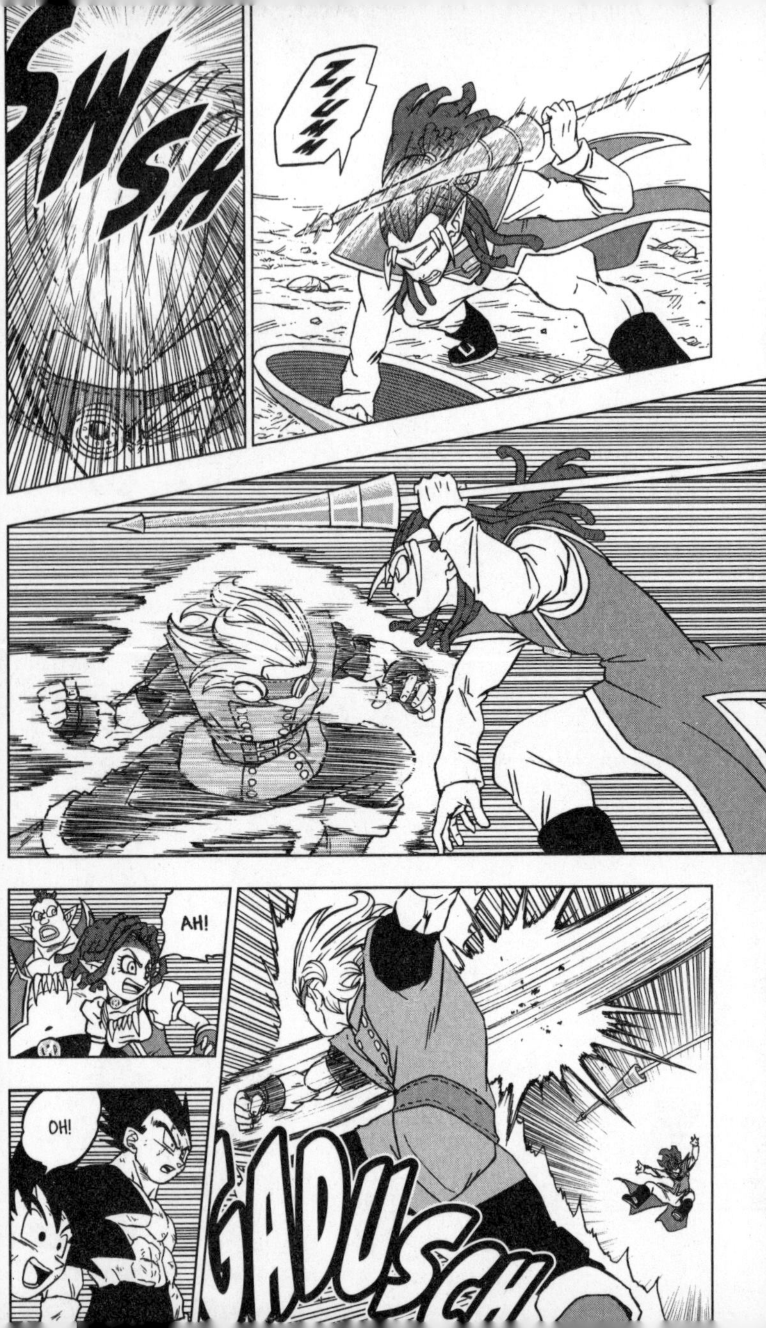
SWSH
ZIUHH
AH!
OH!
GADUSCH

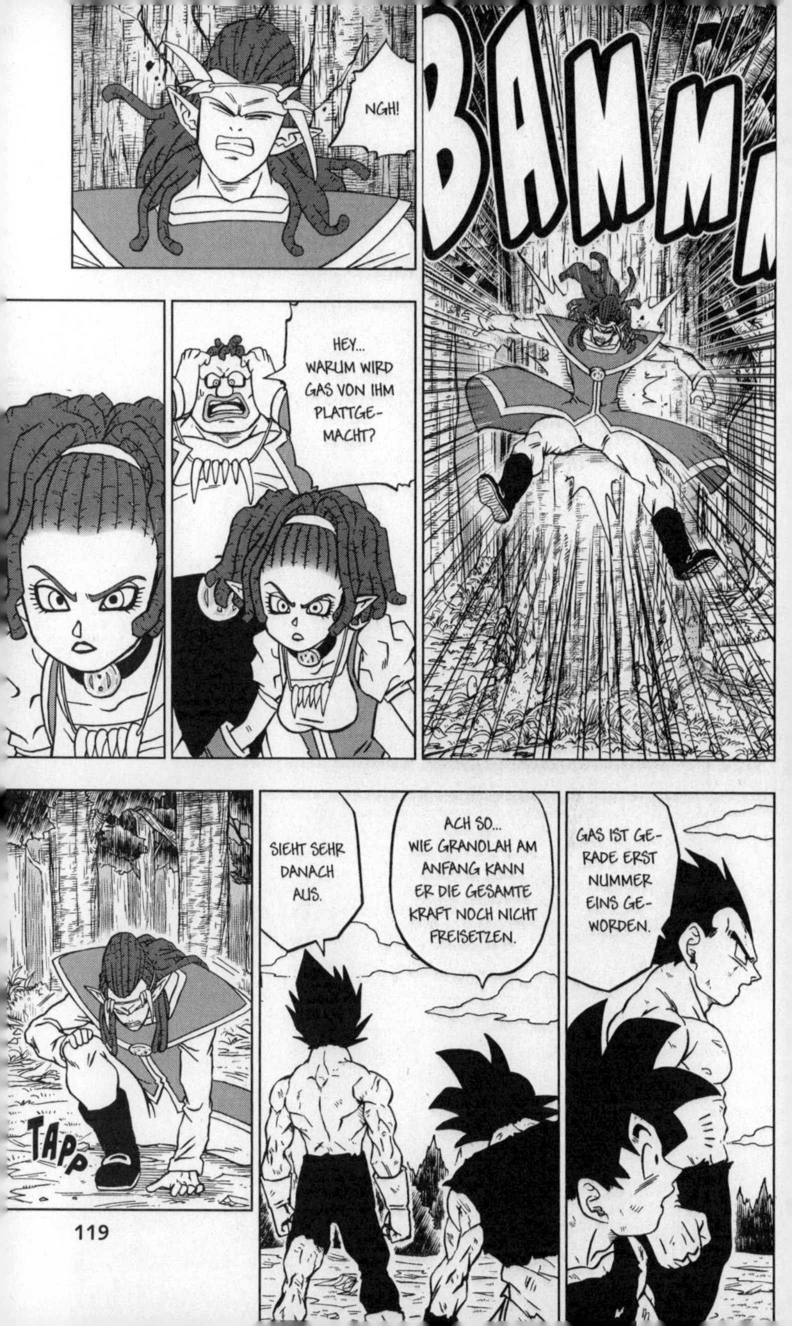
BAMM
NGH!
HEY... WARUM WIRD GAS VON IHM PLATTGE- MACHT?
GAS IST GE- RADE ERST NUMMER EINS GE- WORDEN.
ACH SO... WIE GRANOLAH AM ANFANG KANN ER DIE GESAMTE KRAFT NOCH NICHT FREISETZEN.
SIEHT SEHR DANACH AUS.
TAPP

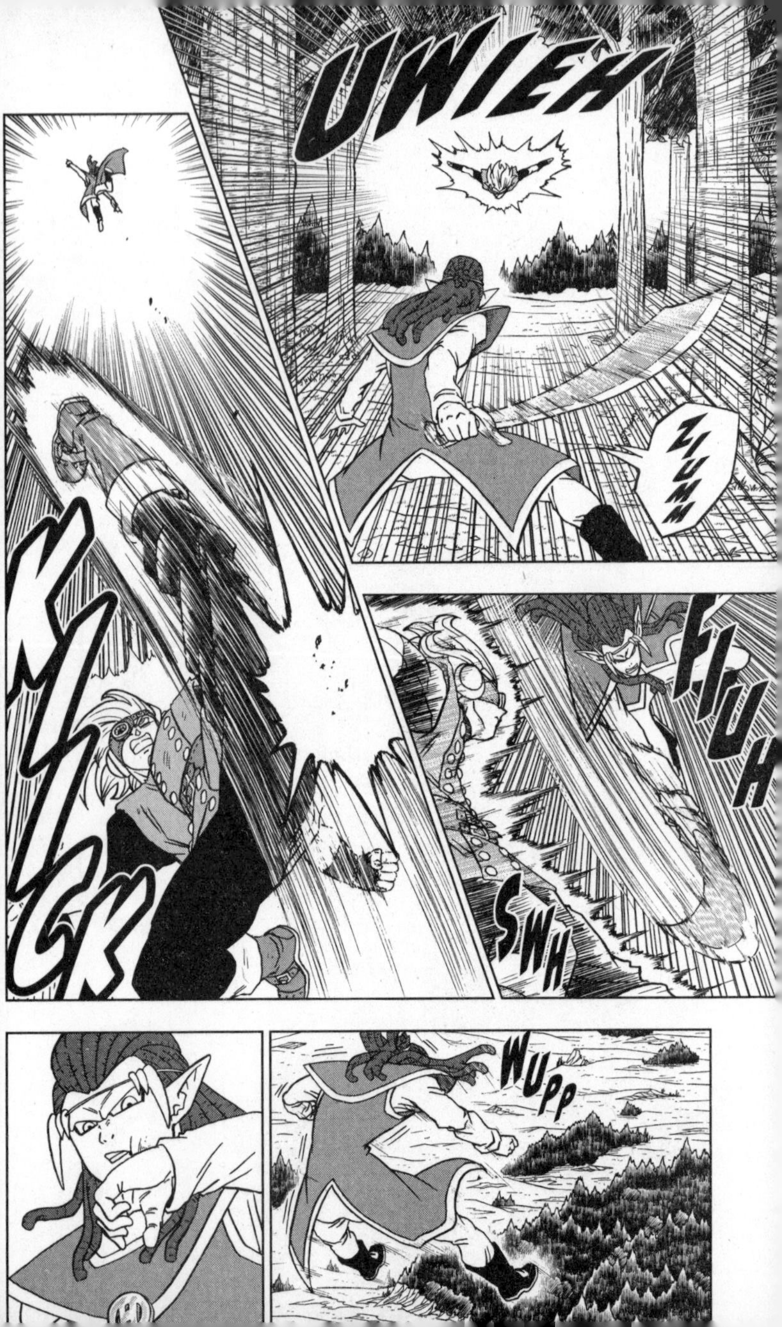
UWIEH
ZUUMM
FLUUH
SWH
WUPP

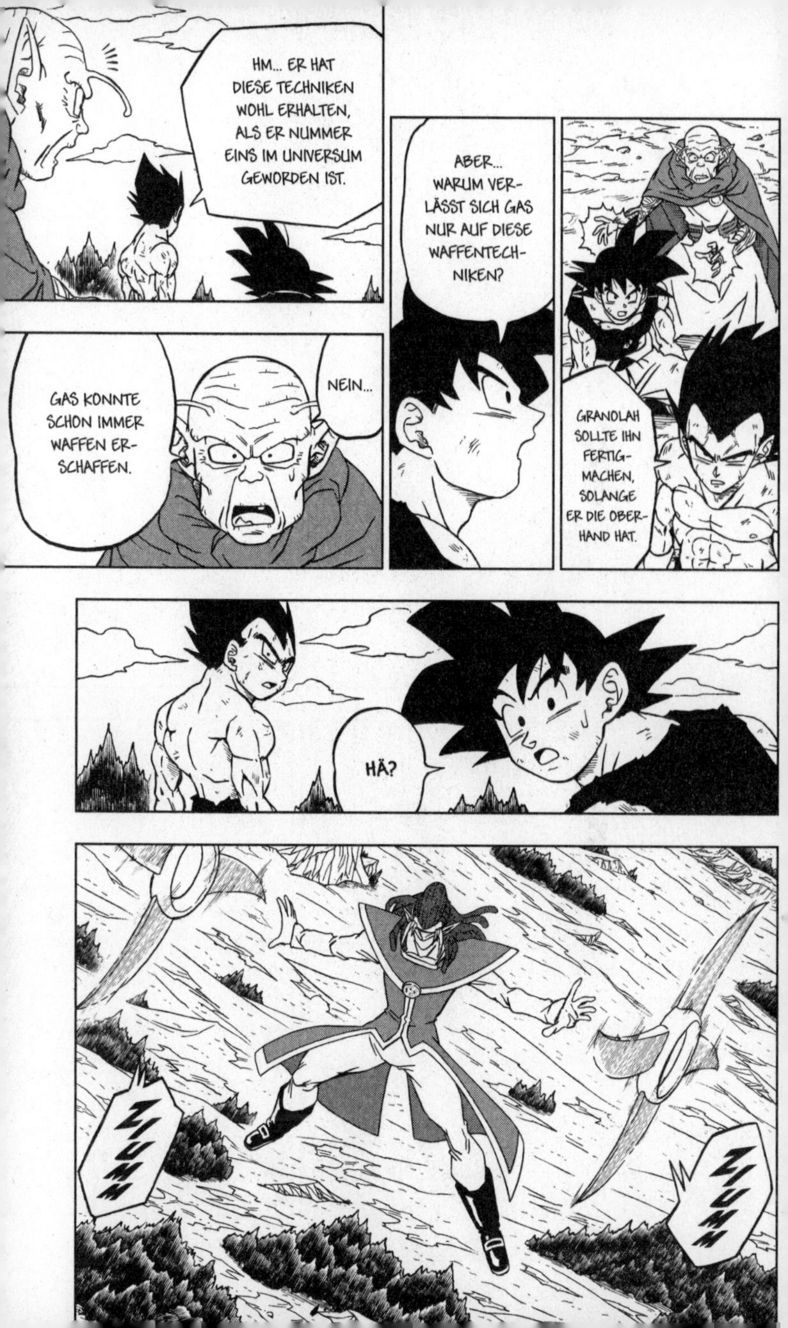
HM... ER HAT DIESE TECHNIKEN WOHL ERHALTEN, ALS ER NUMMER EINS IM UNIVERSUM GEWORDEN IST.
ABER... WARUM VERLÄSST SICH GAS NUR AUF DIESE WAFFENTECHNIKEN?
NEIN...
GAS KONNTE SCHON IMMER WAFFEN ERSCHAFFEN.
GRANOLAH SOLLTE IHN FERTIGMACHEN, SOLANGE ER DIE OBERHAND HAT.
HÄ?
ZIUMM
ZIUMM

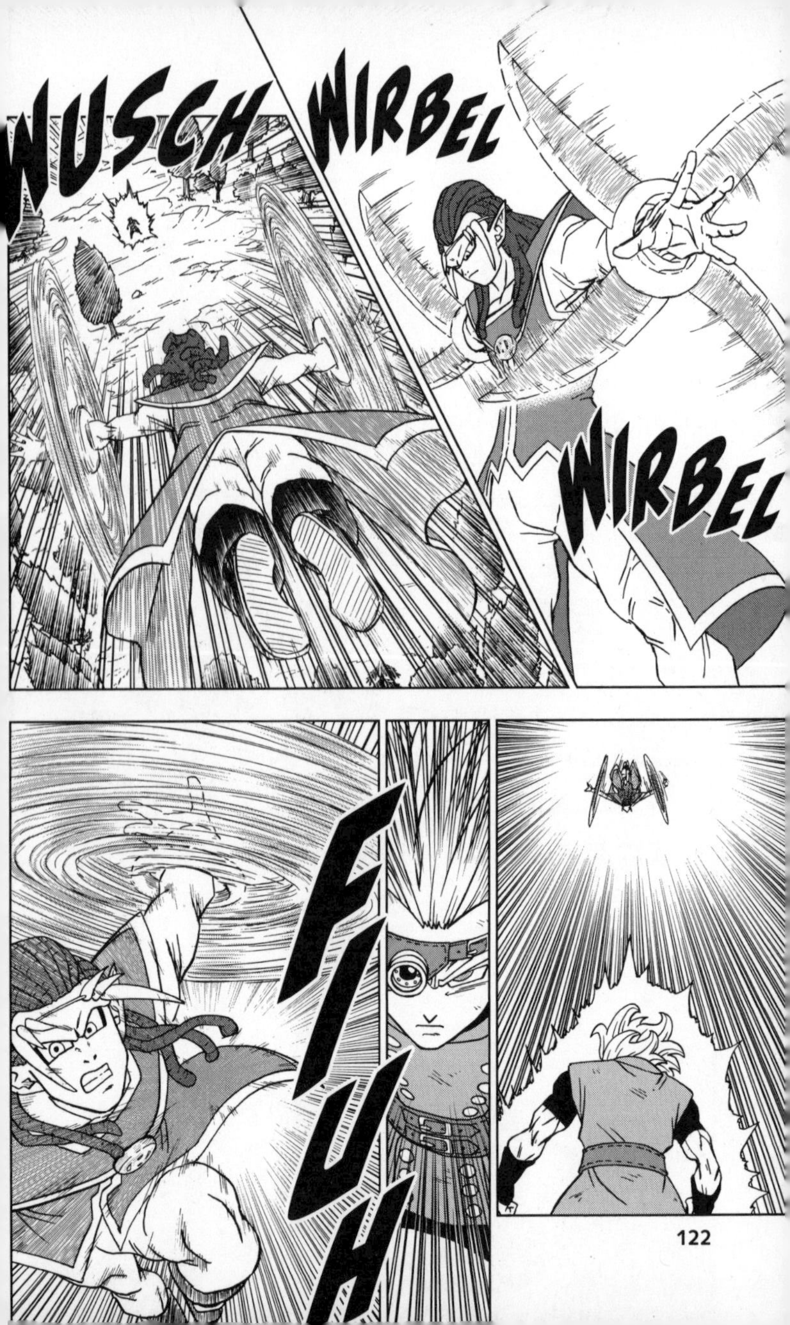
WIRBEL
WIRBEL
WUSCH

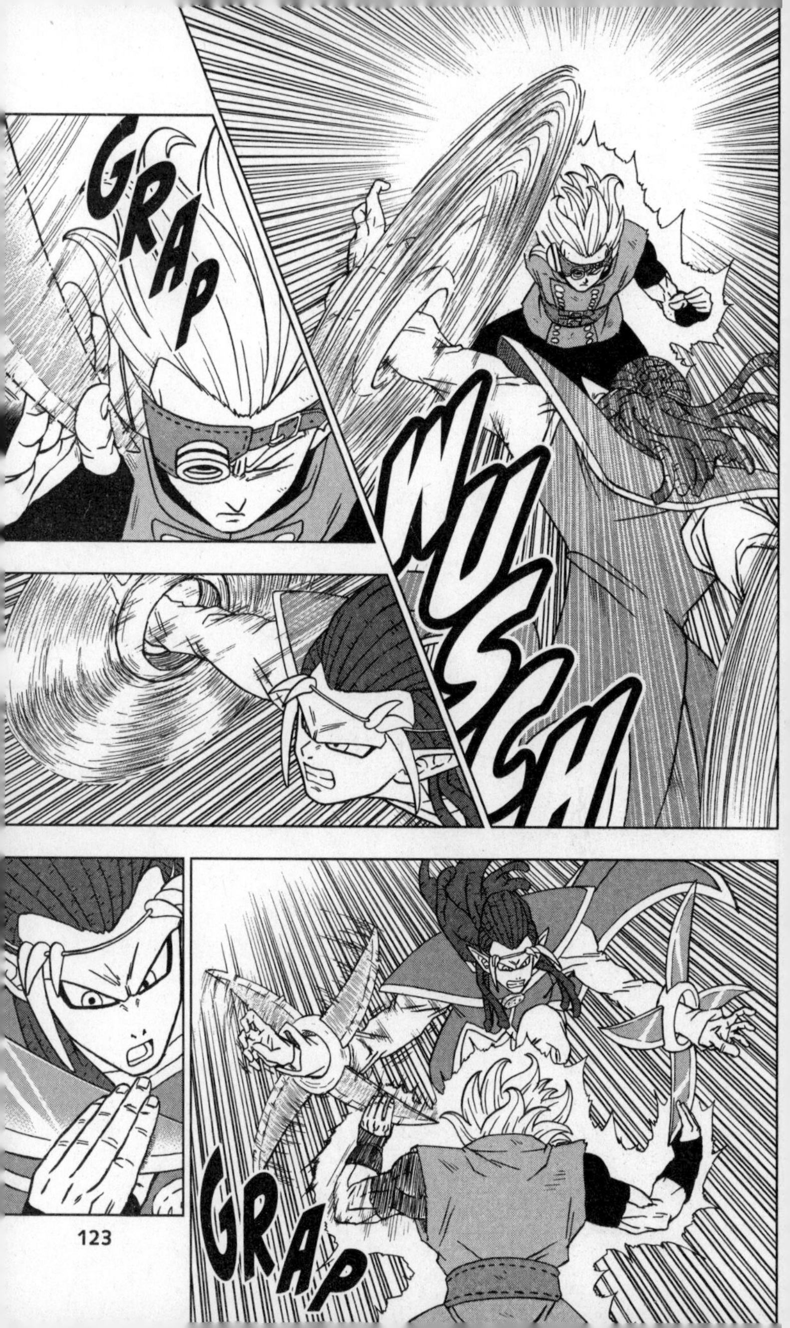
WUSCH
GRAP
GRAP

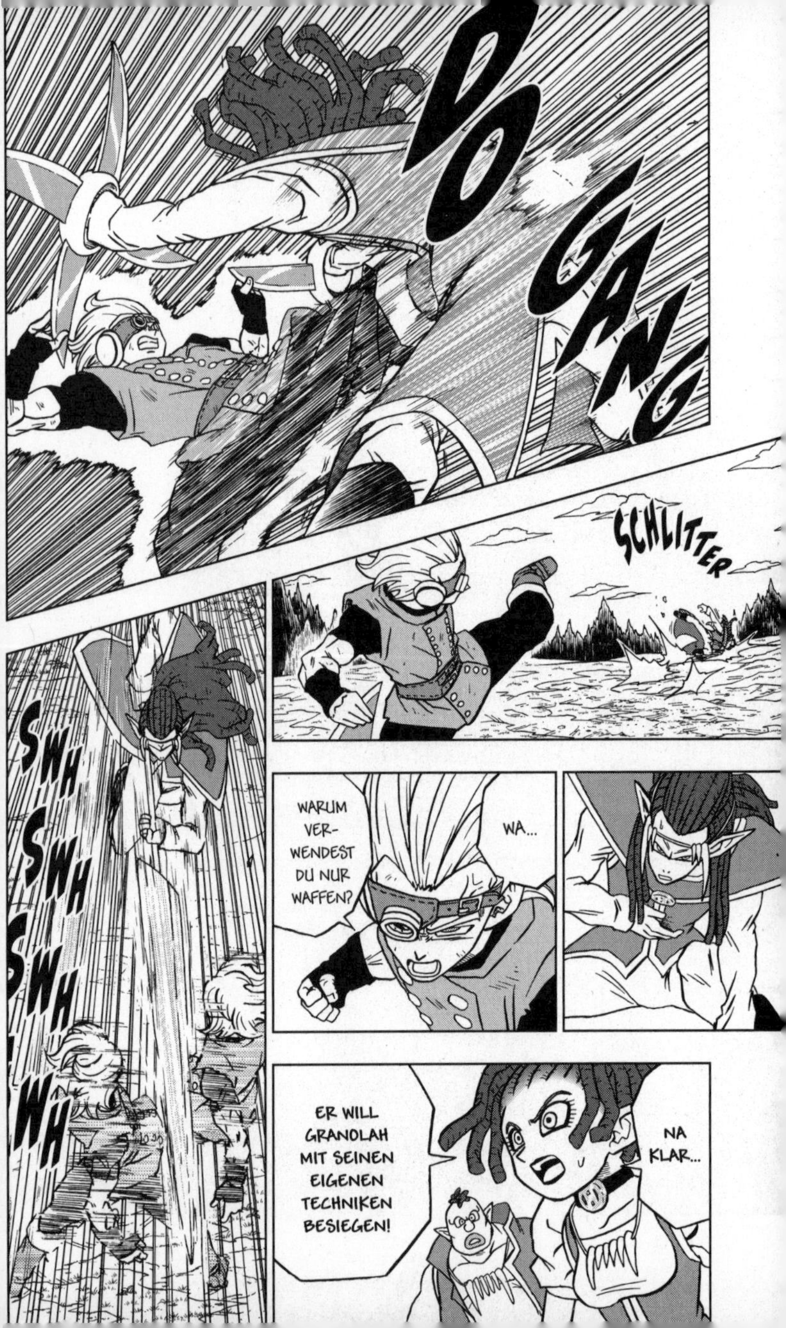
DOGANG
SCHLITTER
SWH SWH SWH SWH
WA...
WARUM VER-WENDEST DU NUR WAFFEN?
NA KLAR...
ER WILL GRANOLAH MIT SEINEN EIGENEN TECHNIKEN BESIEGEN!

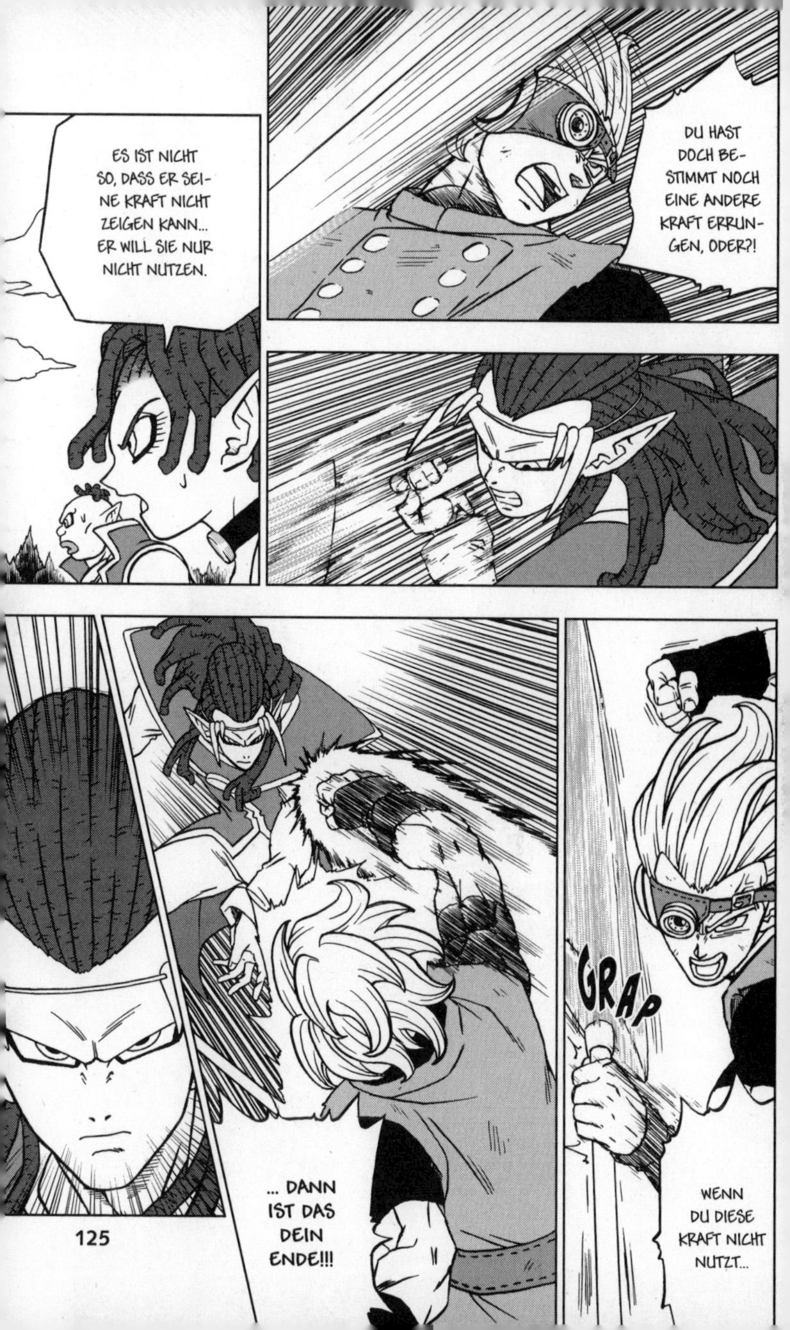
DU HAST DOCH BESTIMMT NOCH EINE ANDERE KRAFT ERRUNGEN, ODER?!
ES IST NICHT SO, DASS ER SEINE KRAFT NICHT ZEIGEN KANN... ER WILL SIE NUR NICHT NUTZEN.
GRAP
WENN DU DIESE KRAFT NICHT NUTZT...
... DANN IST DAS DEIN ENDE!!!

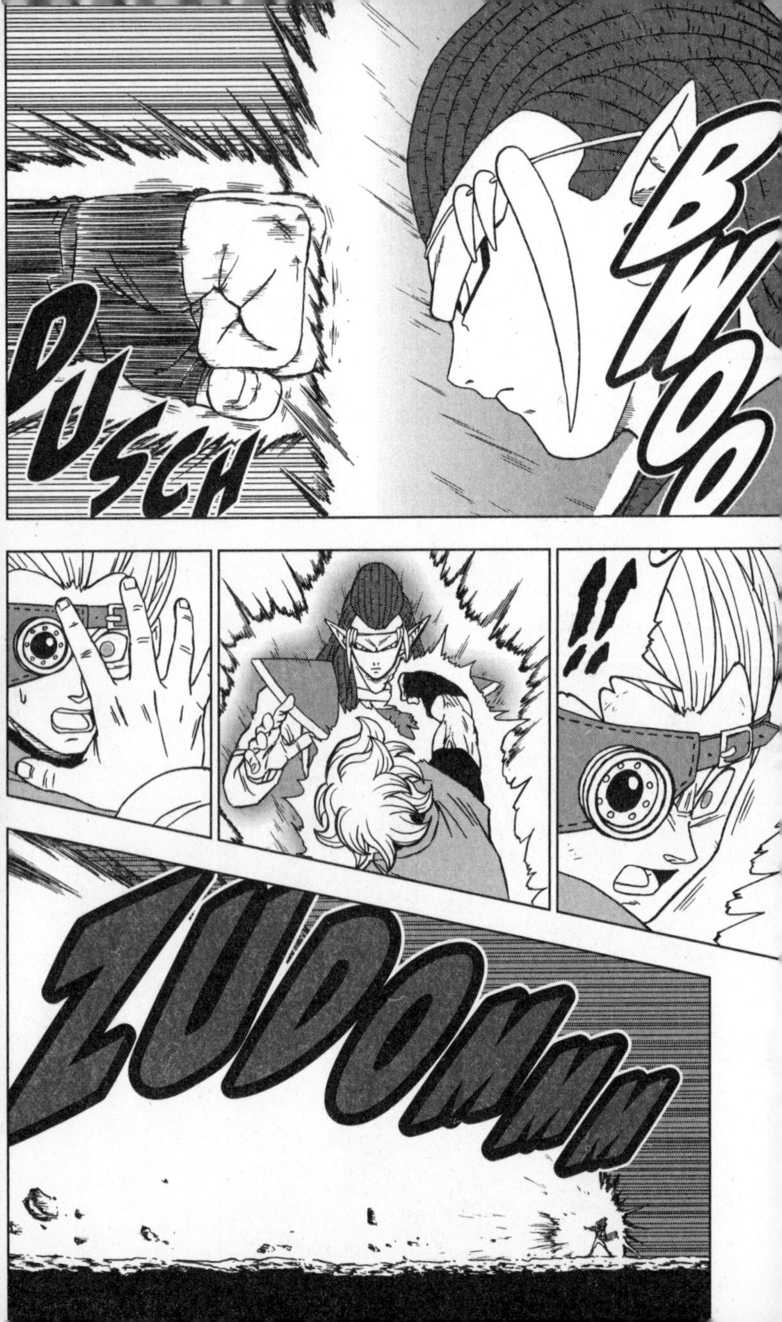
BWOOO
DUSCH
!!
ZUDOMMMM

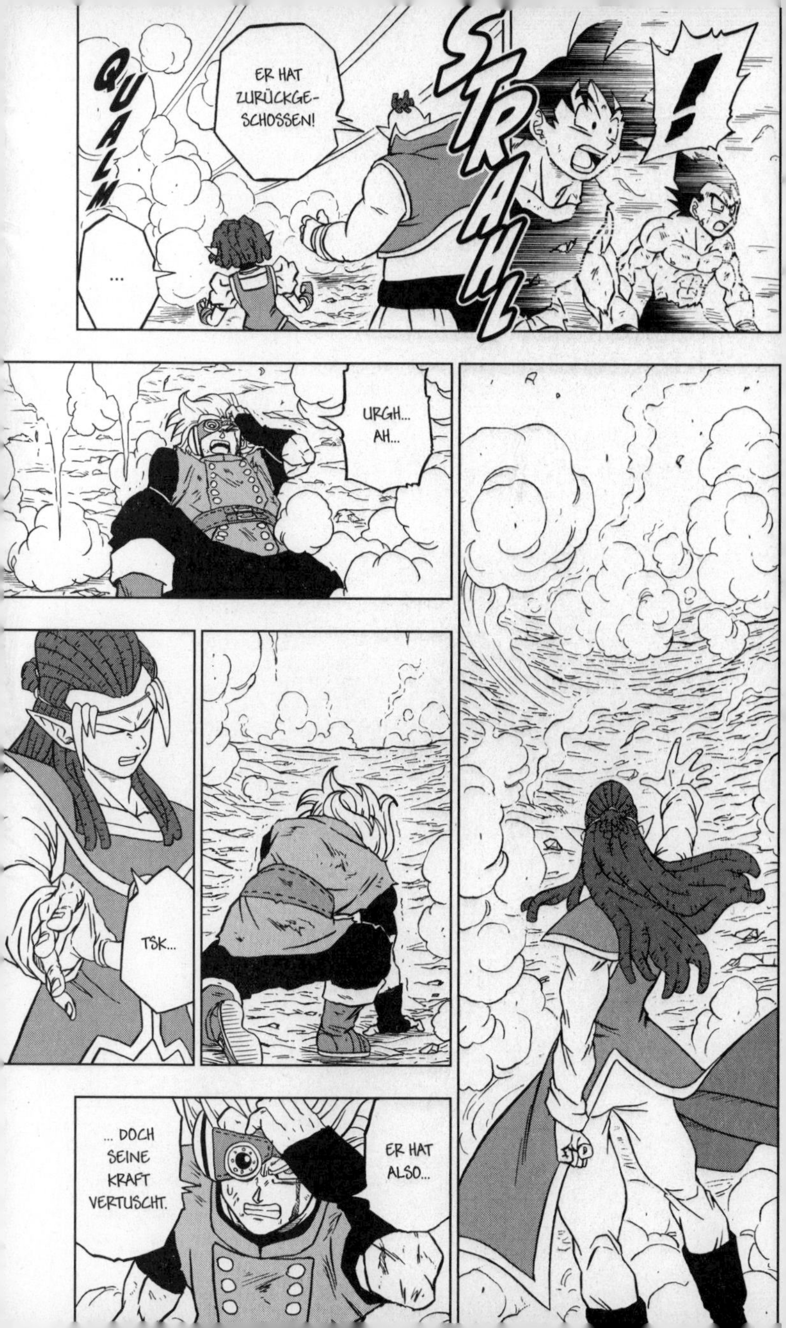
STRAHL
!
ER HAT ZURÜCKGE-SCHOSSEN!
...
QUALM
URGH... AH...
TSK...
ER HAT ALSO...
... DOCH SEINE KRAFT VERTUSCHT.

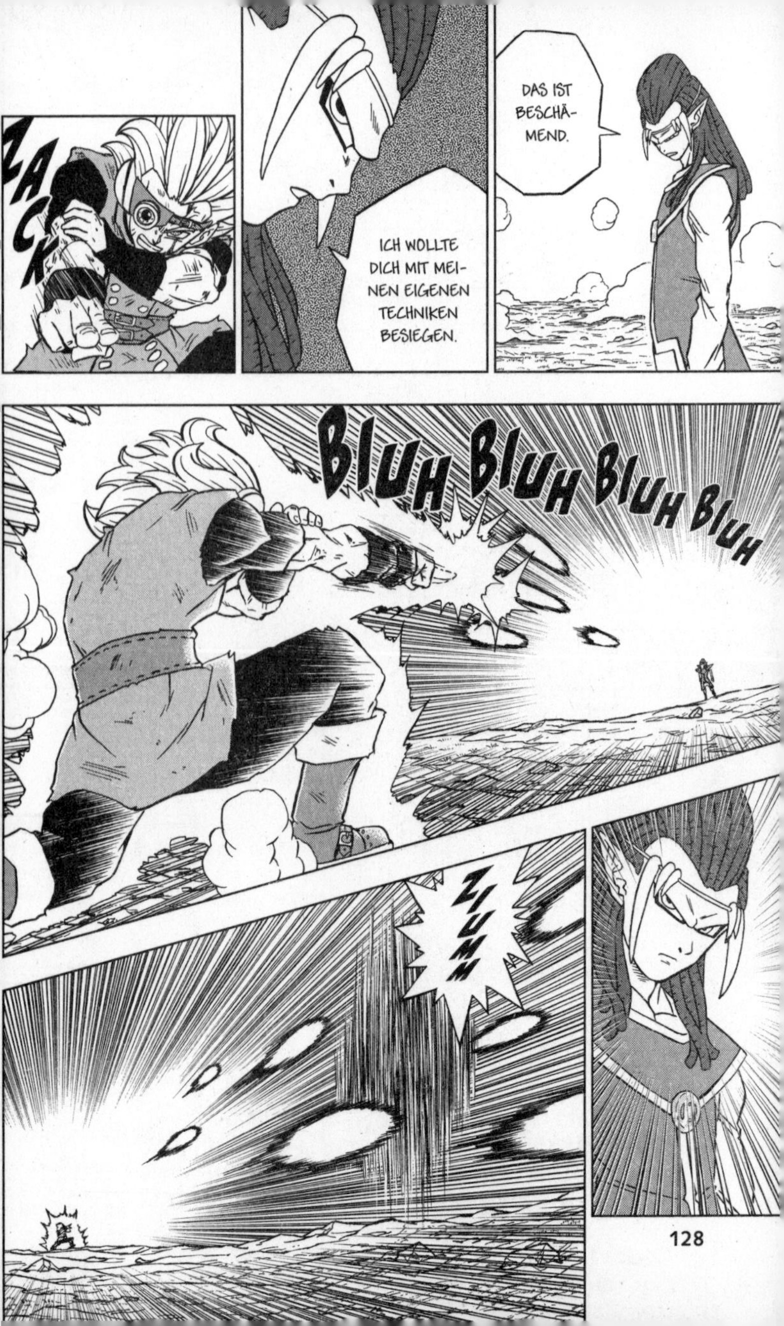
DAS IST BESCHÄ-
MEND.
ICH WOLLTE DICH MIT MEI-
NEN EIGENEN TECHNIKEN BESIEGEN.
ZACK
BLUH BLUH BLUH BLUH
ZIUMM

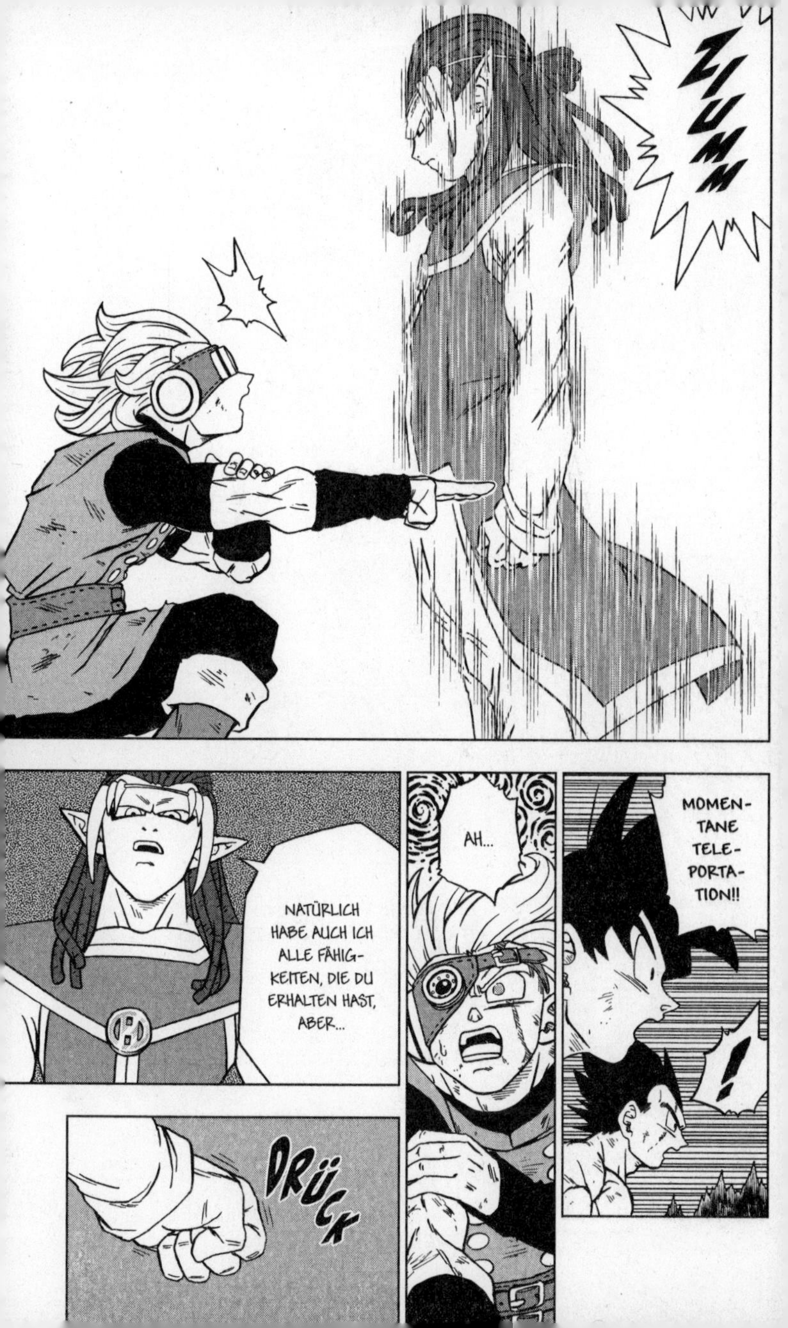

ZIUMM
MOMENTANE TELEPORTATION!!
AH...
NATÜRLICH HABE AUCH ICH ALLE FÄHIGKEITEN, DIE DU ERHALTEN HAST, ABER...
DRÜCK

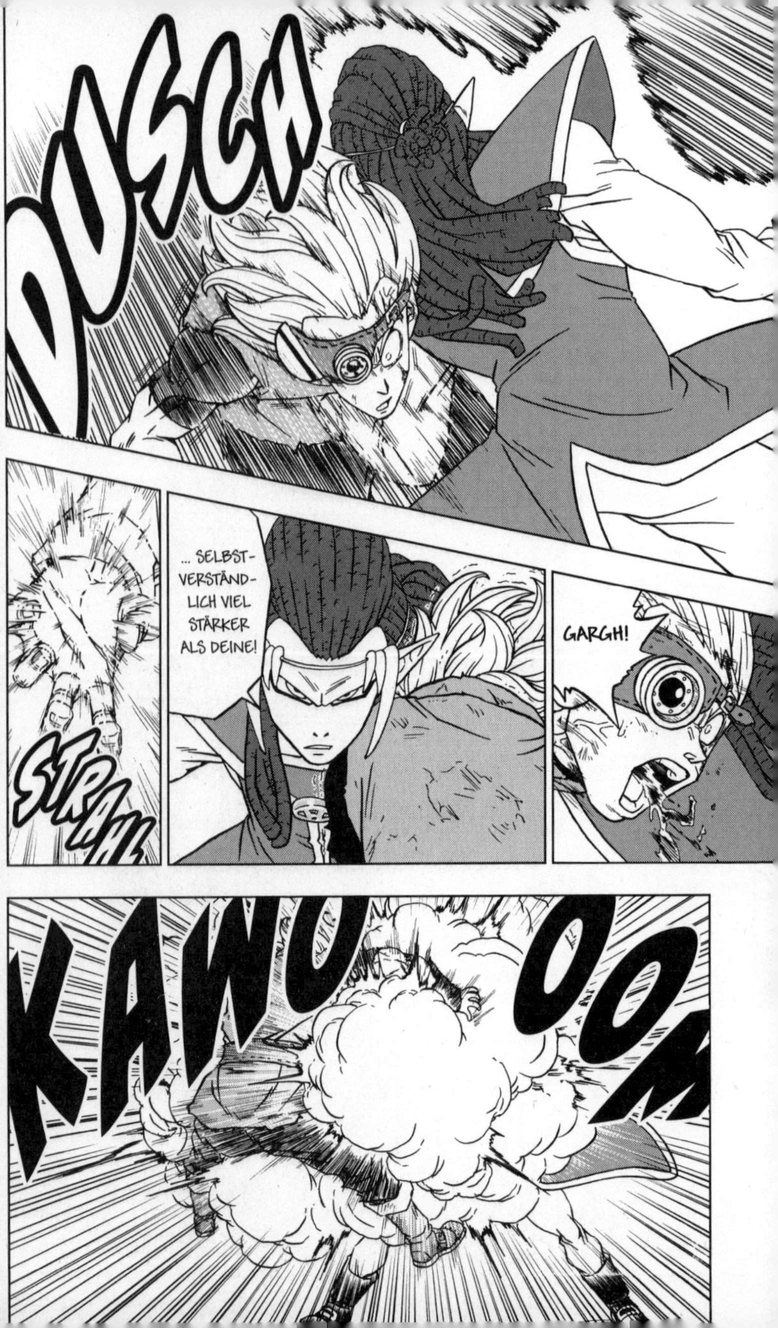
... SELBST-
VERSTÄND-
LICH VIEL
STÄRKER
ALS DEINE!
GARGH!
KAWOOOM

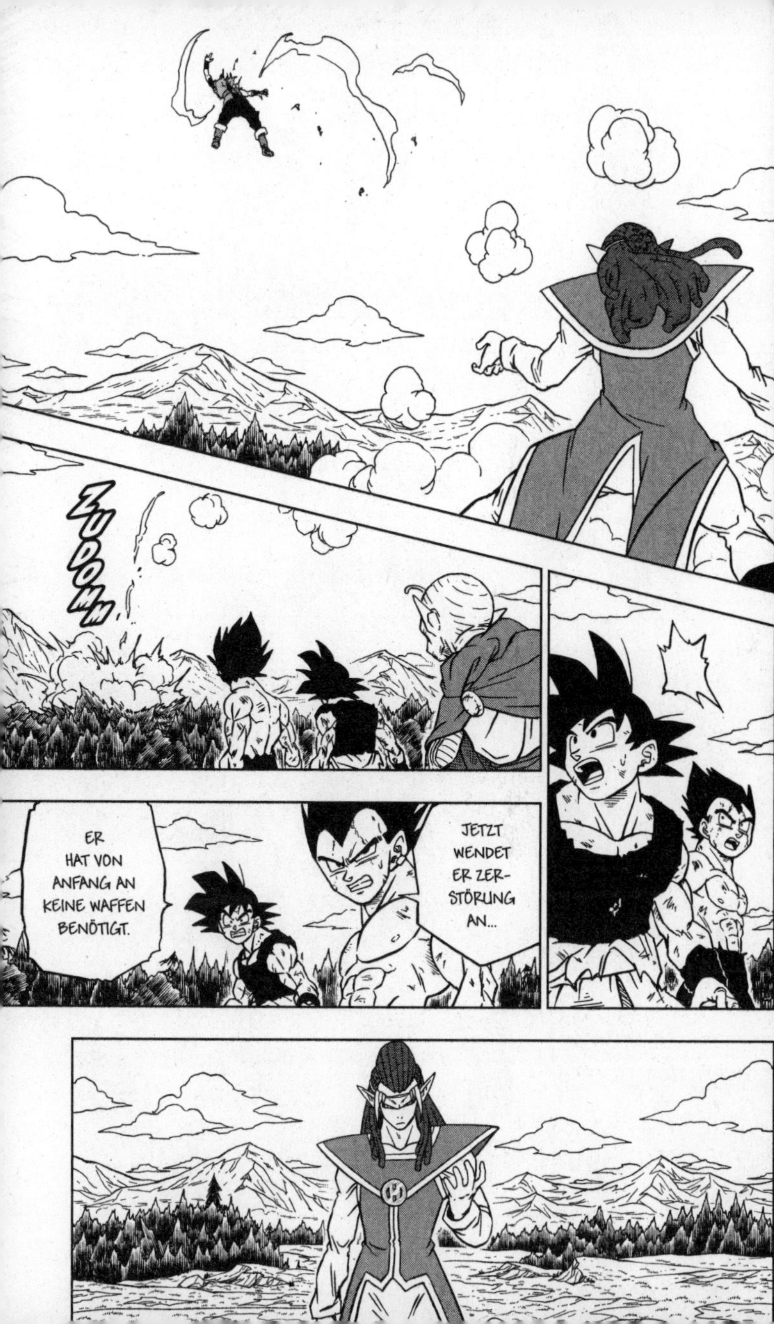
ZUDOMM
JETZT WENDET ER ZER-STÖRUNG AN...
ER HAT VON ANFANG AN KEINE WAFFEN BENÖTIGT.

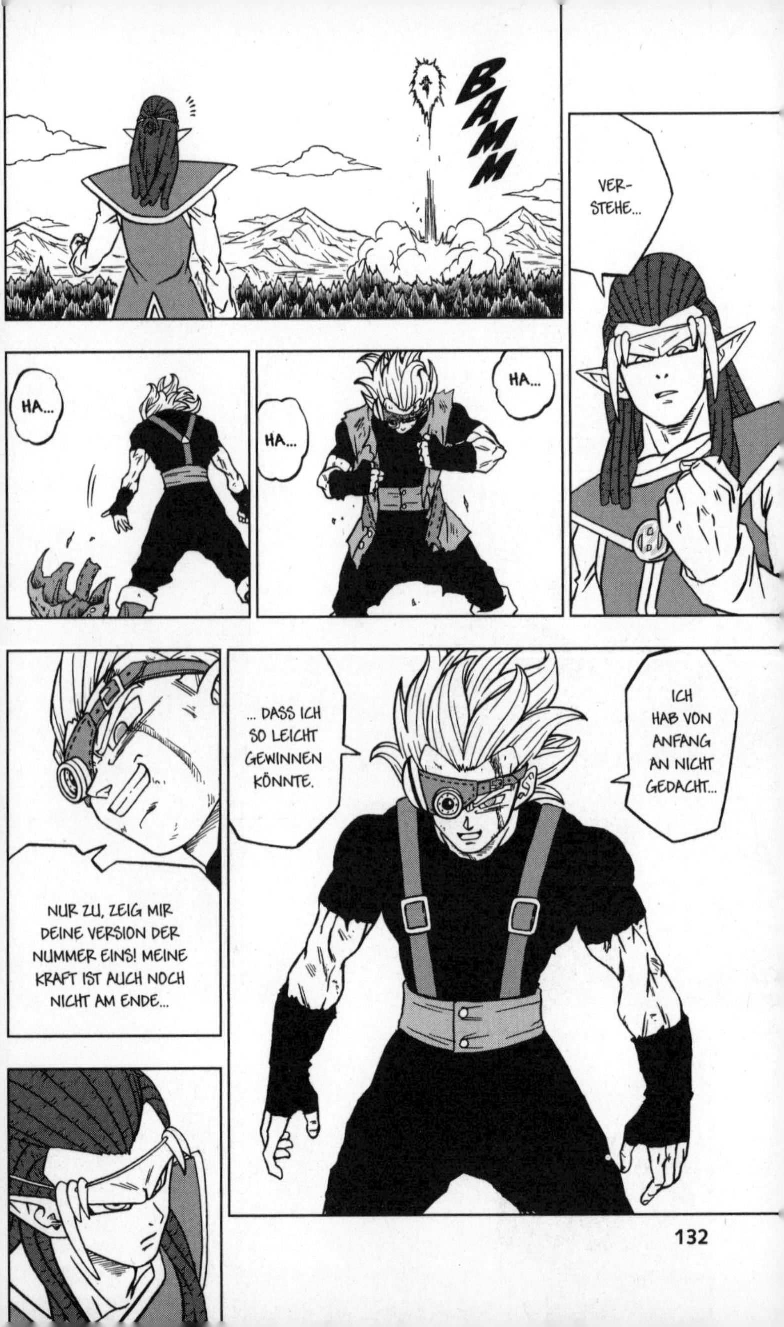
BAMM
VER-
STEHE...
HA...
HA...
HA...
ICH
HAB VON
ANFANG
AN NICHT
GEDACHT...
... DASS ICH
SO LEICHT
GEWINNEN
KÖNNTE.
NUR ZU, ZEIG MIR
DEINE VERSION DER
NUMMER EINS! MEINE
KRAFT IST AUCH NOCH
NICHT AM ENDE...

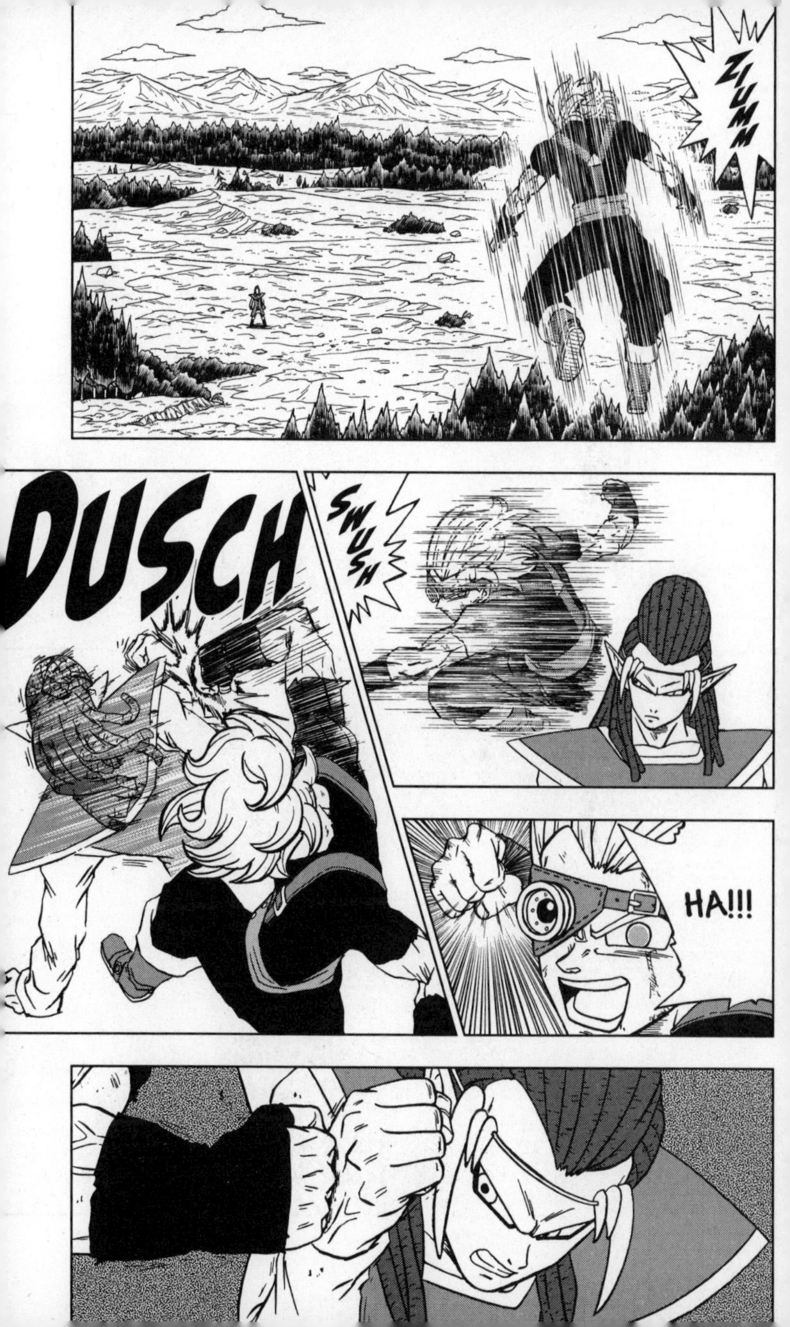
ZIUMM
DUSCH
SWUSH
HA!!!

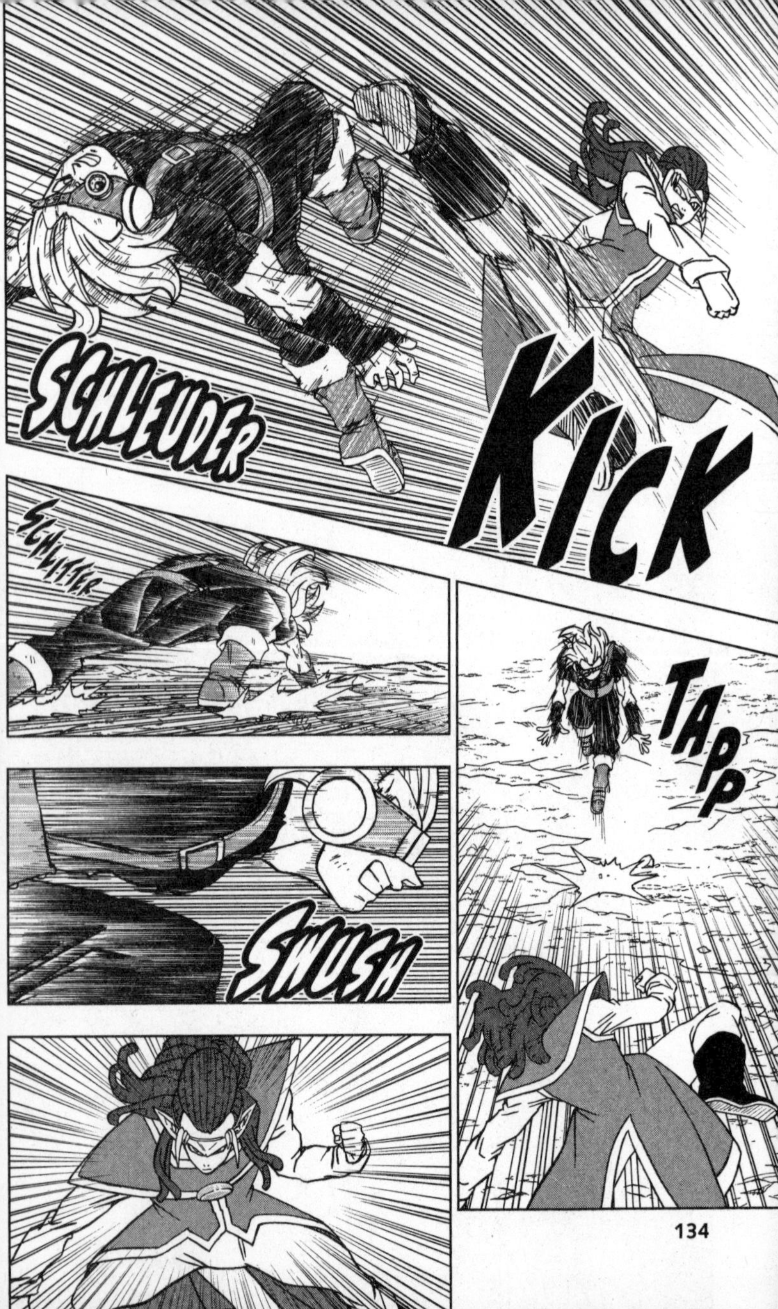
SCHLEUDER
KICK
SCHLITTER
TAPP
SWUSH

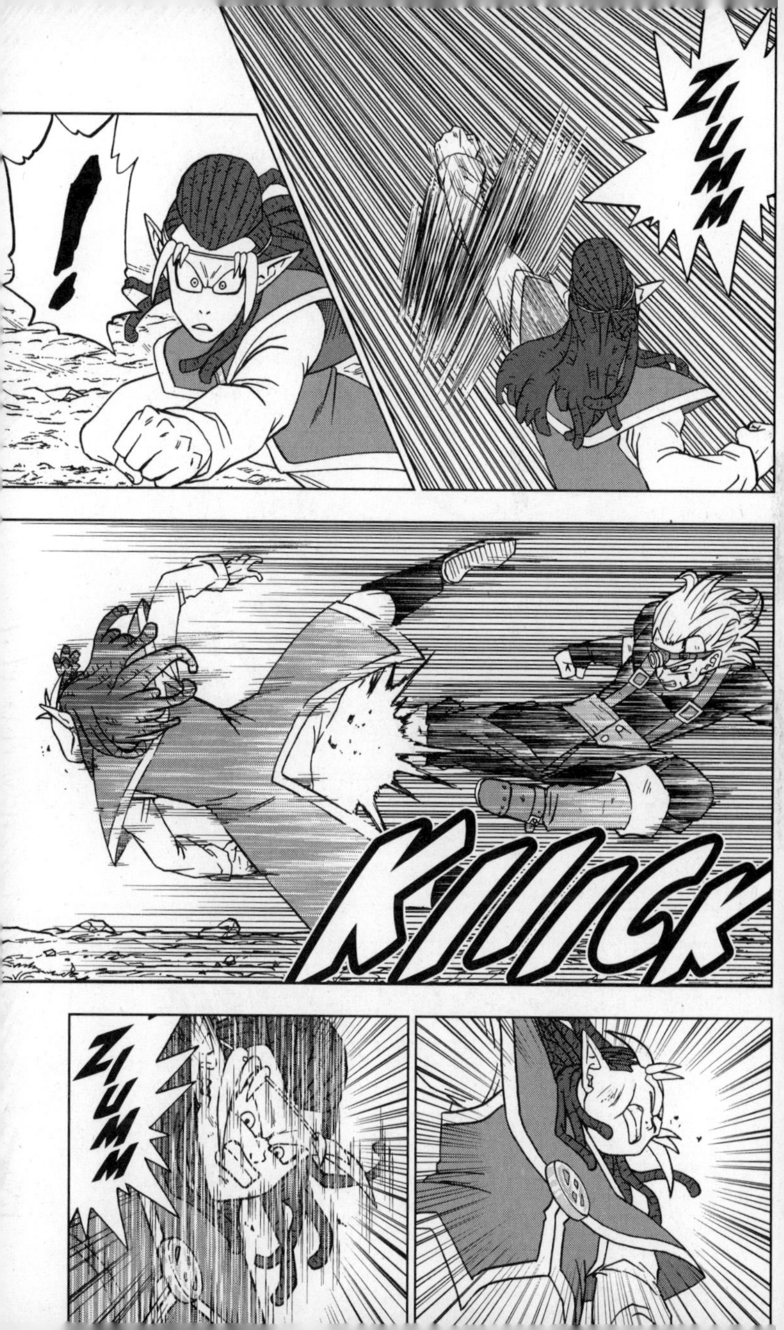
ZIUMM
!
KLICK
ZIUMM

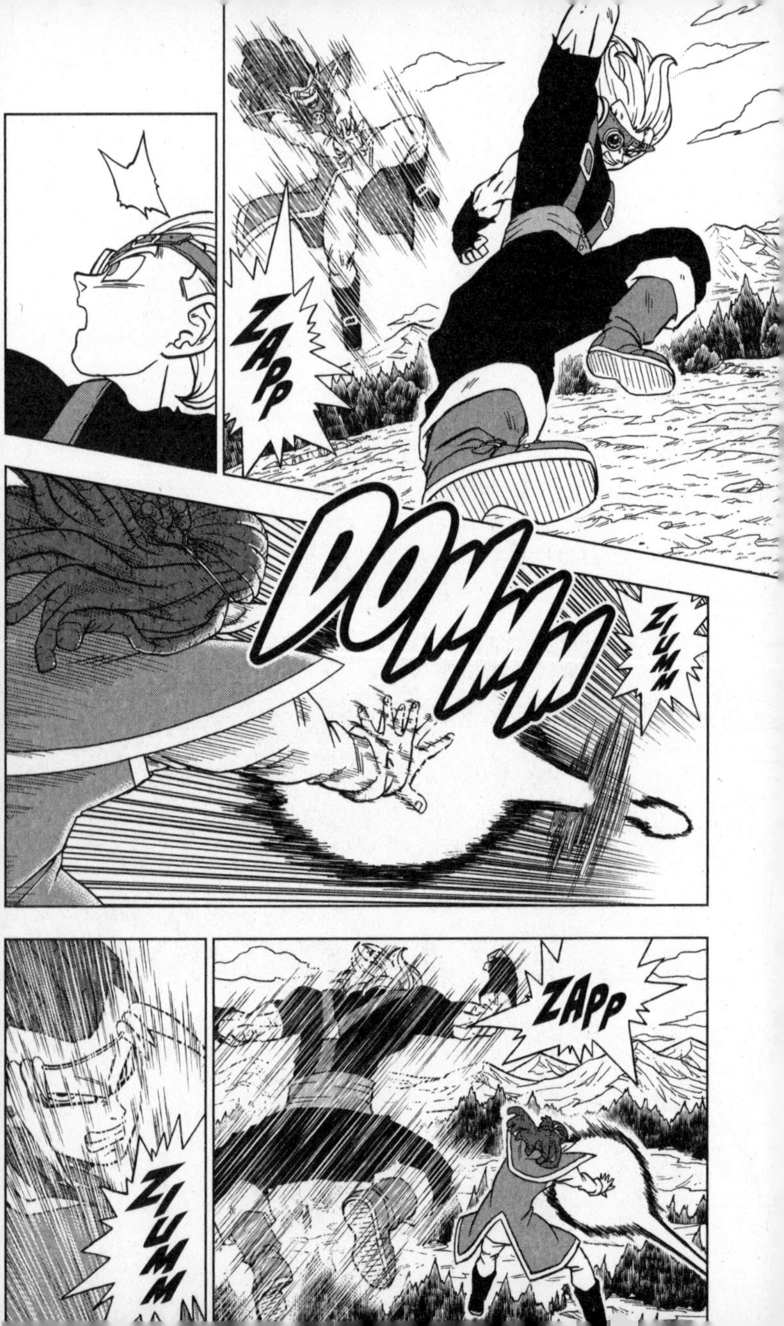
ZAPP
DOMMM
ZIUMM
ZAPP
ZIUMM

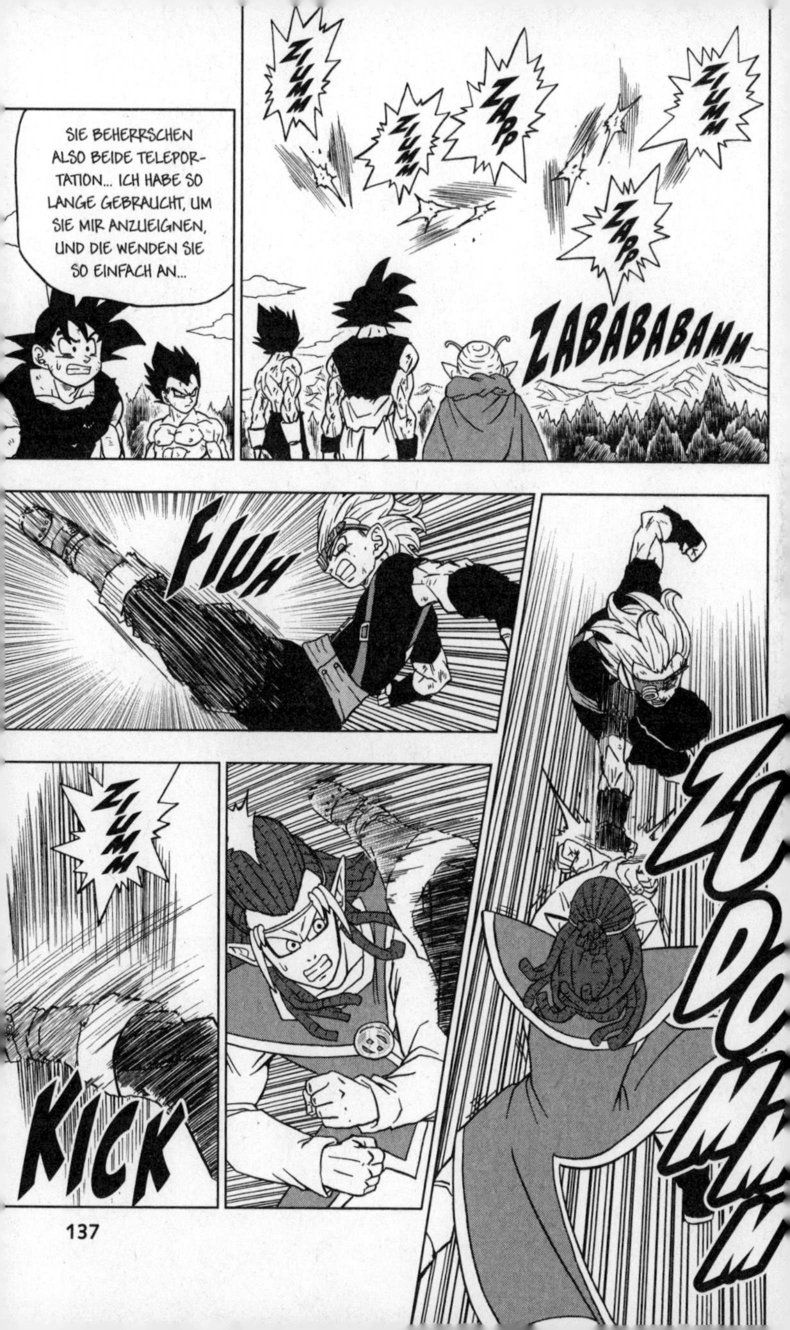
ZIUMM
ZIUMM
ZAPP
ZIUMM
ZAPP
ZABABABAMM
SIE BEHERRSCHEN ALSO BEIDE TELEPORTATION... ICH HABE SO LANGE GEBRAUCHT, UM SIE MIR ANZUEIGNEN, UND DIE WENDEN SIE SO EINFACH AN...
FLUH
ZUDOMMM
ZIUMM
KICK

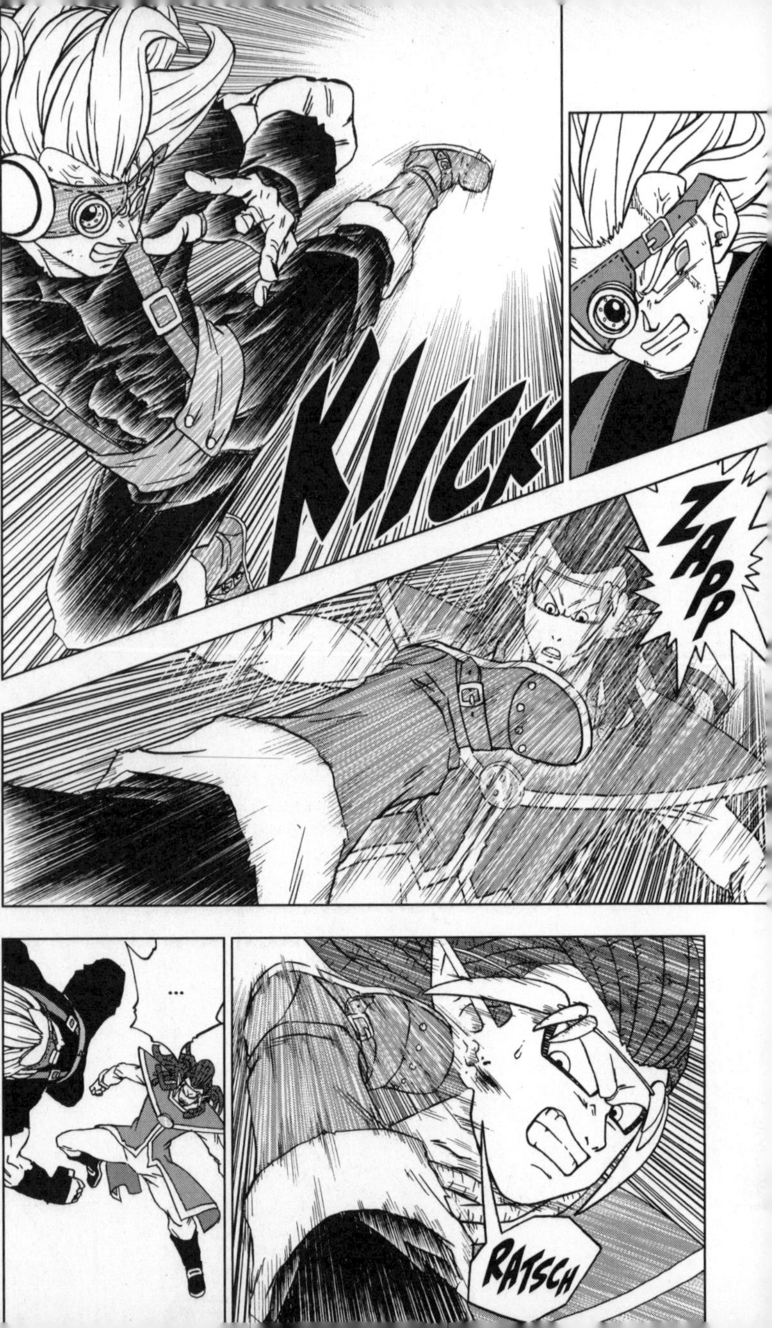
KICK
ZAPP
...
RATSCH

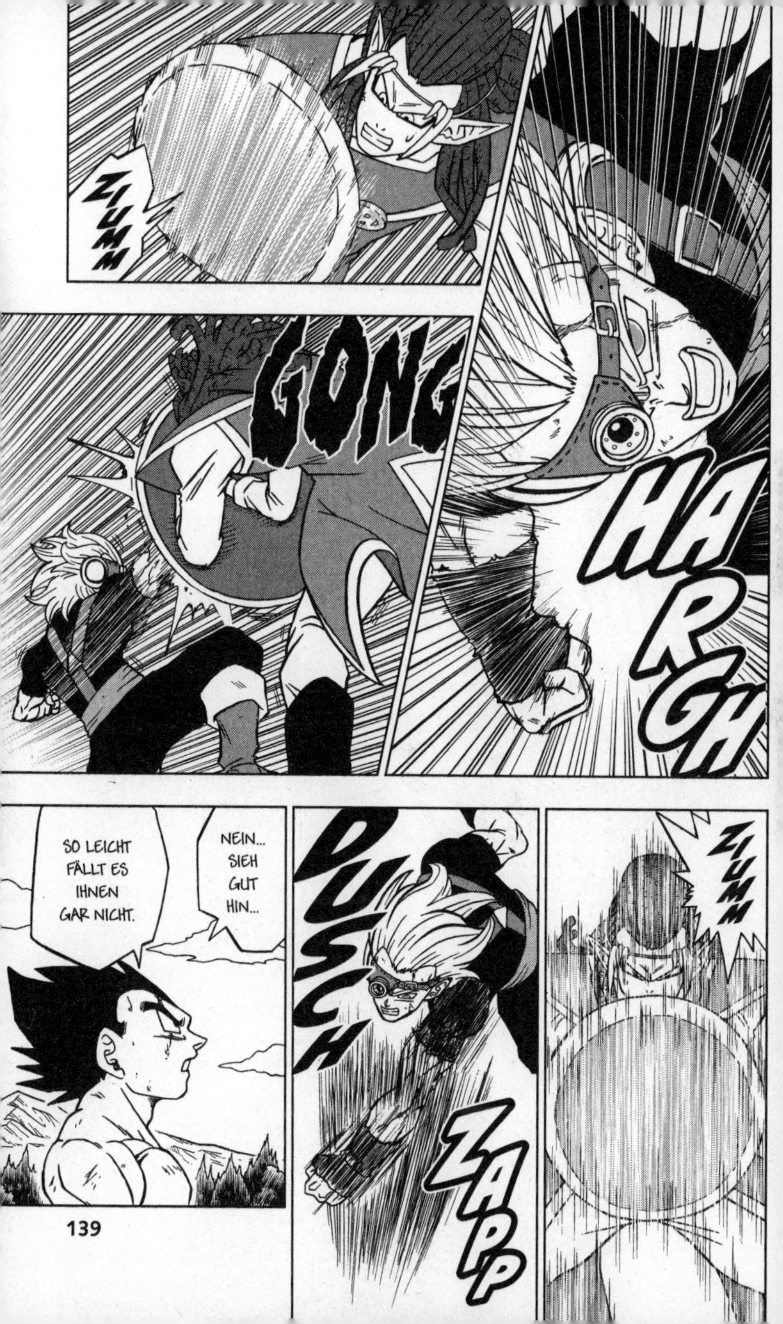
HARGH
ZIUMM
GONG
ZIUMM
DUSCH
ZAPP
NEIN...
SIEH
GUT
HIN...
SO LEICHT
FÄLLT ES
IHNEN
GAR NICHT.

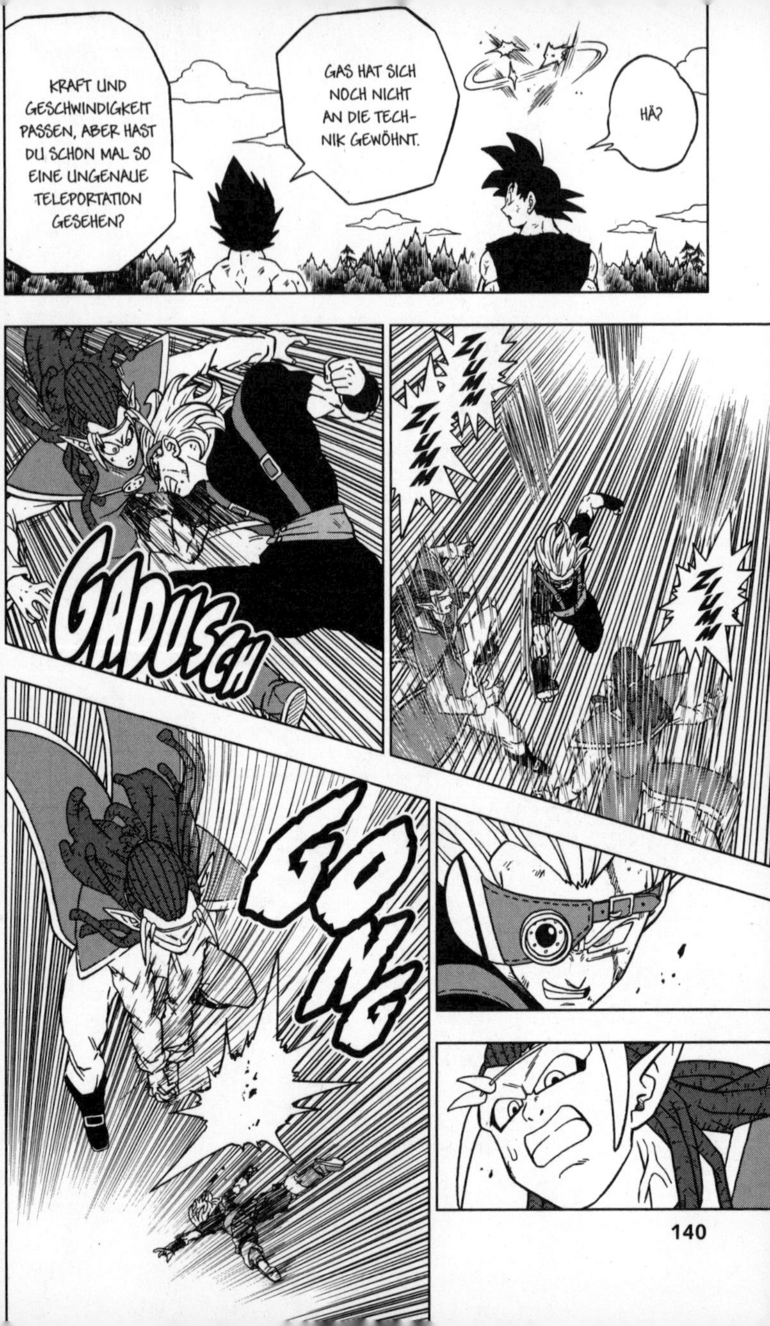

HÄ?
GAS HAT SICH NOCH NICHT AN DIE TECHNIK GEWÖHNT.
KRAFT UND GESCHWINDIGKEIT PASSEN, ABER HAST DU SCHON MAL SO EINE UNGENAUE TELEPORTATION GESEHEN?
ZIUMM
ZIUMM
ZIUMM
ZIUMM
GADUSCH
GONG

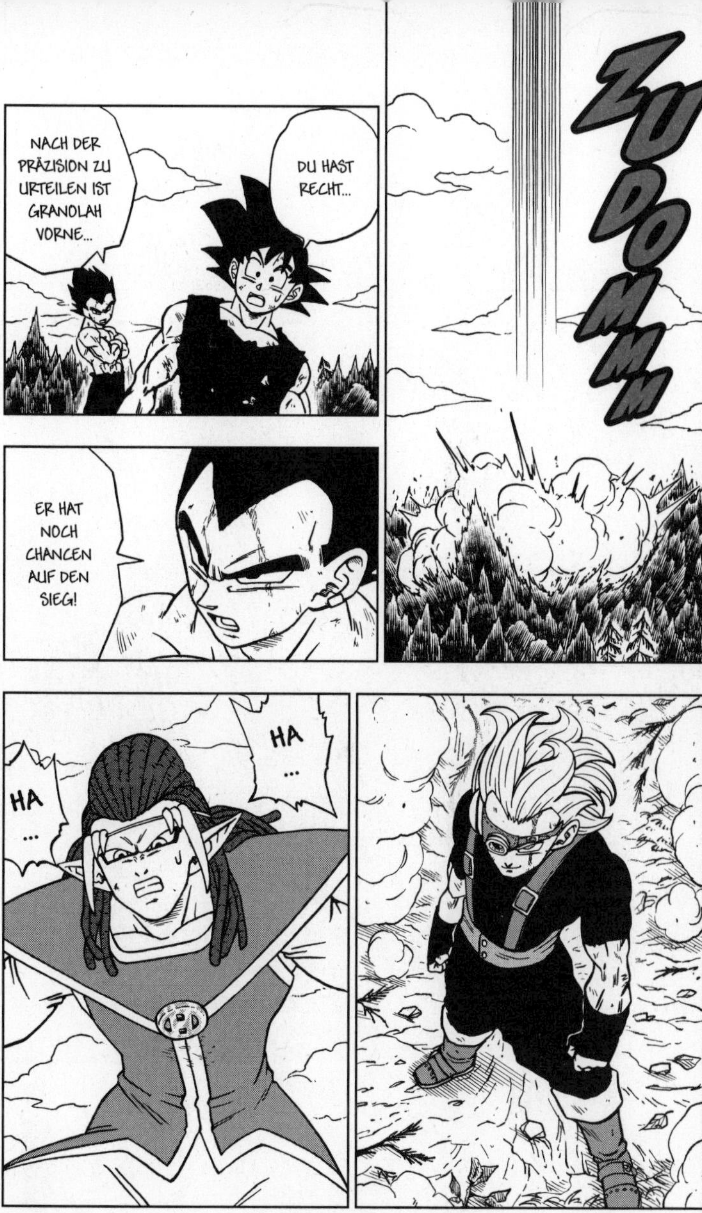
ZUDOMMM
DU HAST RECHT...
NACH DER PRÄZISION ZU URTEILEN IST GRANOLAH VORNE...
ER HAT NOCH CHANCEN AUF DEN SIEG!
HA ...
HA ...

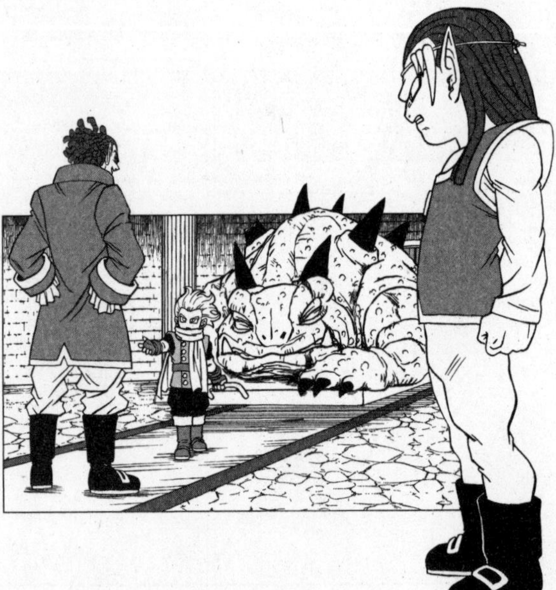

DRAGON BALL SUPER

KAPITEL 80: GAS VS. GRANOLAH 2

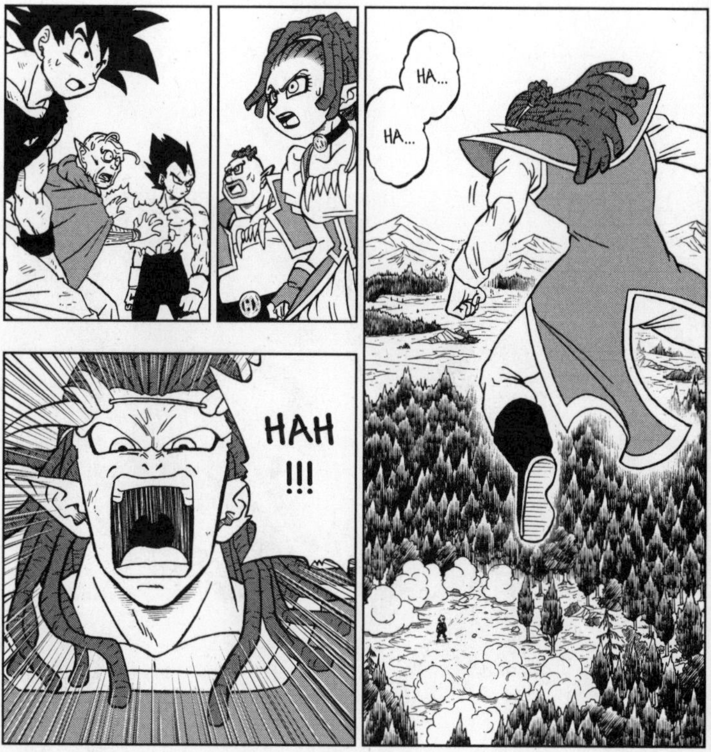

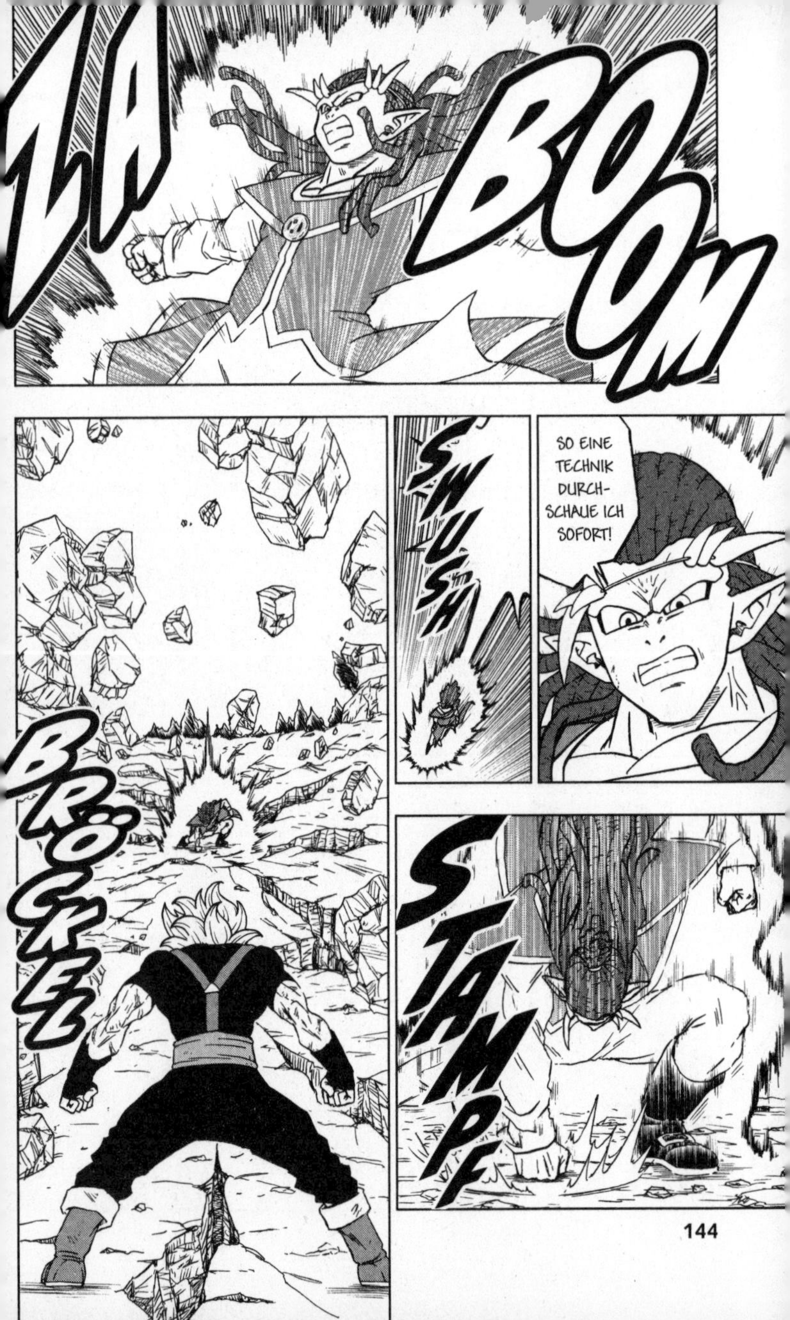
ZA
BOOM
SWUSH
SO EINE TECHNIK DURCHSCHAUE ICH SOFORT!
BRÖCKEL
STAMPF

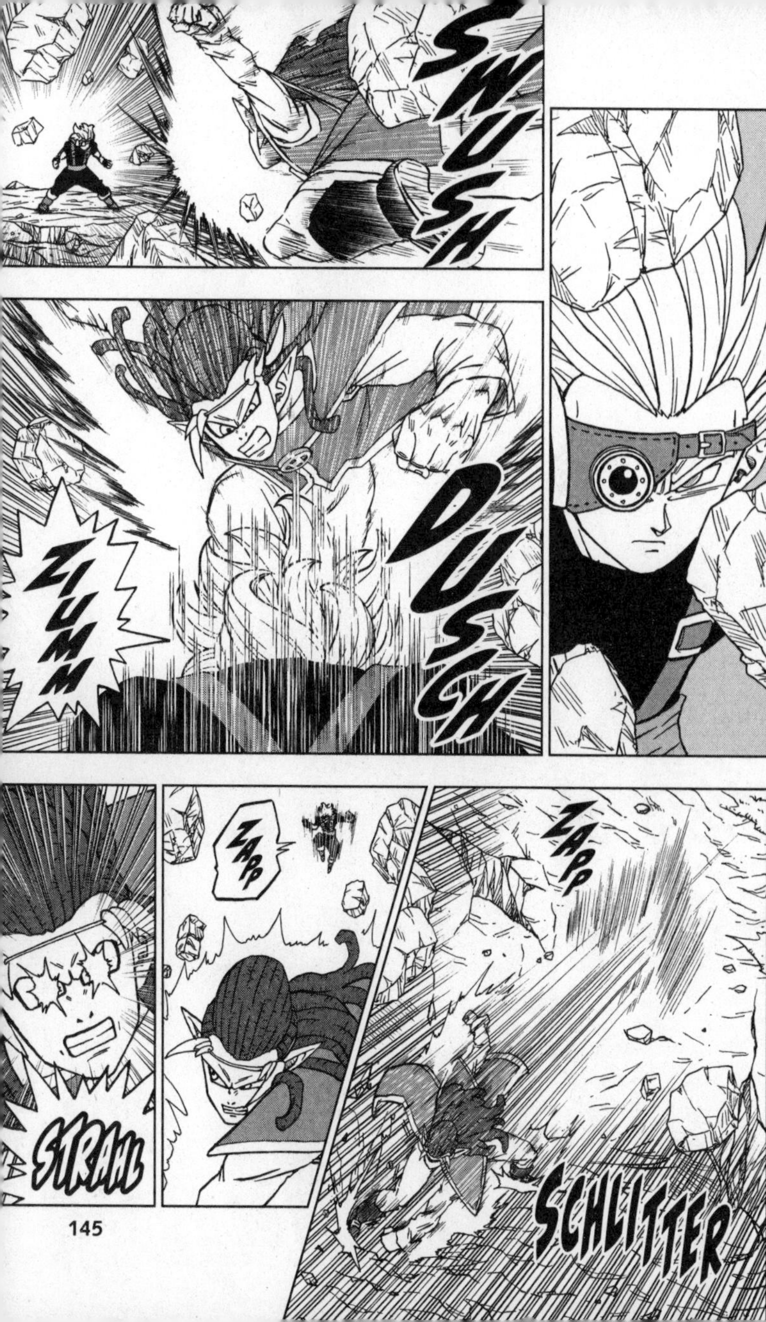
SWUSH
DUSCH
WUMM
ZAPP
ZAPP
STRAHL
SCHLITTER

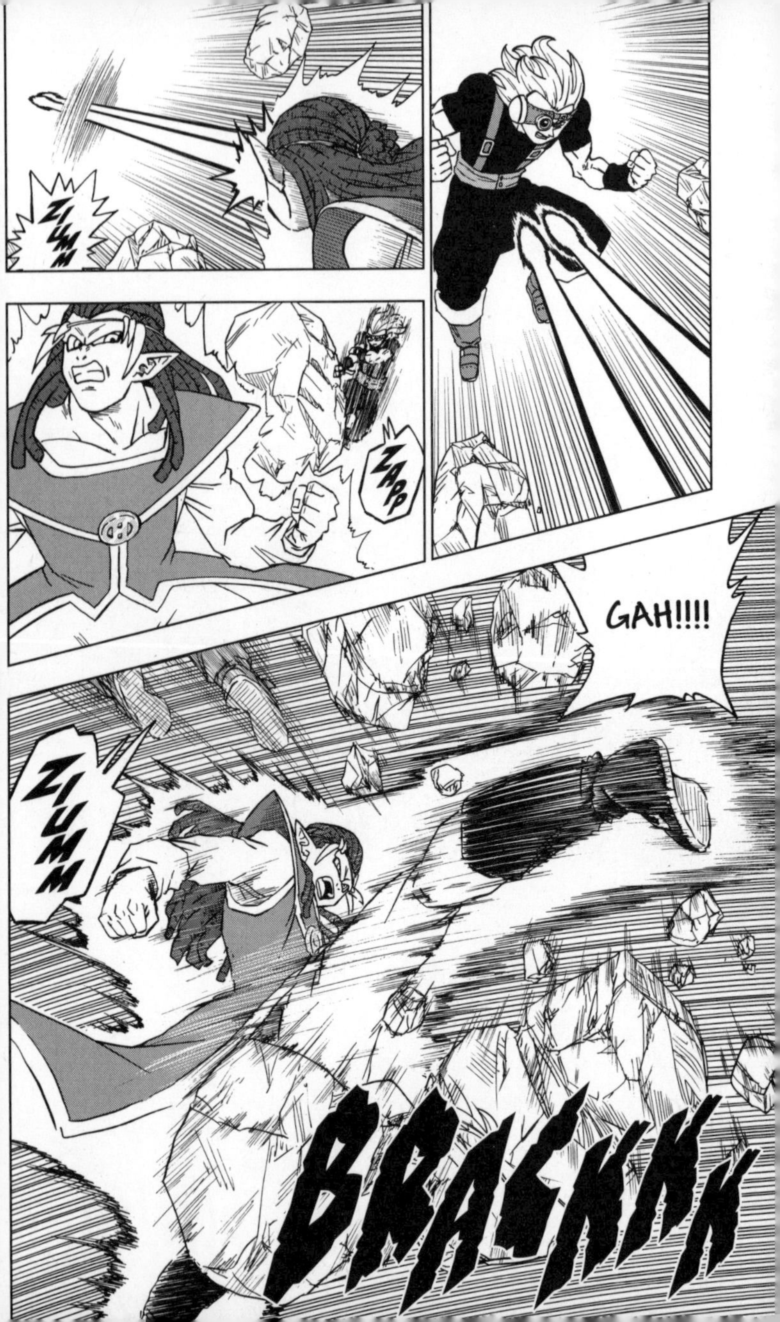
ZIUMM
ZAPP
GAH!!!!
ZIUMM
BRACKKK

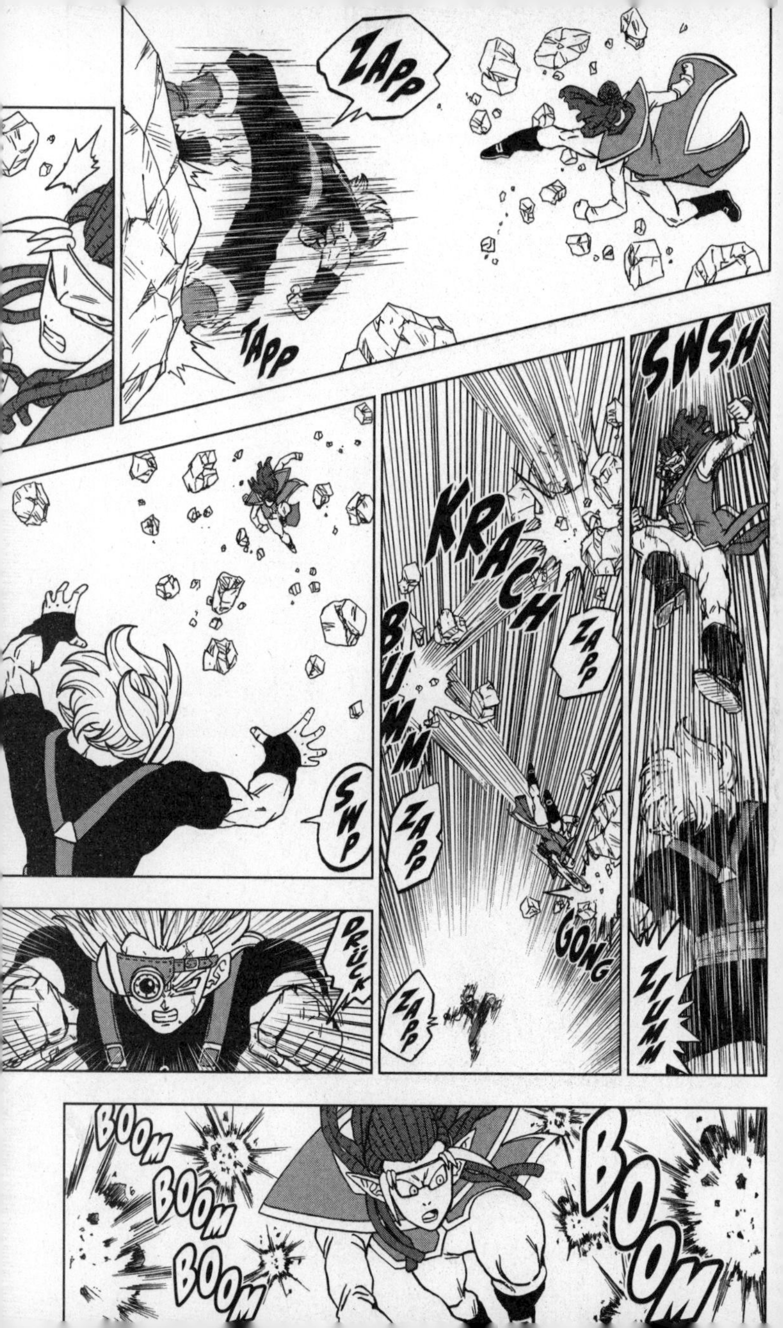
ZAPP
TAPP
SWSH
KRACH
ZAPP
BUMM
ZAPP
GONG
ZAPP
ZIUMM
SWP
DRÜCK
BOOM
BOOM
BOOM
BOOM

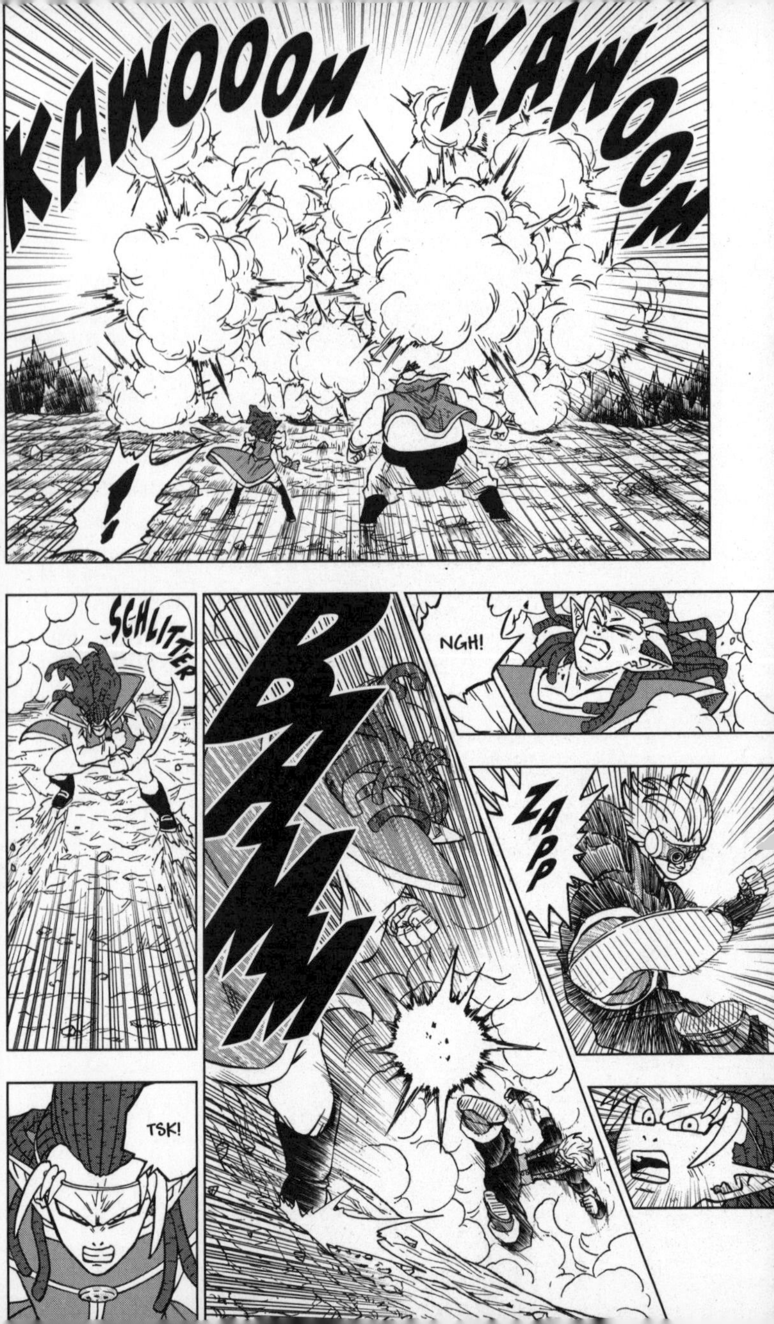

KAWOOOM
KAWOOM
!
NGH!
ZAPP
BAMM
SCHLITTER
TSK!

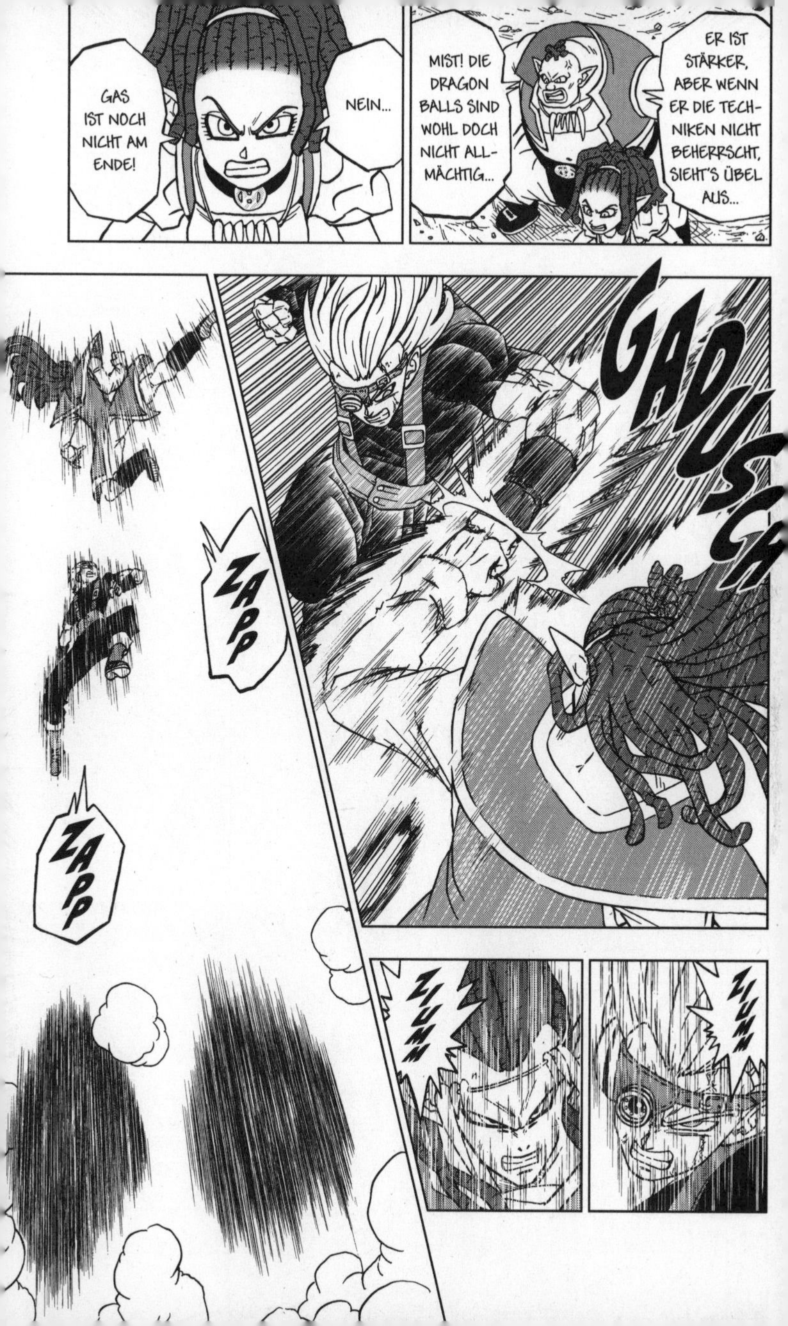

ER IST STÄRKER, ABER WENN ER DIE TECHNIKEN NICHT BEHERRSCHT, SIEHT'S ÜBEL AUS...
MIST! DIE DRAGON BALLS SIND WOHL DOCH NICHT ALLMÄCHTIG...
NEIN...
GAS IST NOCH NICHT AM ENDE!
GADUSCH
ZAPP
ZAPP
ZUUMM
ZUUMM

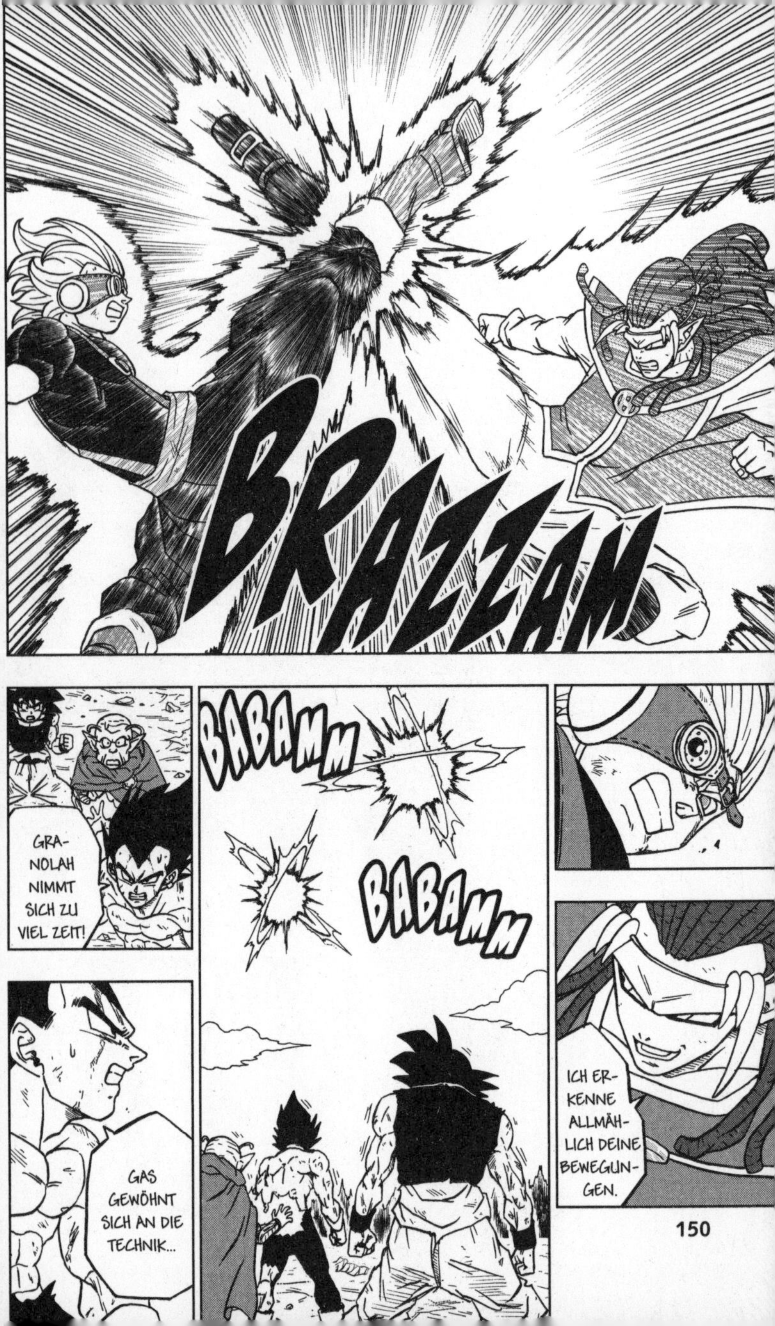
BRAZZAM
ICH ERKENNE ALLMÄHLICH DEINE BEWEGUNGEN.
BABAMM
BABAMM
GRANOLAH NIMMT SICH ZU VIEL ZEIT!
GAS GEWÖHNT SICH AN DIE TECHNIK...

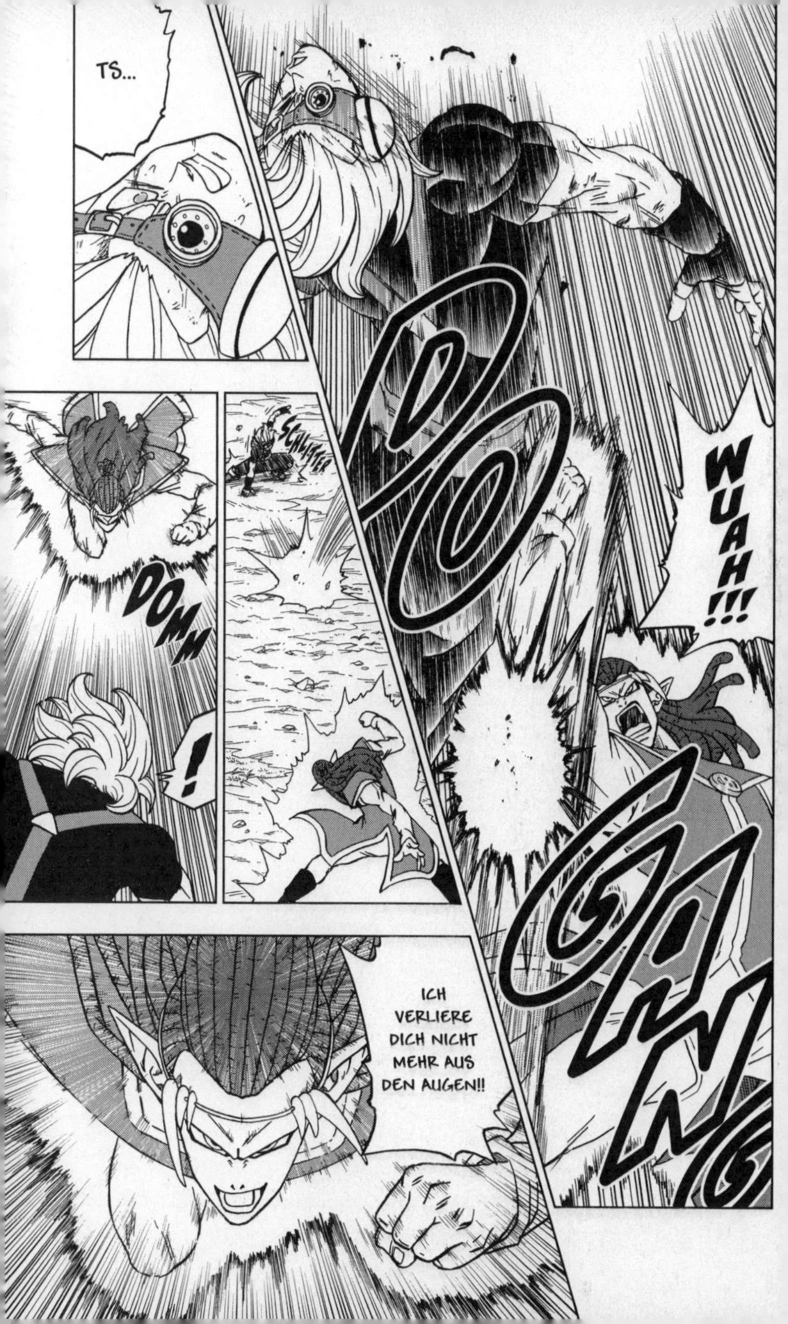

TS...
WUAH!!!
SCHLITTER
DOMM
!
ICH VERLIERE DICH NICHT MEHR AUS DEN AUGEN!!

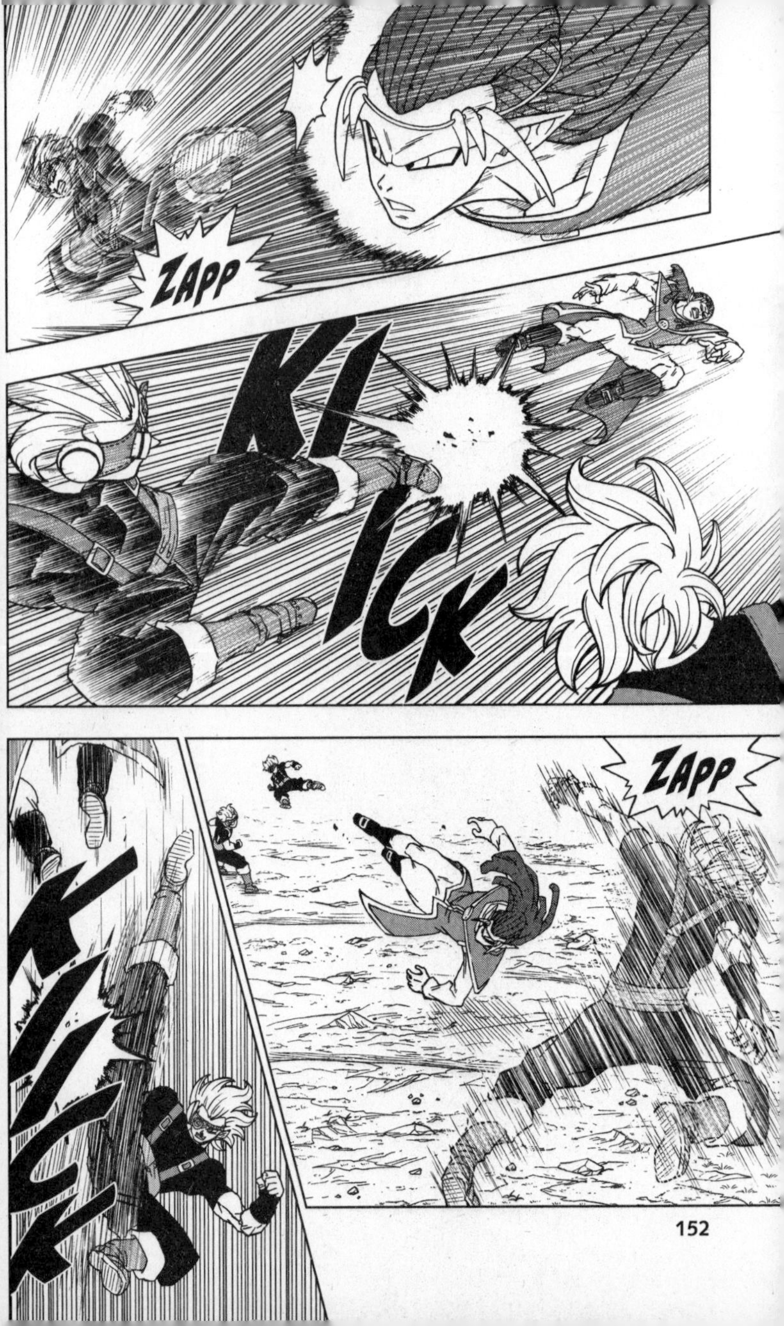
ZAPP
KICK
ZAPP

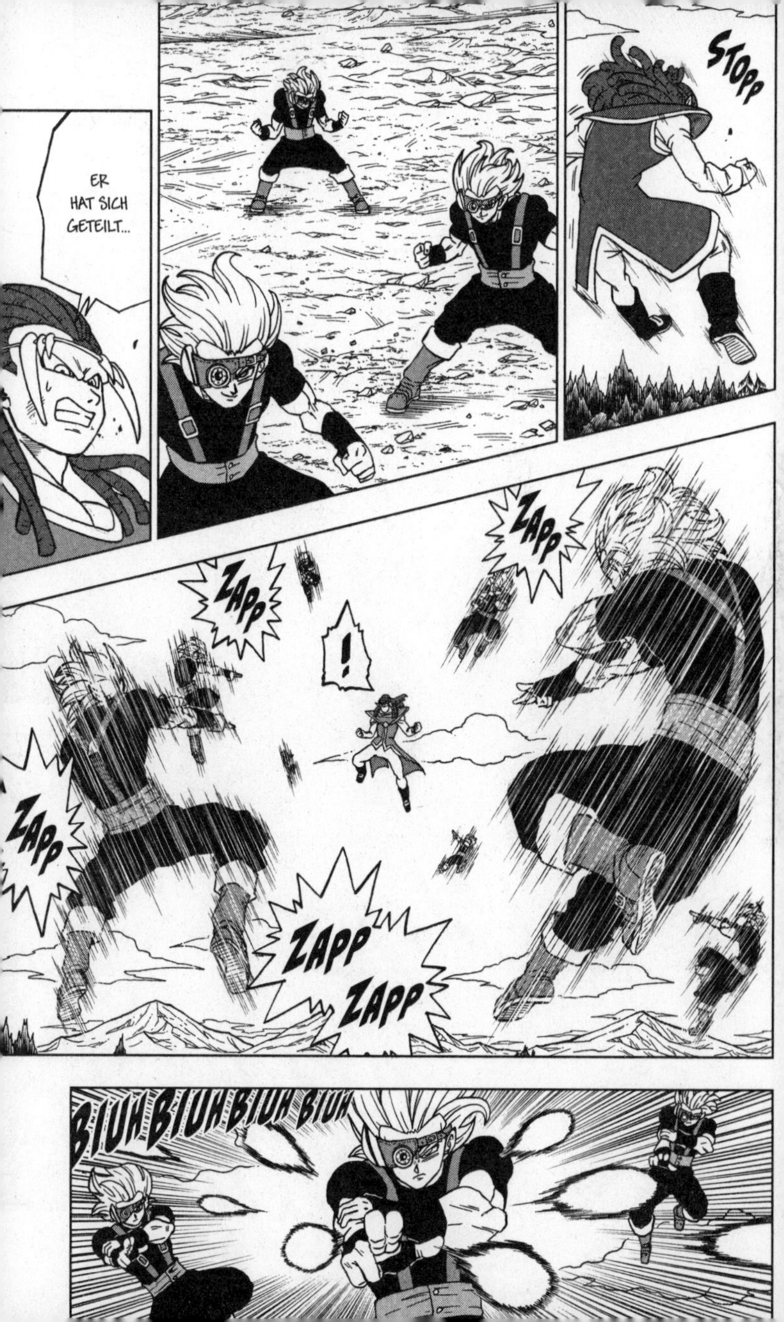

STOPP
ER HAT SICH GETEILT...
ZAPP
ZAPP
!
ZAPP
ZAPP
ZAPP
BIUH BIUH BIUH BIUH

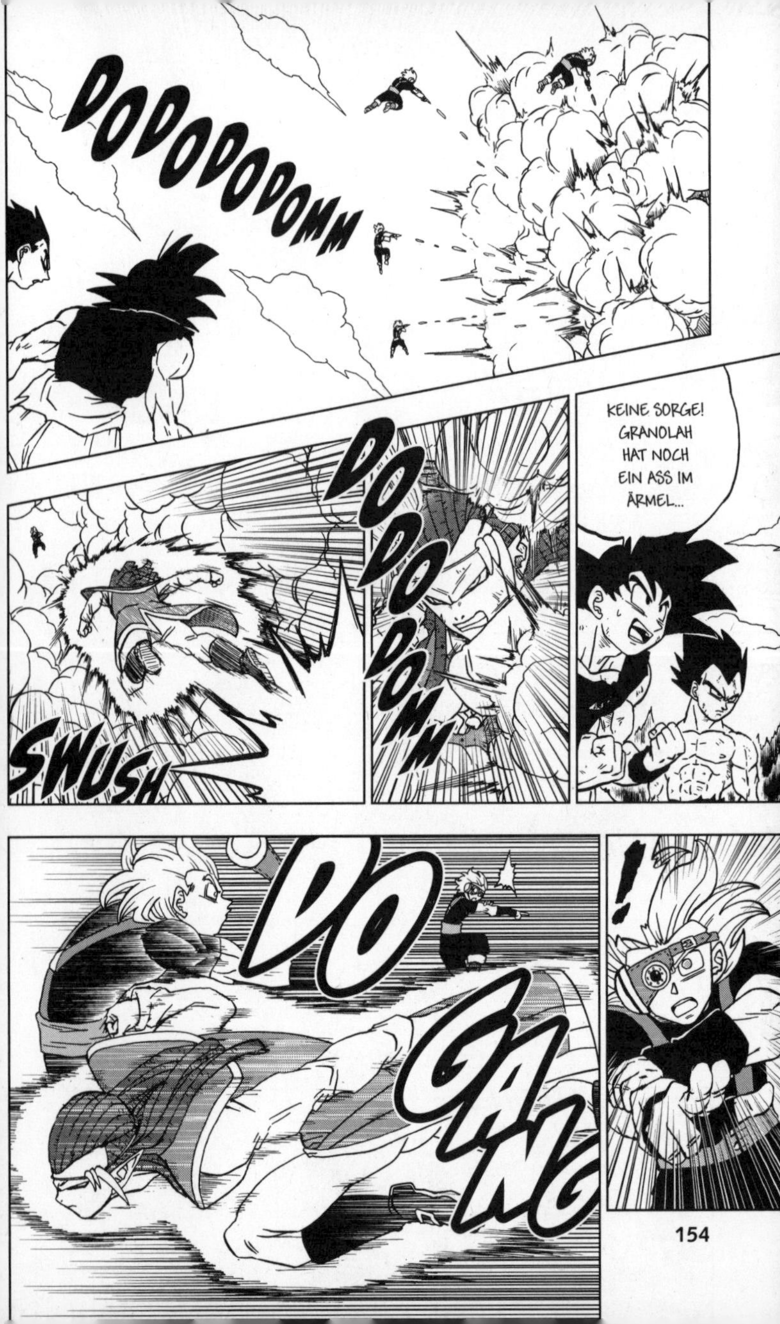
DODODODOMM
KEINE SORGE! GRANOLAH HAT NOCH EIN ASS IM ÄRMEL...
DODODODOMM
SWUSH
!
DOGANG

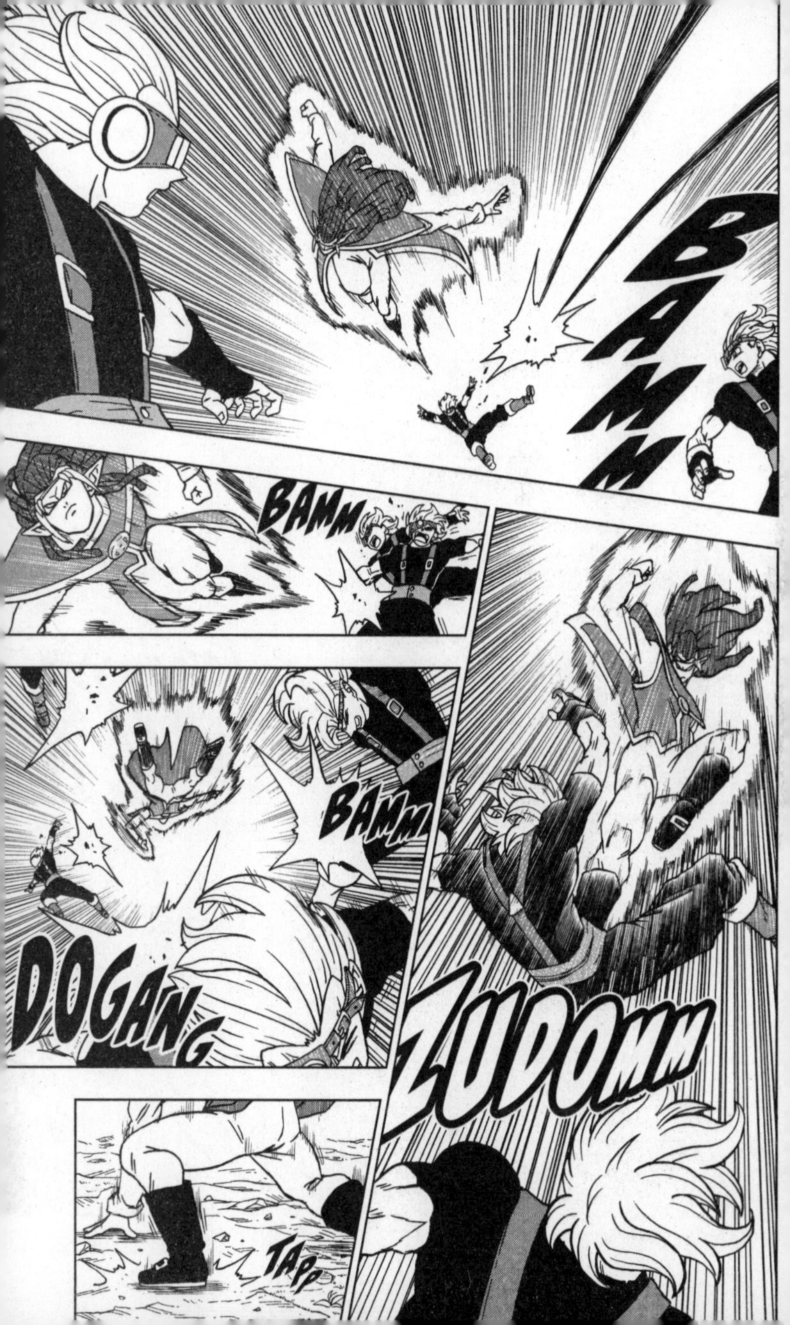

BAMMM
BAMM
ZUDOMM
BAMM
DOGANG
TAPP

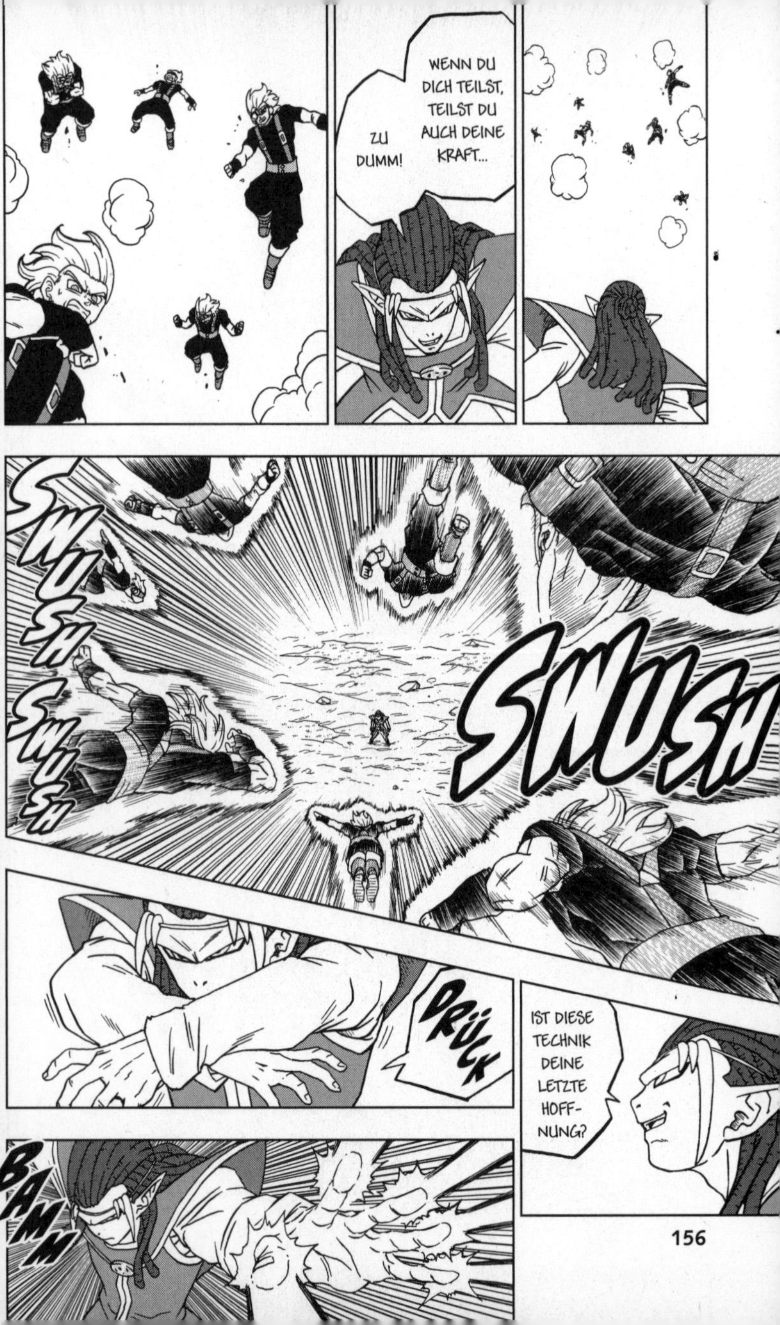
WENN DU DICH TEILST, TEILST DU AUCH DEINE KRAFT...
ZU DUMM!
SWUSH
SWUSH
SWUSH
IST DIESE TECHNIK DEINE LETZTE HOFF-NUNG?
DRÜCK
BAMM

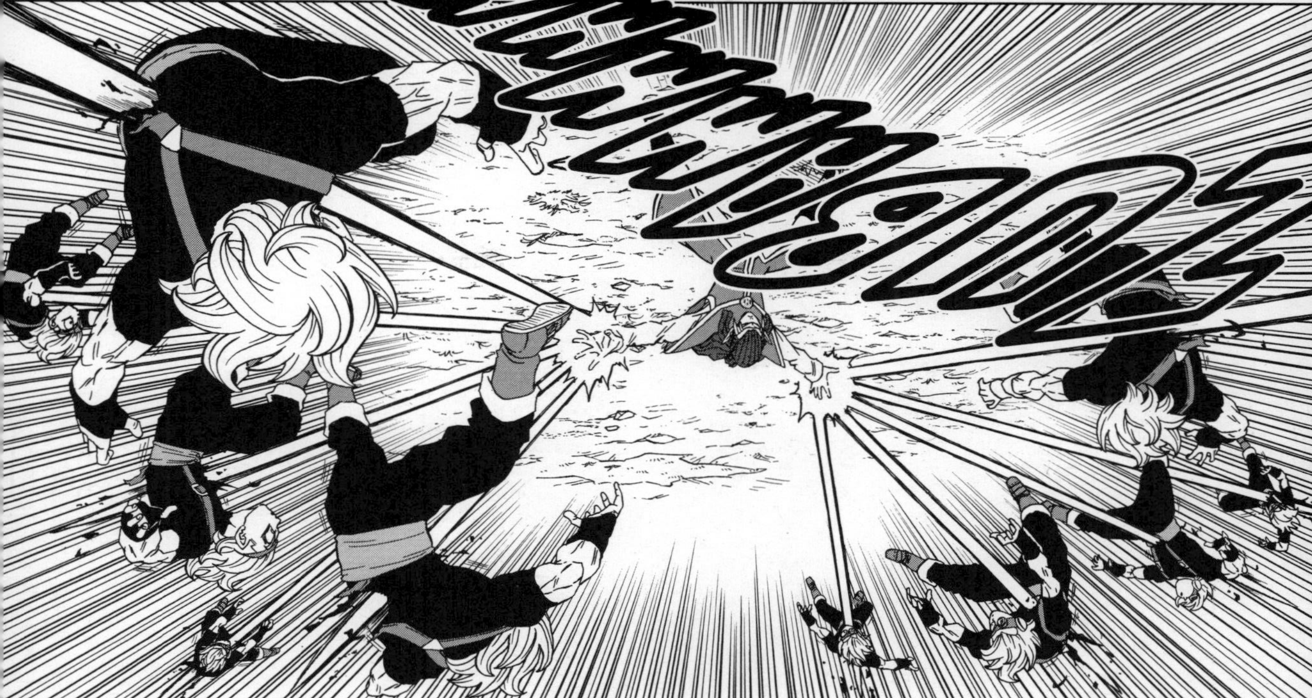

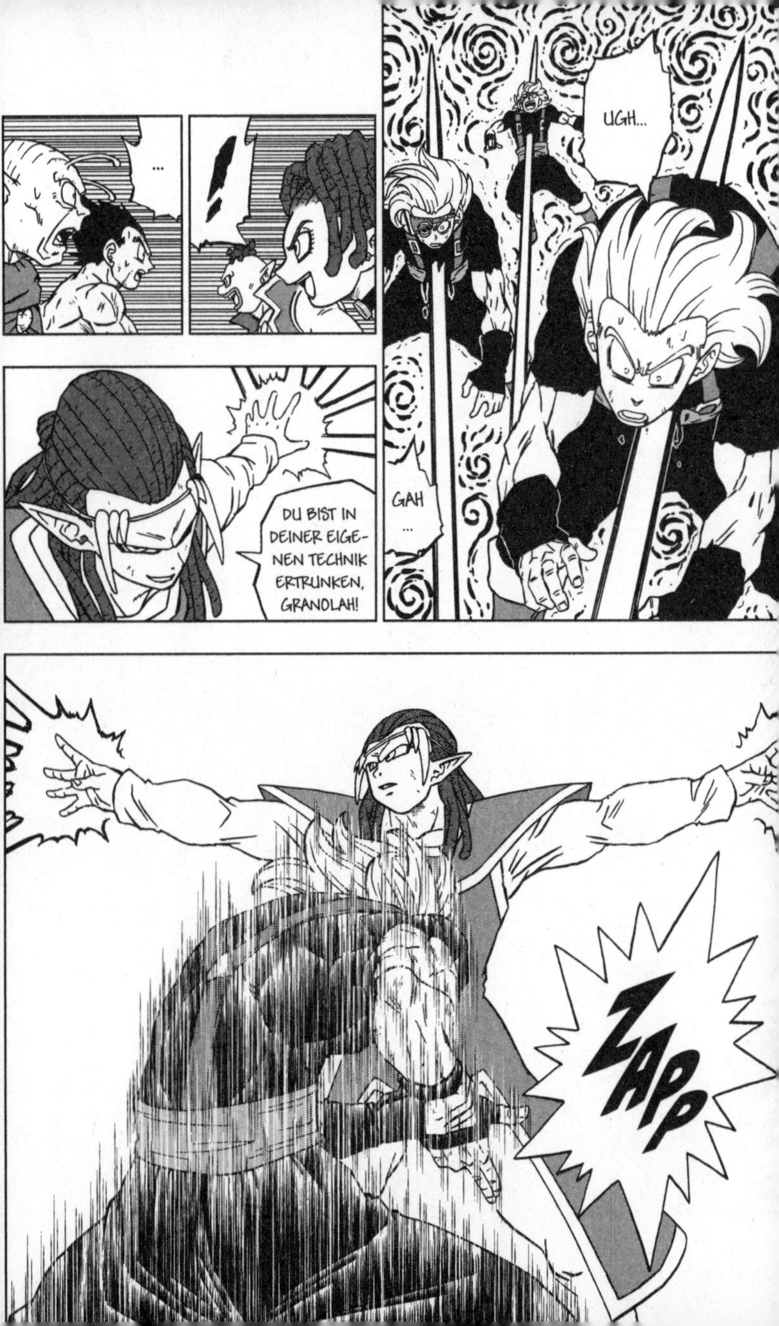
UGH...
GAH ...
!
...
DU BIST IN DEINER EIGENEN TECHNIK ERTRUNKEN, GRANOLAH!
ZAPP

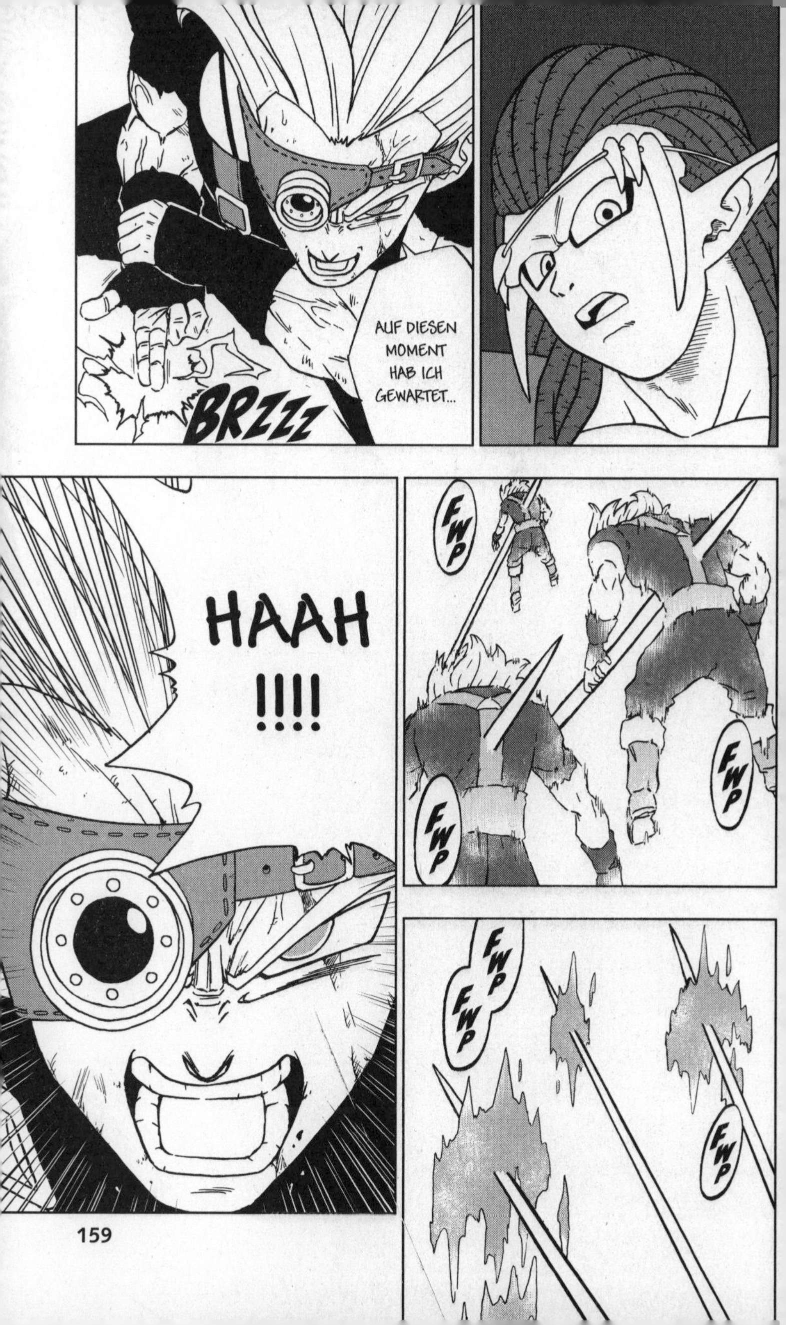
AUF DIESEN MOMENT HAB ICH GEWARTET...
BRZZZ
HAAH !!!!
FWP
FWP
FWP
FWP
FWP
FWP

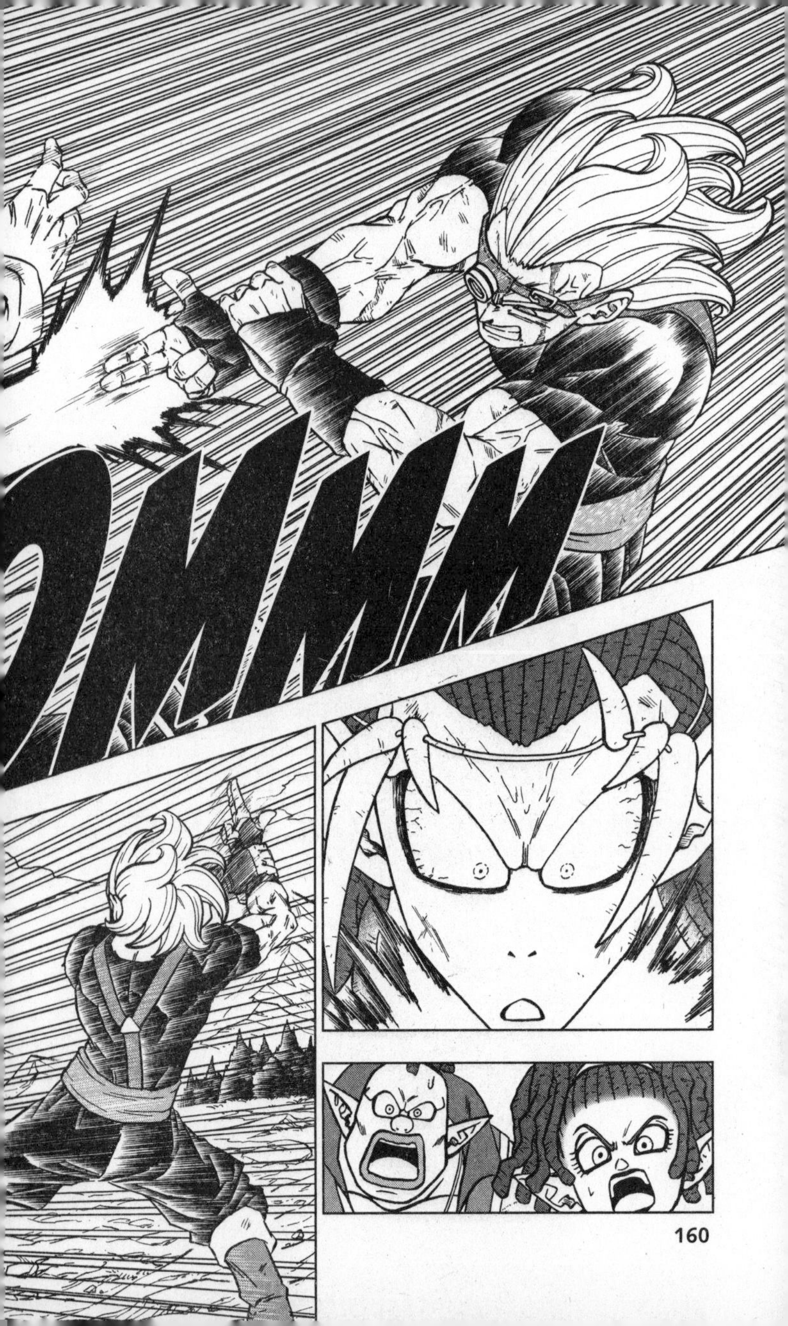

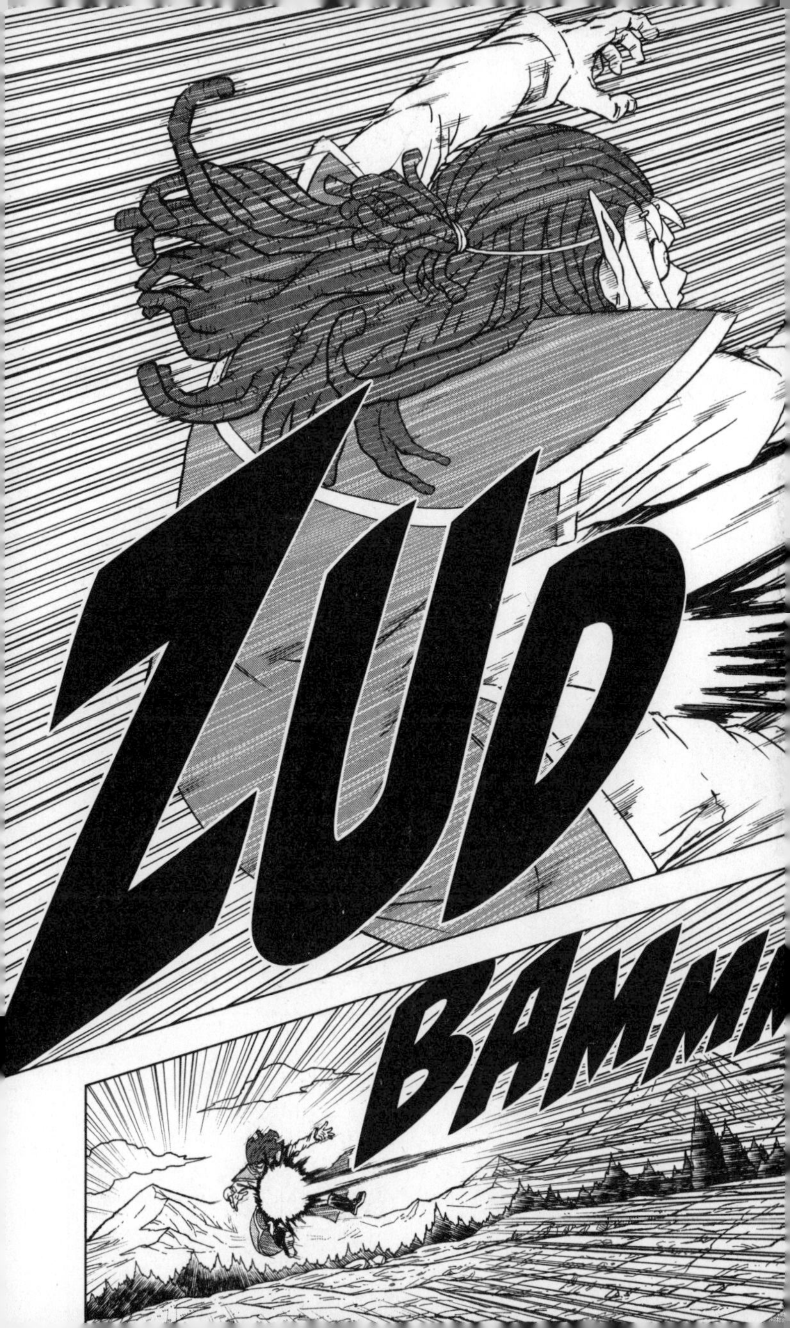
ZUD
BAMM

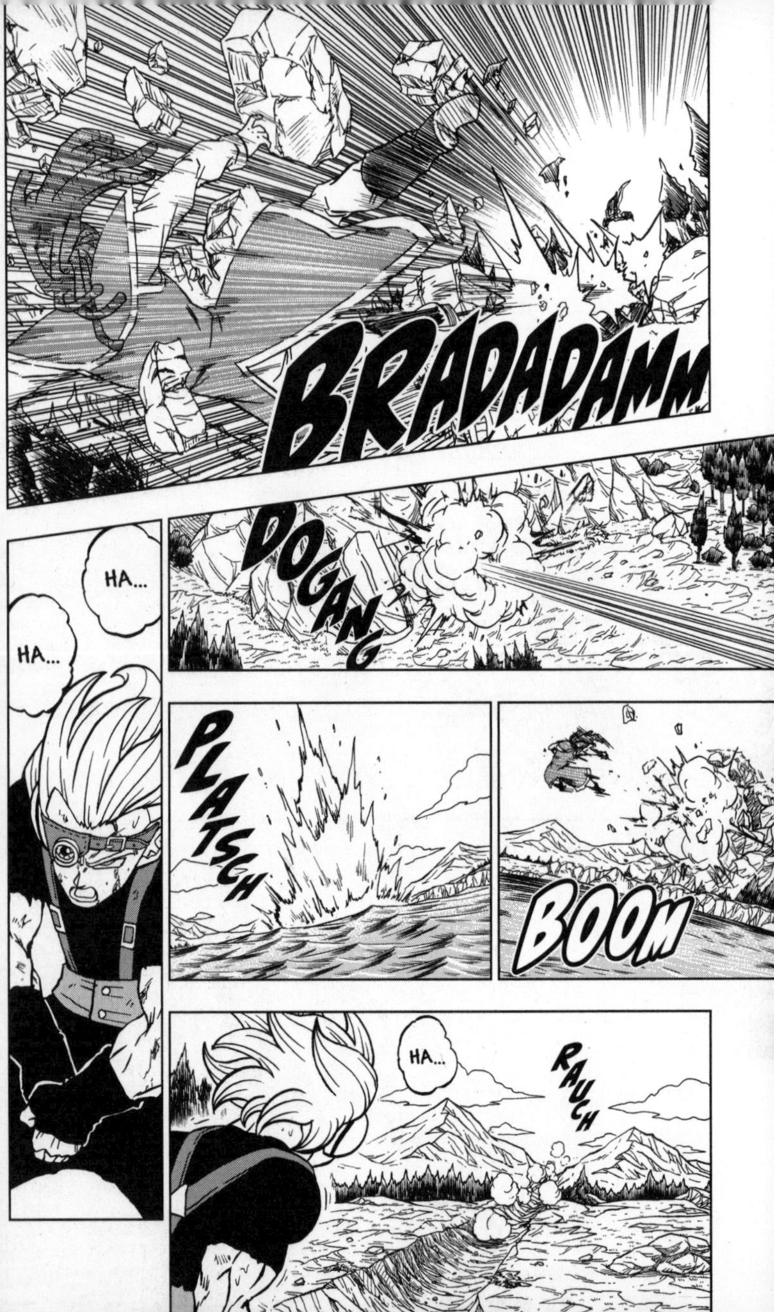
BRADADAMM
DOGANG
BOOM
PLATSCH
HA...
RAUCH
HA...
HA...

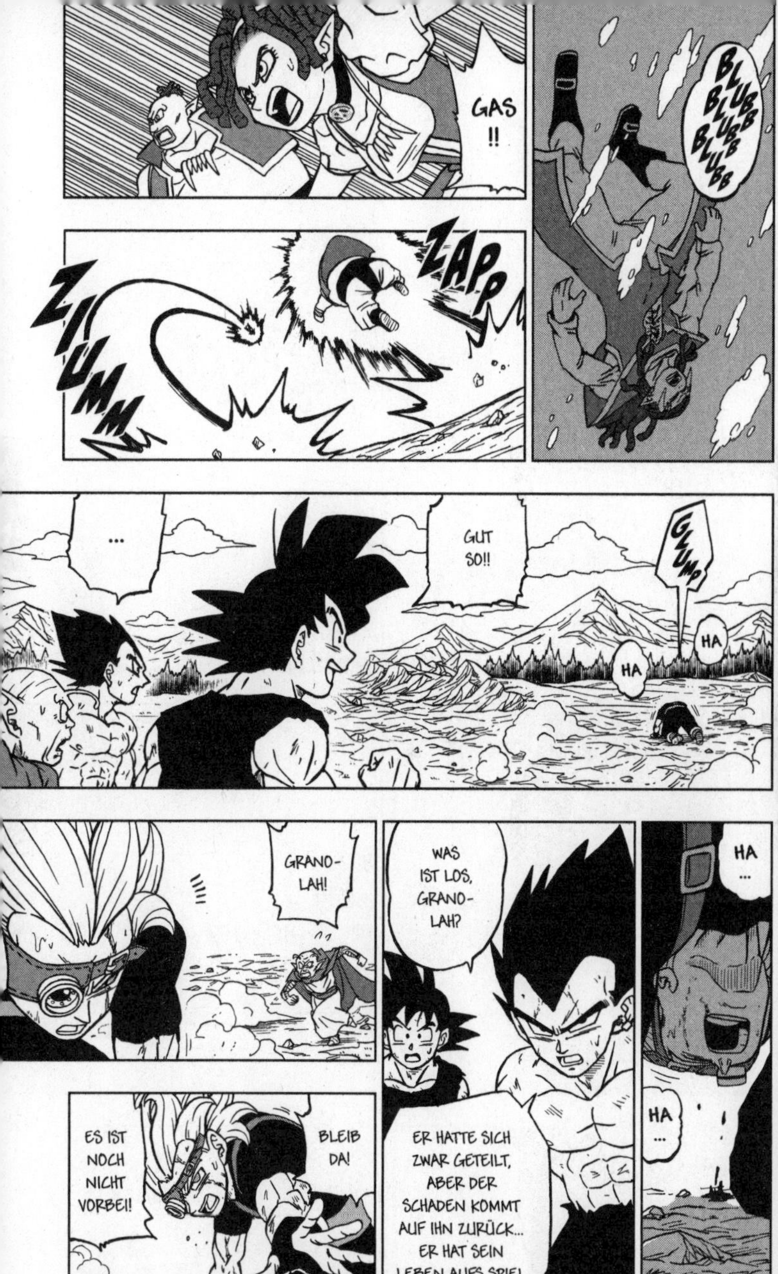
BLUBB BLUBB BLUBB
GAS !!
ZAPP
ZUMMM
GLUMP
HA
HA
GUT SO!!
...
HA ...
HA ...
WAS IST LOS, GRANOLAH?
ER HATTE SICH ZWAR GETEILT, ABER DER SCHADEN KOMMT AUF IHN ZURÜCK... ER HAT SEIN LEBEN AUFS SPIEL GESETZT.
GRANOLAH!
BLEIB DA!
ES IST NOCH NICHT VORBEI!

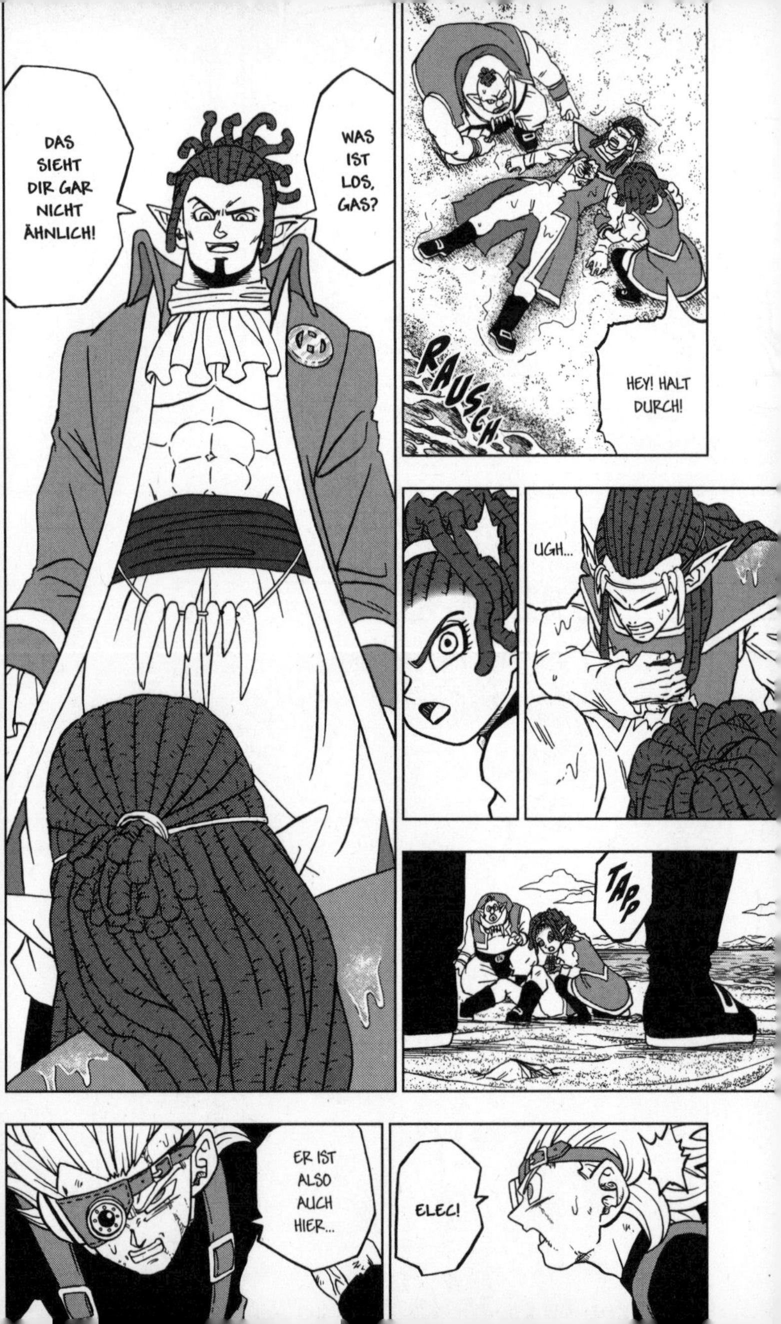
RAUSCH
HEY! HALT DURCH!
UGH...
TAPP
WAS IST LOS, GAS?
DAS SIEHT DIR GAR NICHT ÄHNLICH!
ELEC!
ER IST ALSO AUCH HIER...

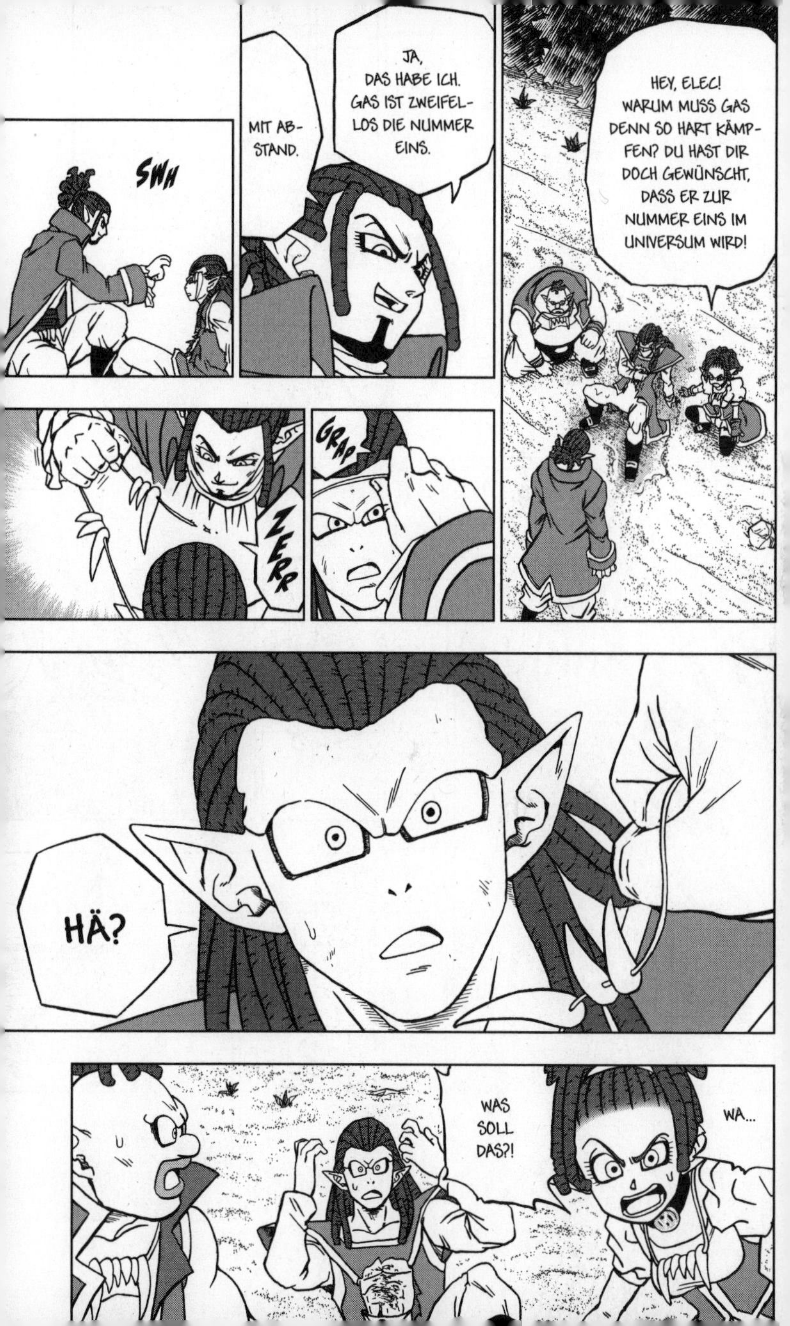
HEY, ELEC! WARUM MUSS GAS DENN SO HART KÄMP-FEN? DU HAST DIR DOCH GEWÜNSCHT, DASS ER ZUR NUMMER EINS IM UNIVERSUM WIRD!
JA, DAS HABE ICH. GAS IST ZWEIFEL-LOS DIE NUMMER EINS.
MIT AB-STAND.
SWH
GRAP
ZERR
HÄ?
WA...
WAS SOLL DAS?!

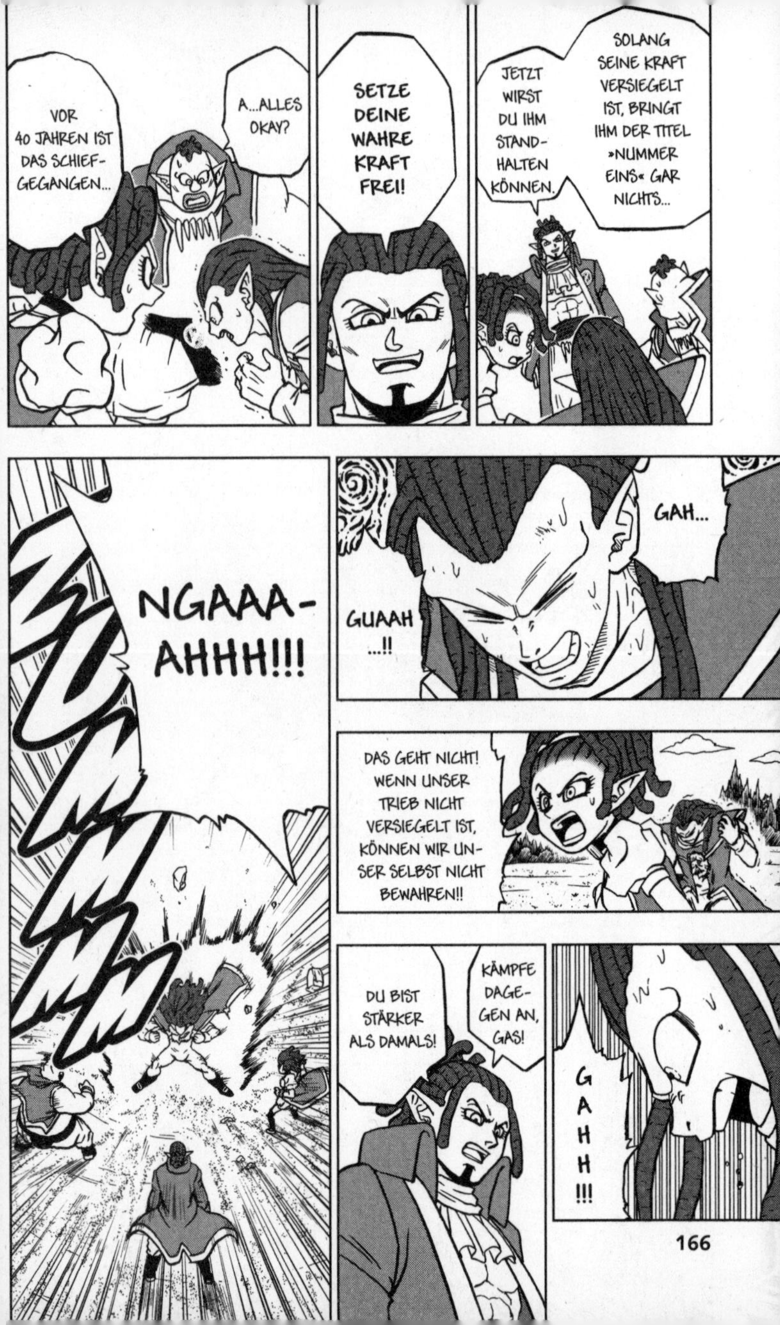
SOLANG SEINE KRAFT VERSIEGELT IST, BRINGT IHM DER TITEL »NUMMER EINS« GAR NICHTS...
JETZT WIRST DU IHM STAND-HALTEN KÖNNEN.
SETZE DEINE WAHRE KRAFT FREI!
A...ALLES OKAY?
VOR 40 JAHREN IST DAS SCHIEF-GEGANGEN...
GAH...
GUAAH ...!!
NGAAA-AHHH!!!
DAS GEHT NICHT! WENN UNSER TRIEB NICHT VERSIEGELT IST, KÖNNEN WIR UN-SER SELBST NICHT BEWAHREN!!
GAHH!!!
KÄMPFE DAGE-GEN AN, GAS!
DU BIST STÄRKER ALS DAMALS!

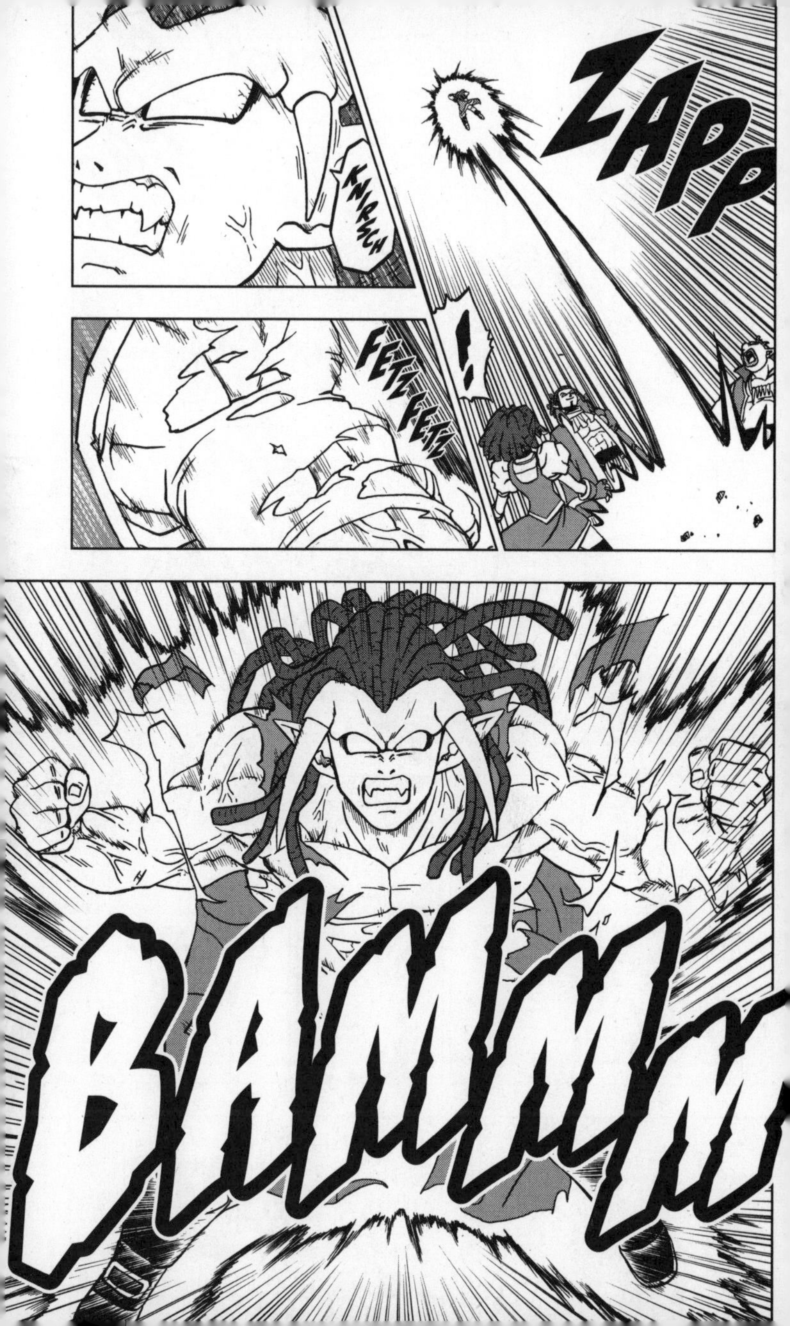

KNIRSCH
ZAPP
FETZ FETZ
!
BAMM

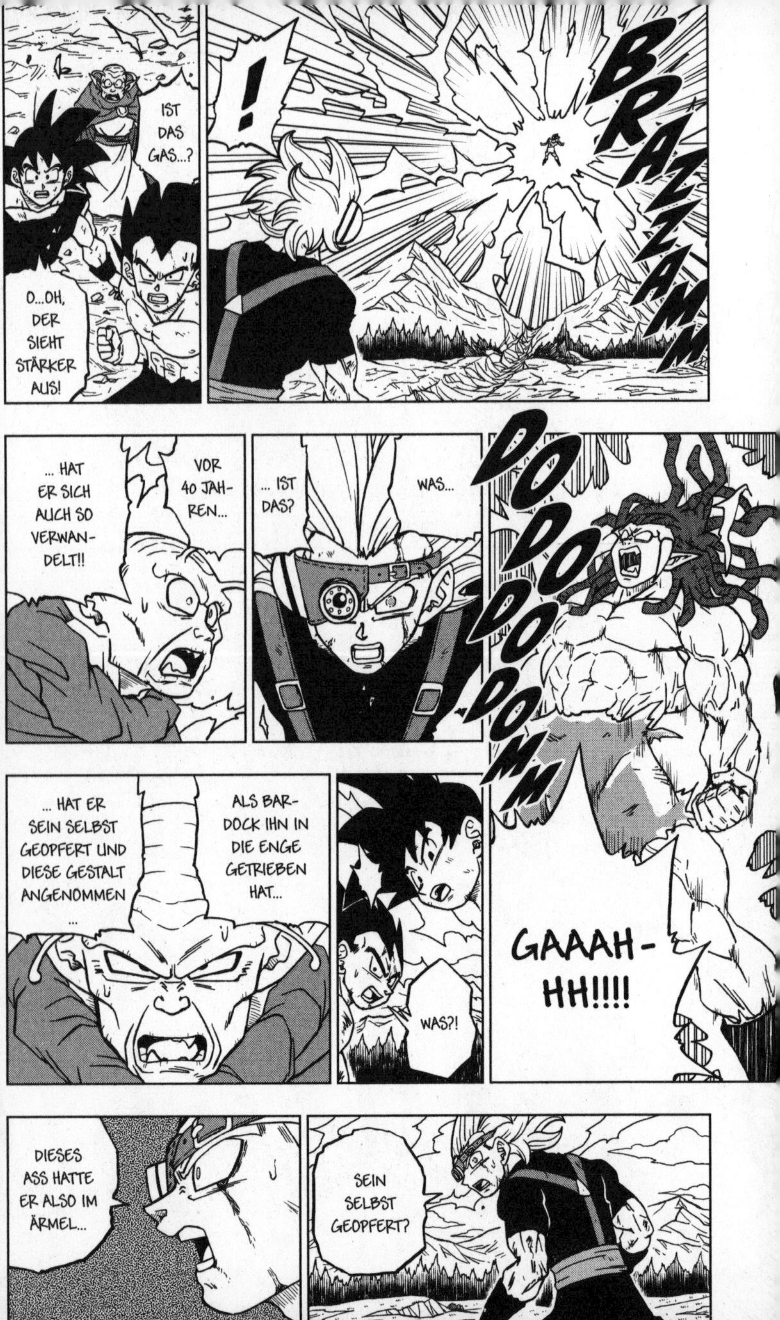
BRAZZAMM
!
IST DAS GAS...?
O...OH, DER SIEHT STÄRKER AUS!
DODODODOMM
WAS...
... IST DAS?
VOR 40 JAHREN...
... HAT ER SICH AUCH SO VERWANDELT!!
GAAAH-HH!!!!
WAS?!
ALS BARDOCK IHN IN DIE ENGE GETRIEBEN HAT...
... HAT ER SEIN SELBST GEOPFERT UND DIESE GESTALT ANGENOMMEN ...
SEIN SELBST GEOPFERT?
DIESES ASS HATTE ER ALSO IM ÄRMEL...

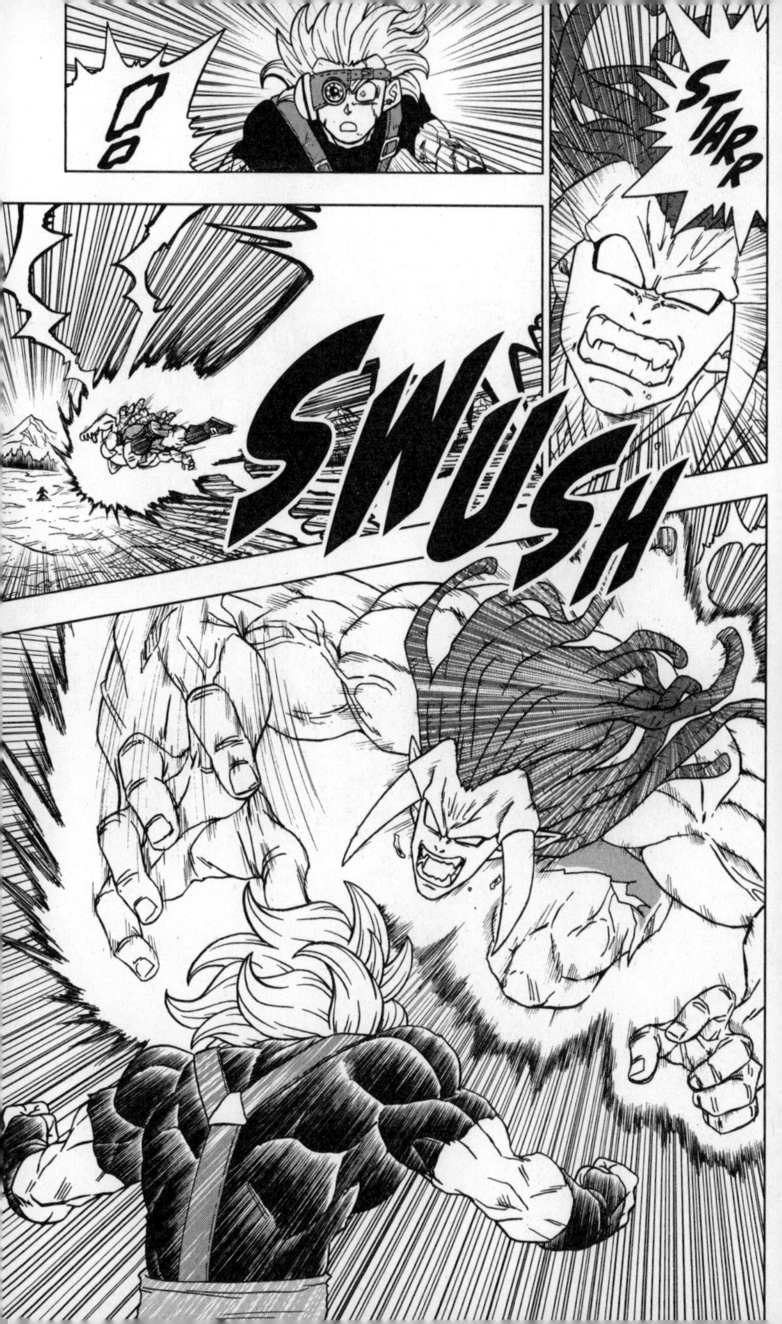
STARR
SWUSH

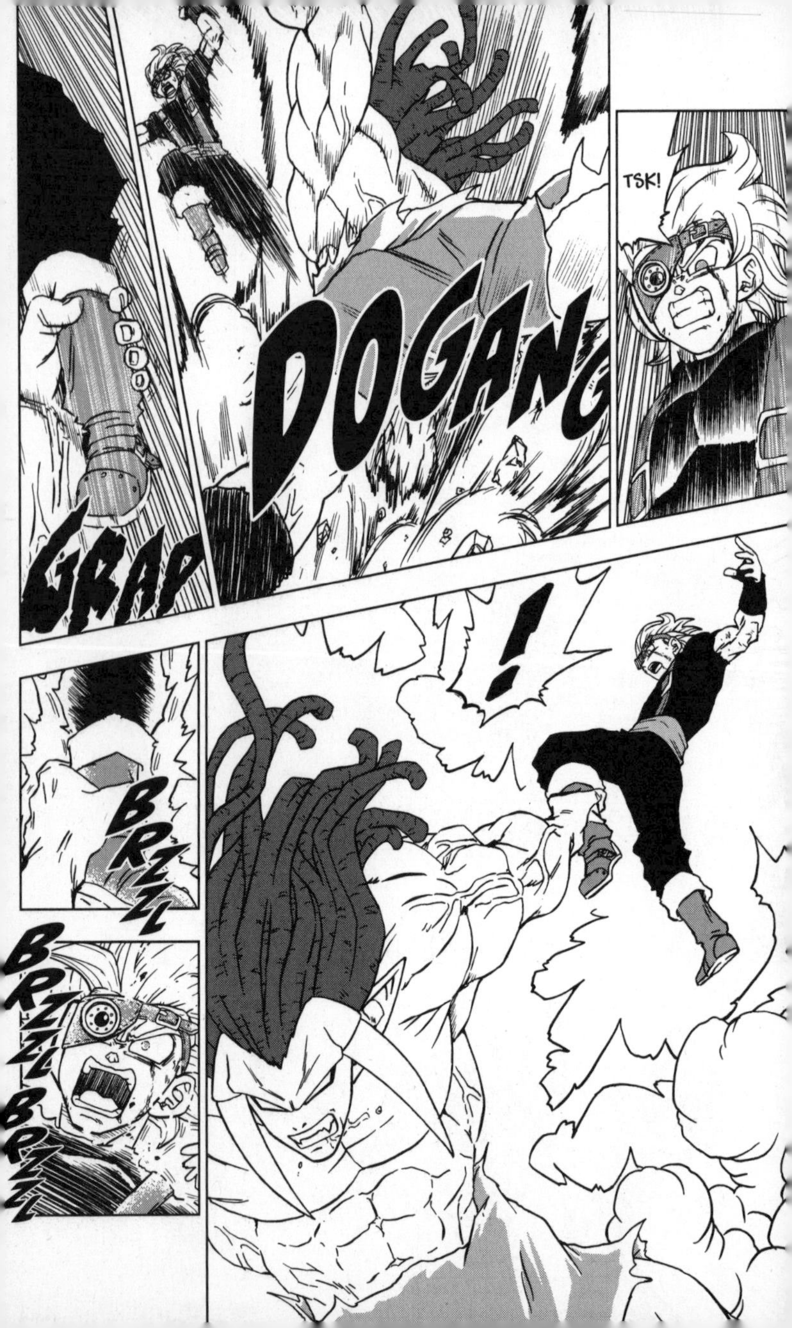
TSK!
DOGANG
GRAP
!
BRZZZZ
BRZZZZ
BRZZZZ

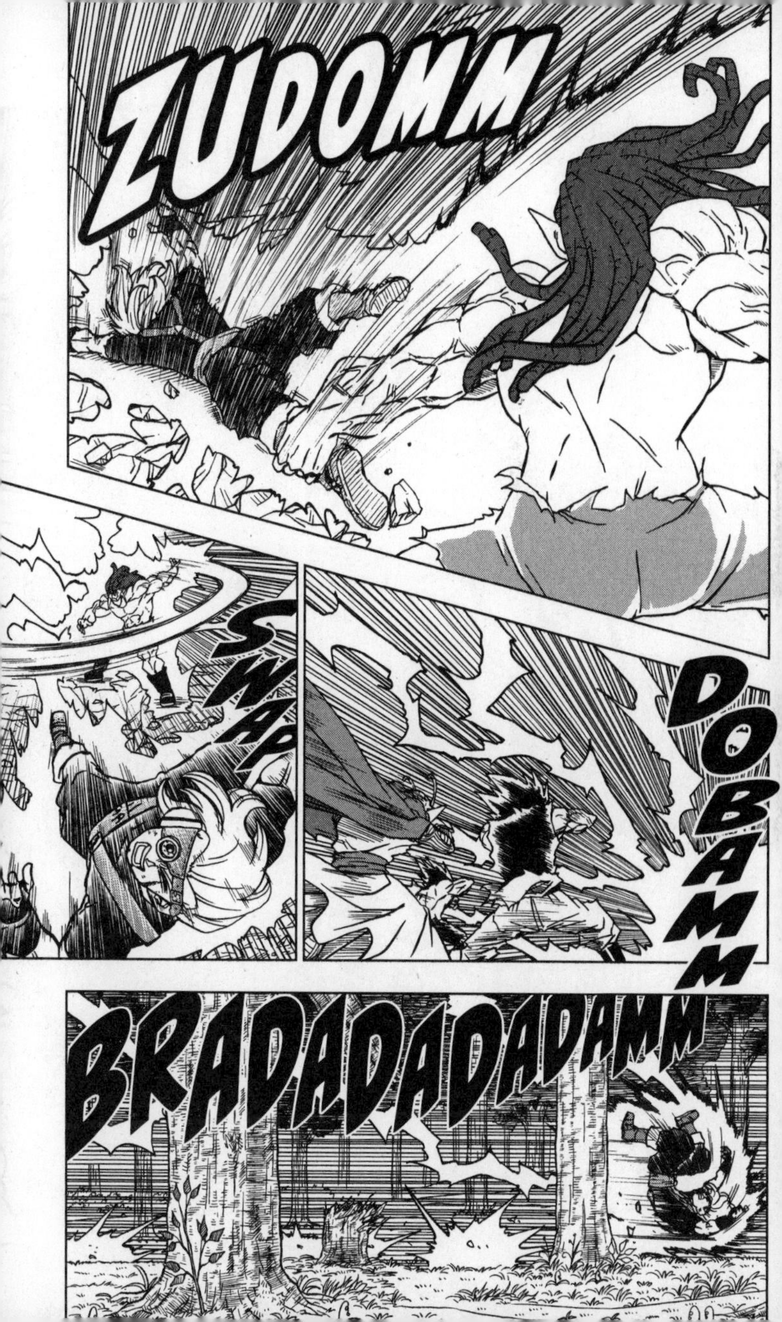
ZUDOMM
DOBAMM
SWAP
BRADADADADAMM

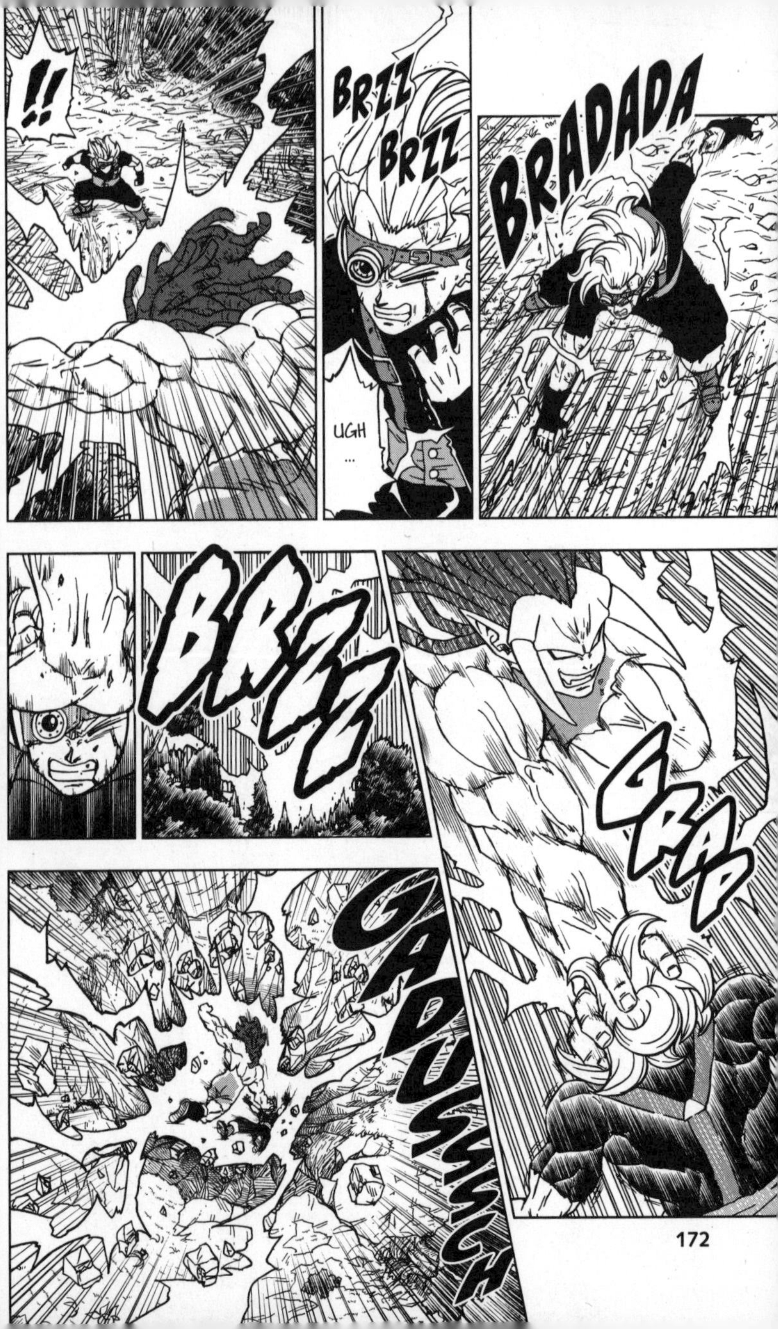

!!
BRZZ BRZZ
UGH ...
BRADADA
BRZZ
GRAB

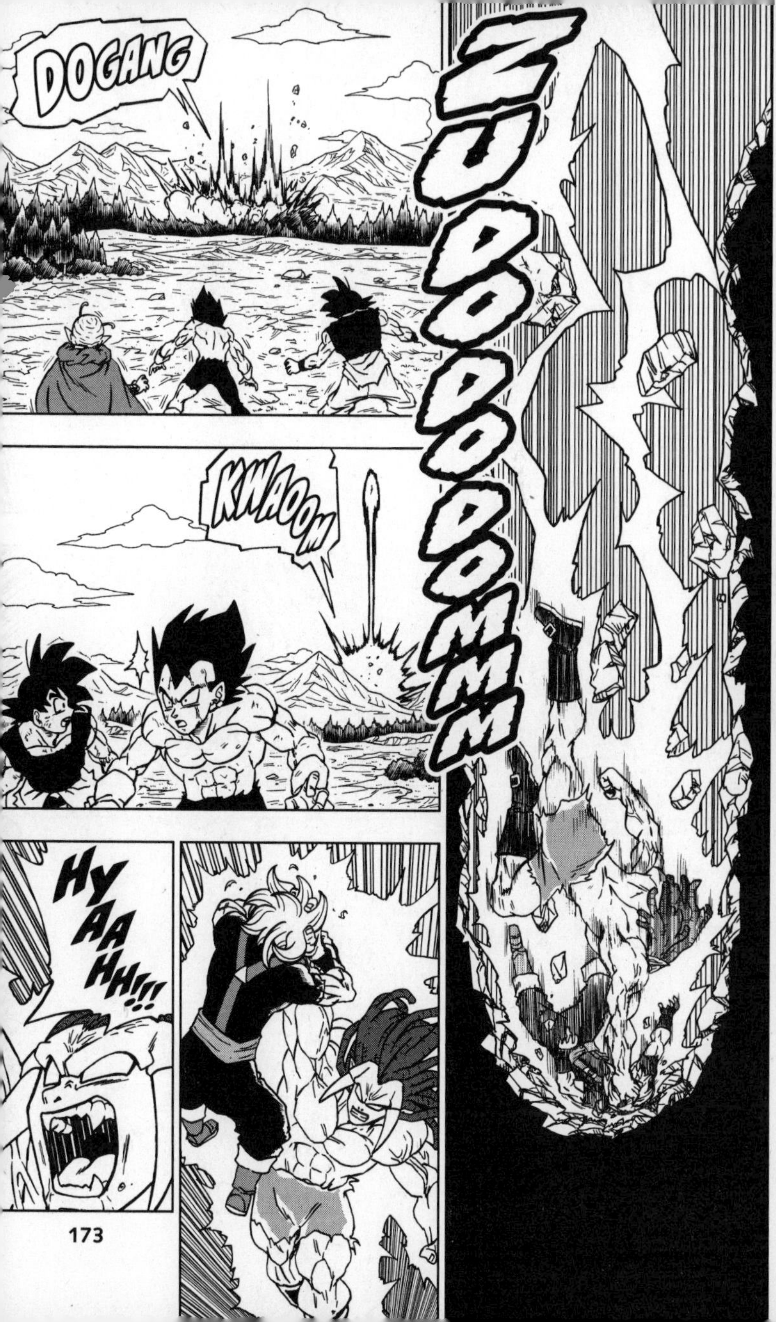
ZUDODODOMMM
DOGANG
KWAOOM
HYAAHH!!!

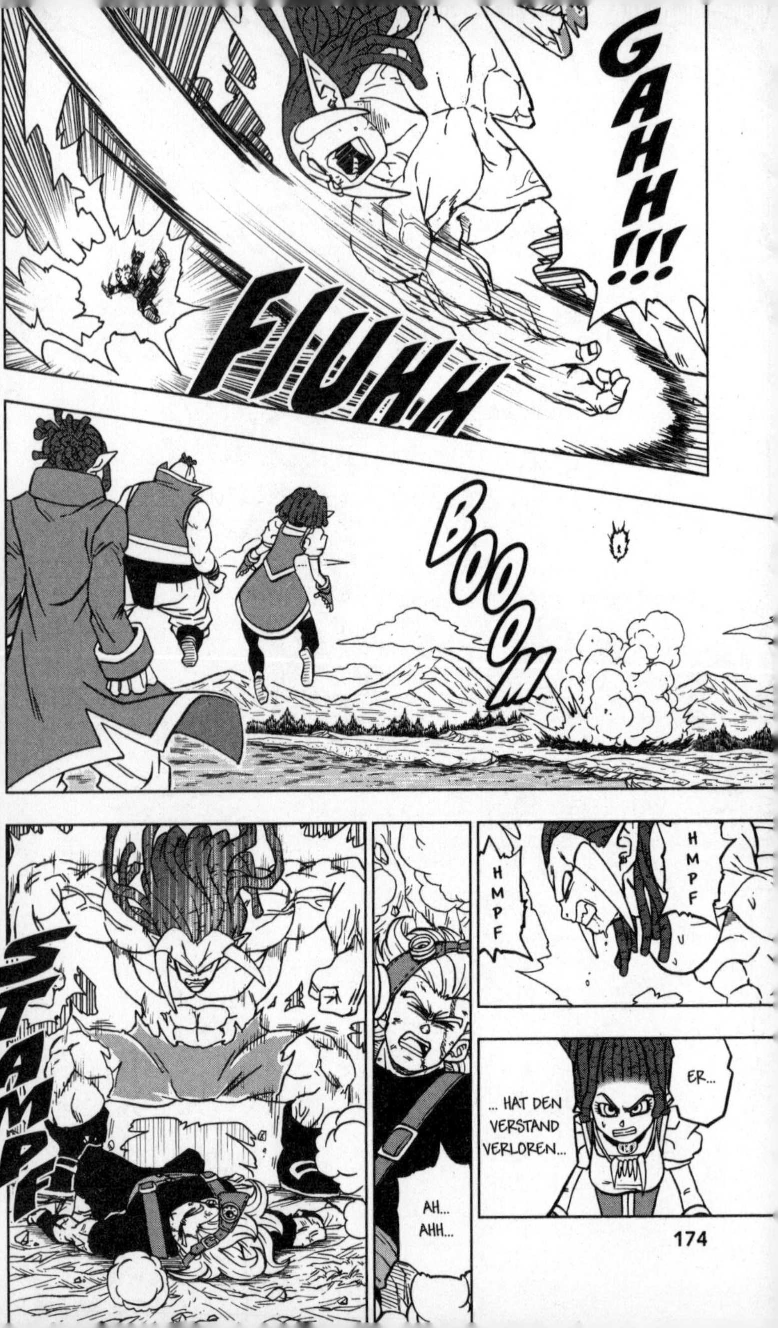
GAHH!!!
FLUHH
BOOOM
HMPF
HMPF
ER...
... HAT DEN VERSTAND VERLOREN...
AH... AHH...
STAMPF

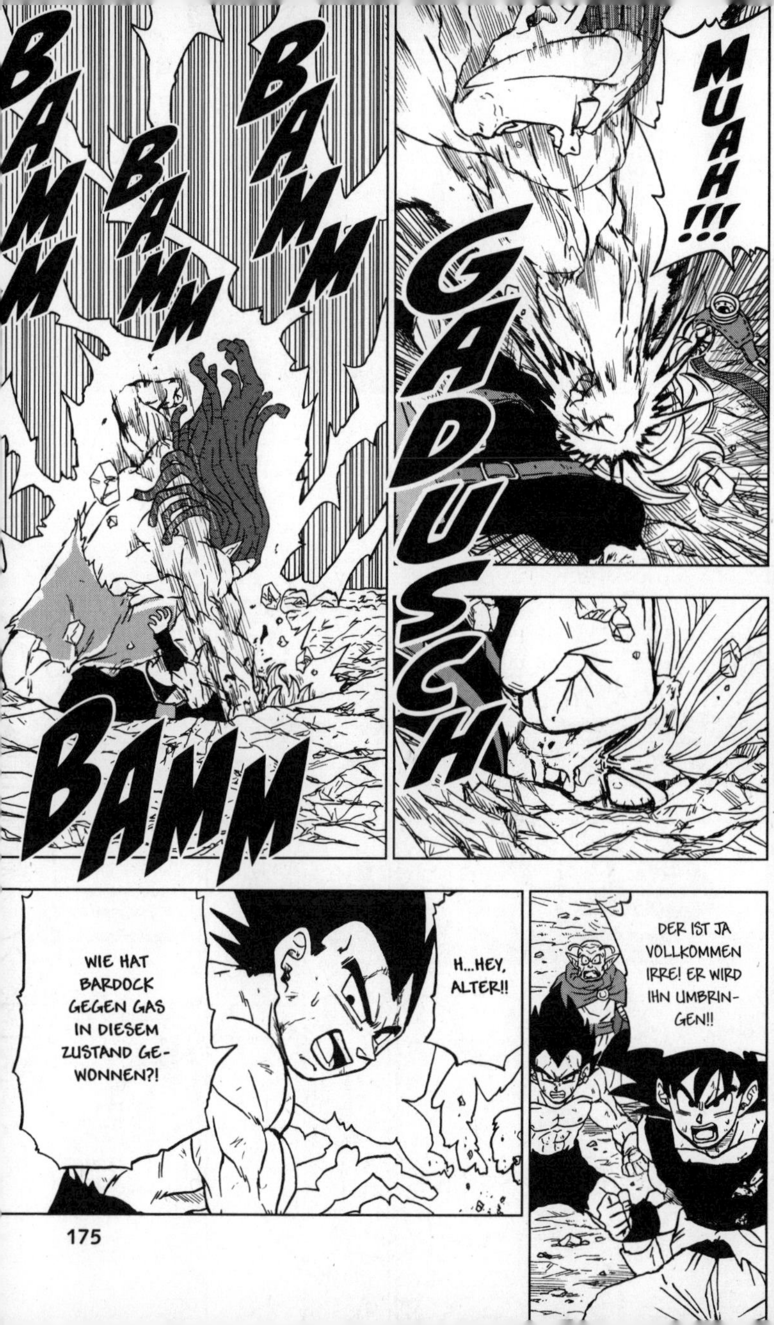
BAMMM
BAMMM
BAMMM
BAMM
MUAH!!!
GADUSCH
WIE HAT BARDOCK GEGEN GAS IN DIESEM ZUSTAND GE-WONNEN?!
H...HEY, ALTER!!
DER IST JA VOLLKOMMEN IRRE! ER WIRD IHN UMBRIN-GEN!!

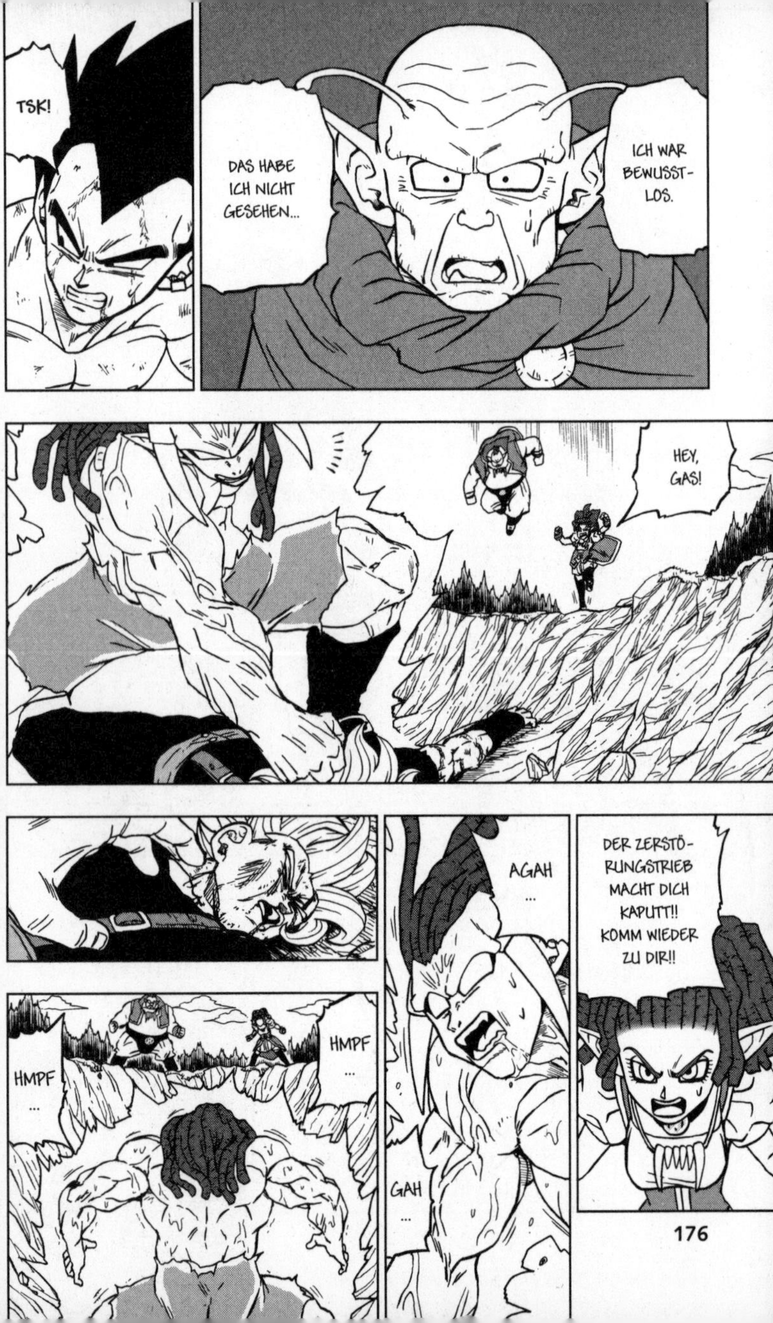
ICH WAR BEWUSST-LOS.
DAS HABE ICH NICHT GESEHEN...
TSK!
HEY, GAS!
DER ZERSTÖ-RUNGSTRIEB MACHT DICH KAPUTT!! KOMM WIEDER ZU DIR!!
AGAH ...
GAH ...
HMPF ...
HMPF ...

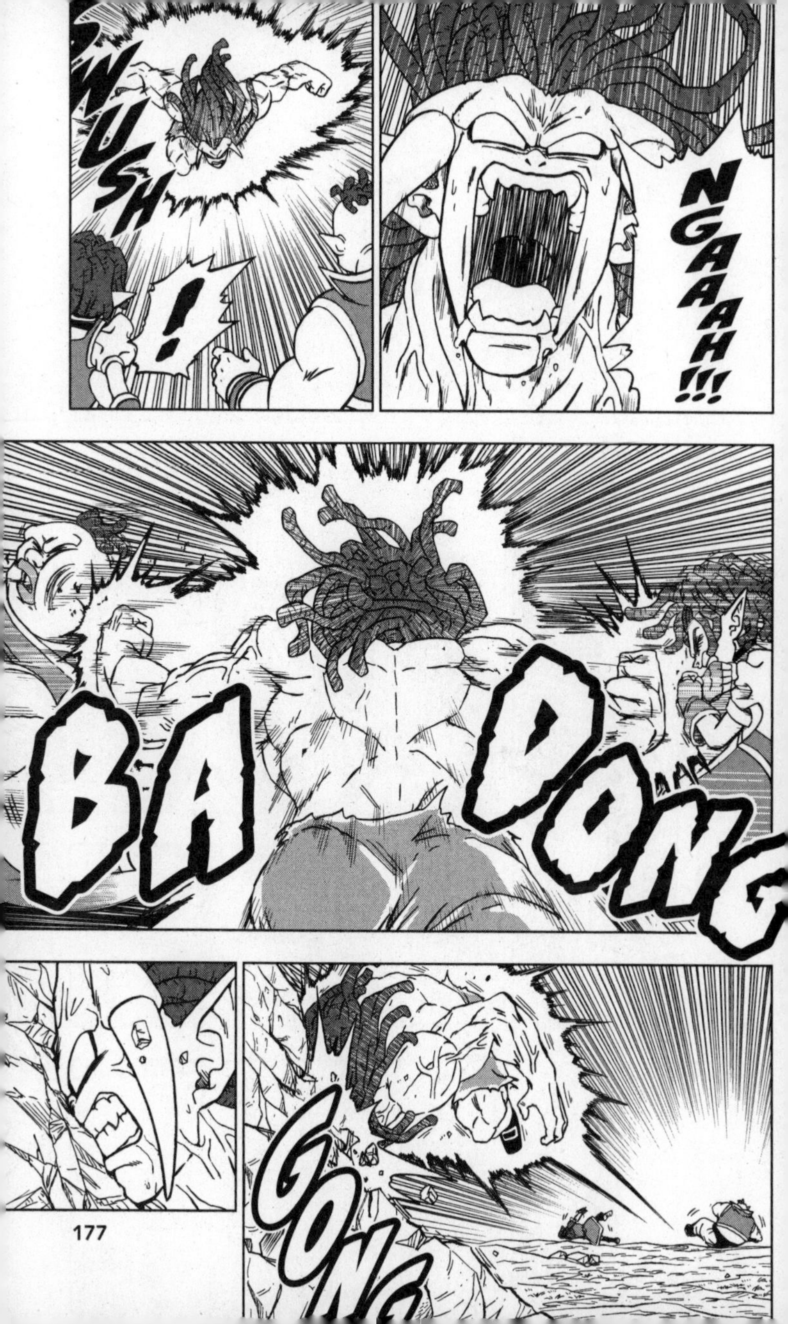
NGAAAH!!!
WUSH
!
BA DONG
GONG

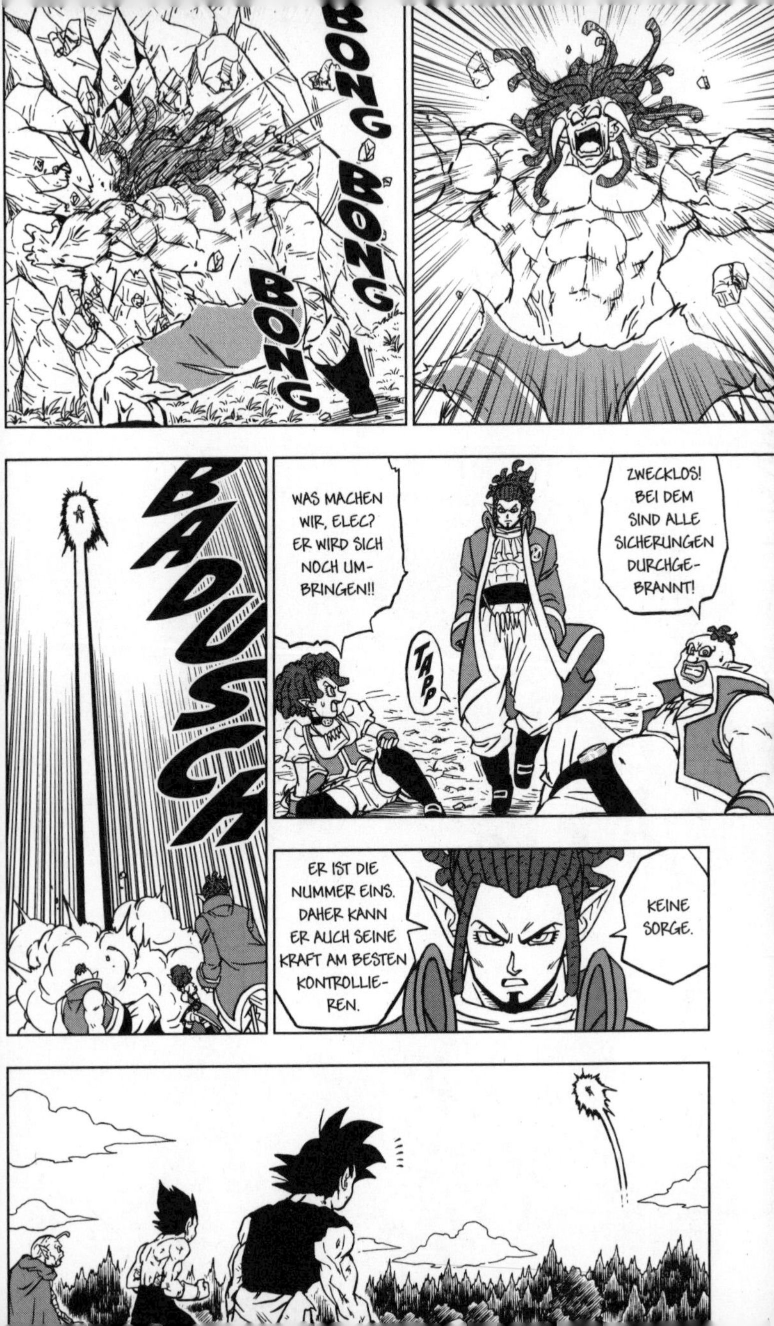
BONG BONG BONG
ZWECKLOS! BEI DEM SIND ALLE SICHERUNGEN DURCHGE-BRANNT!
WAS MACHEN WIR, ELEC? ER WIRD SICH NOCH UM-BRINGEN!!
TAPP
BADUSCH
KEINE SORGE.
ER IST DIE NUMMER EINS. DAHER KANN ER AUCH SEINE KRAFT AM BESTEN KONTROLLIE-REN.

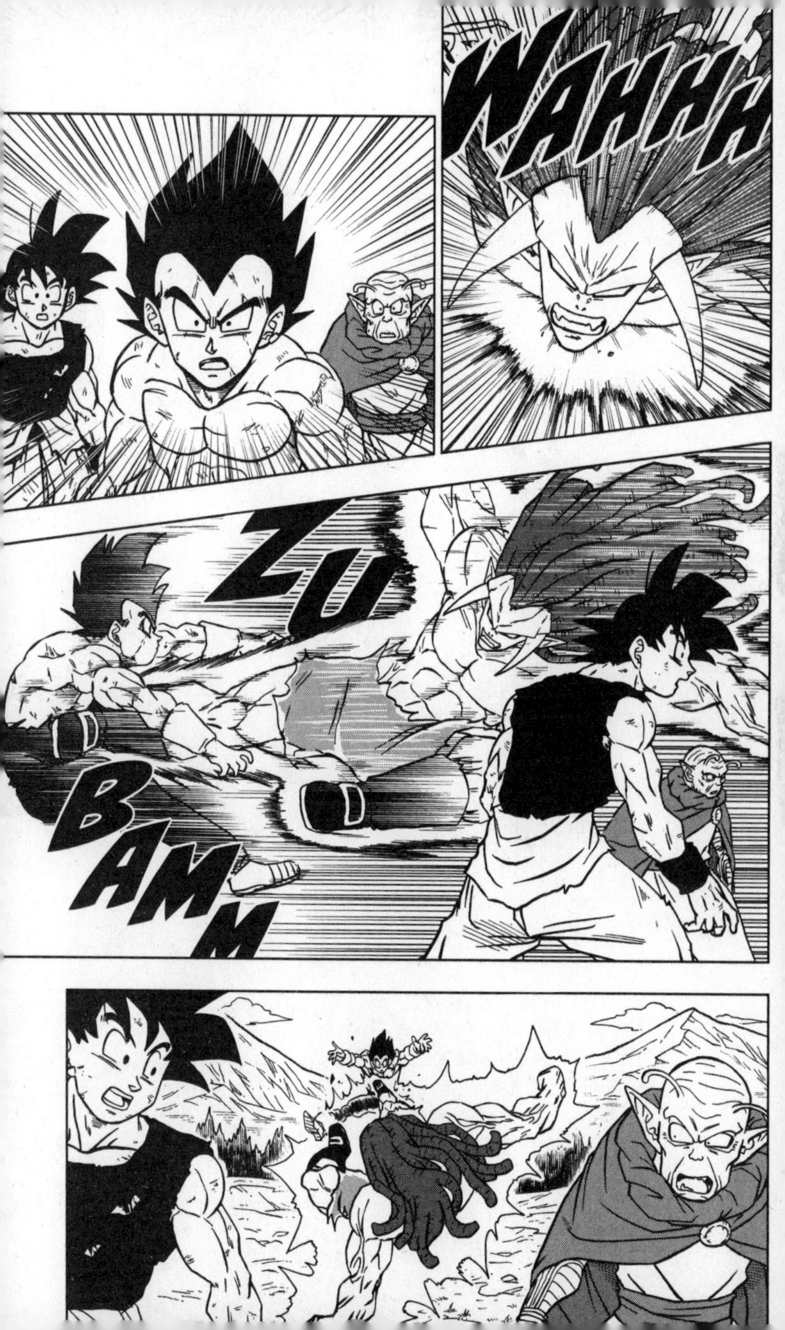
WAHHH
ZU
BAMMM

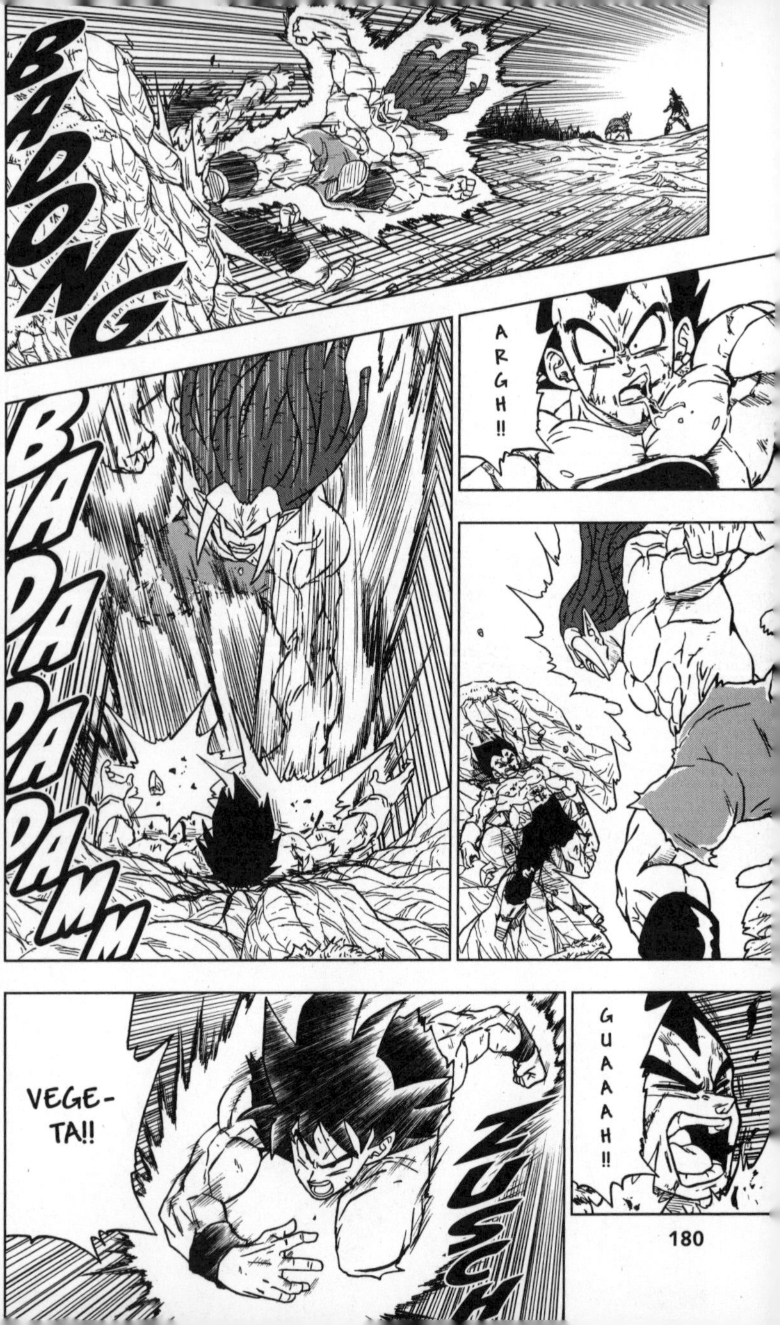
BADONG
ARGH!!
BADADADAMM
GUAAAAH!!
VEGE-
TA!!
WUSCH

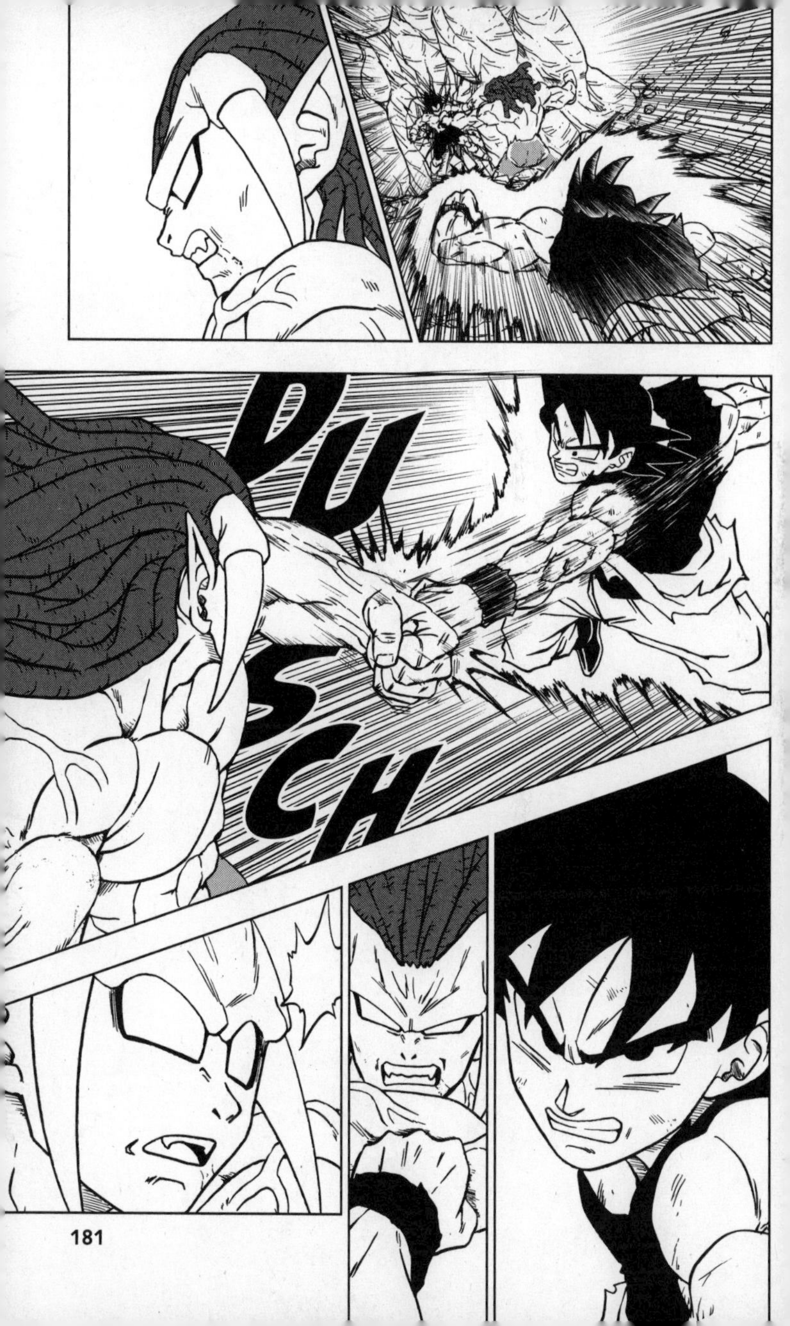
DUSCH

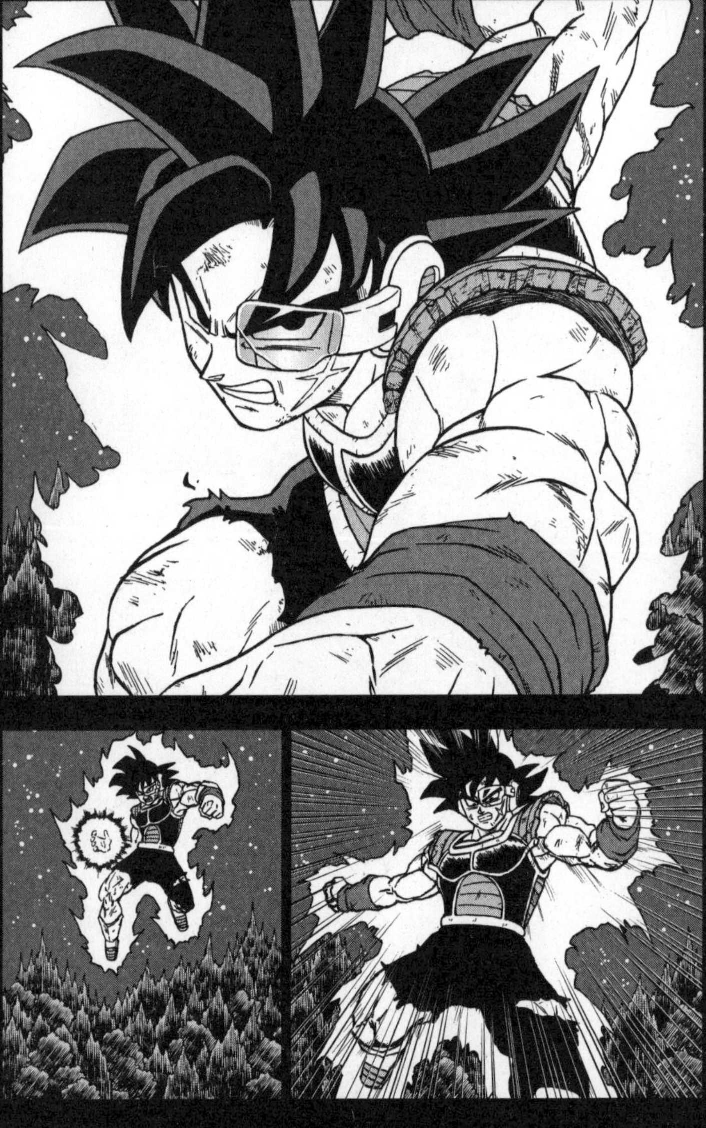

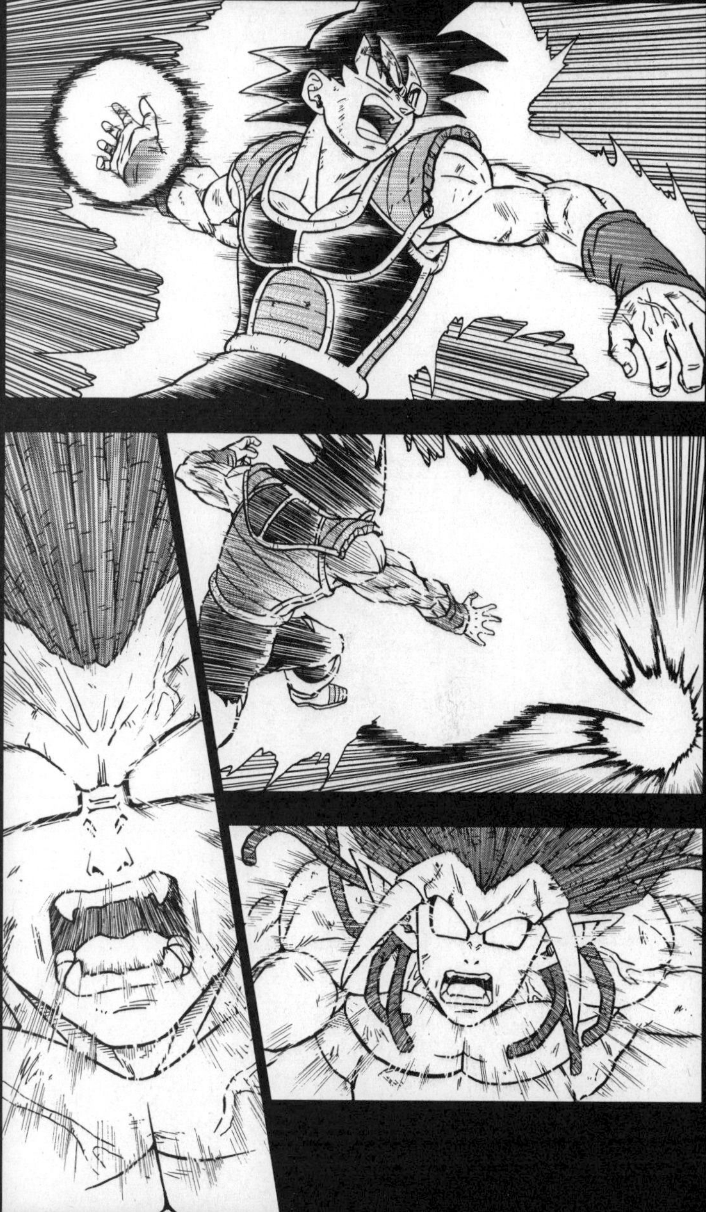

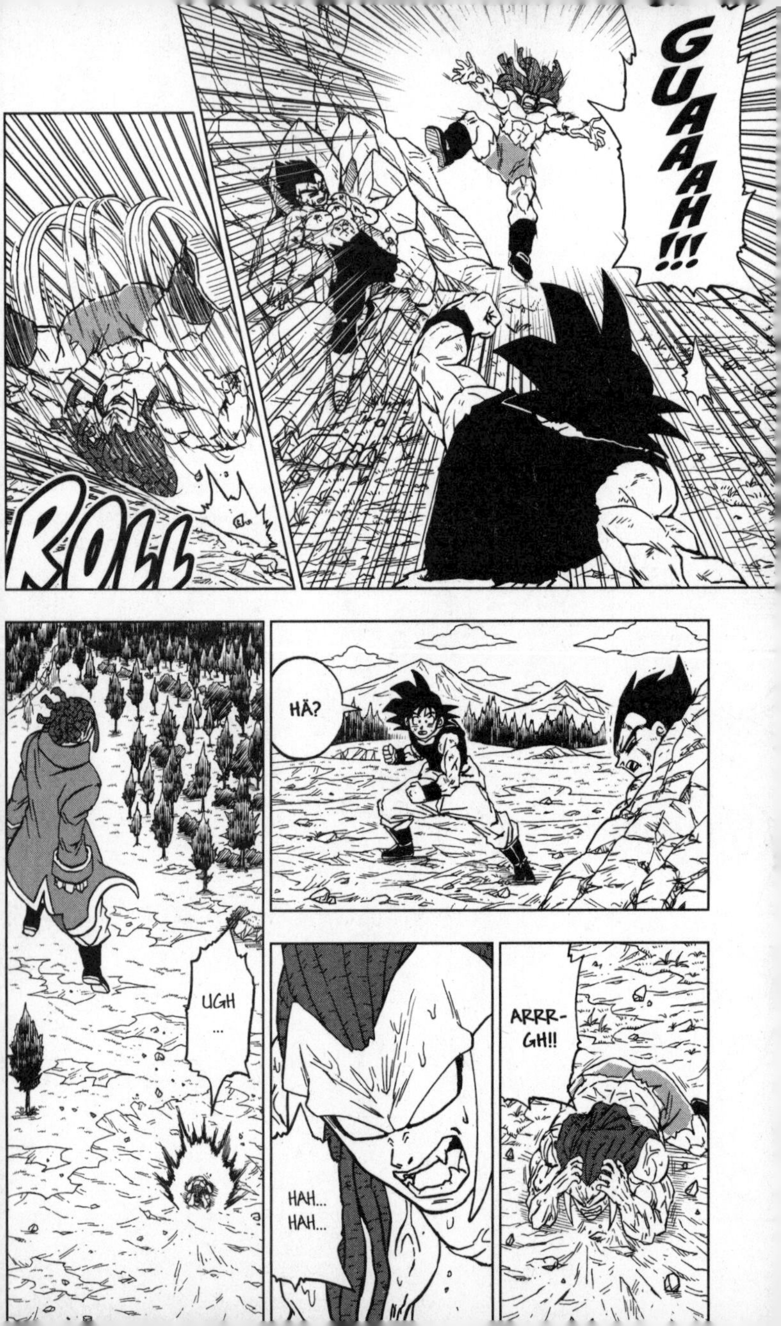
GUAAAH!!!
ROLL
HÄ?
ARRR-
GH!!
HAH...
HAH...
UGH
...

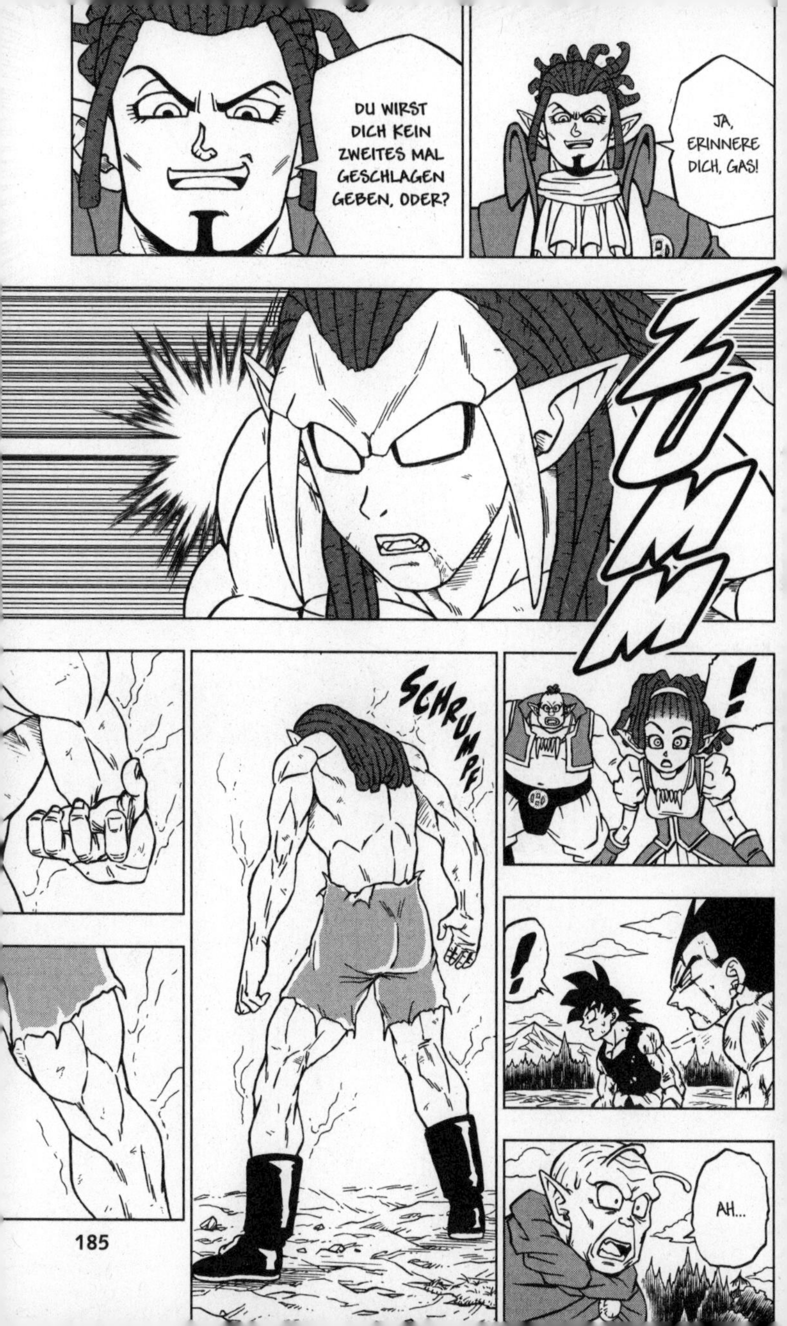

JA, ERINNERE DICH, GAS!
DU WIRST DICH KEIN ZWEITES MAL GESCHLAGEN GEBEN, ODER?
ZUMM
!
SCHRUMPF
!
AH...

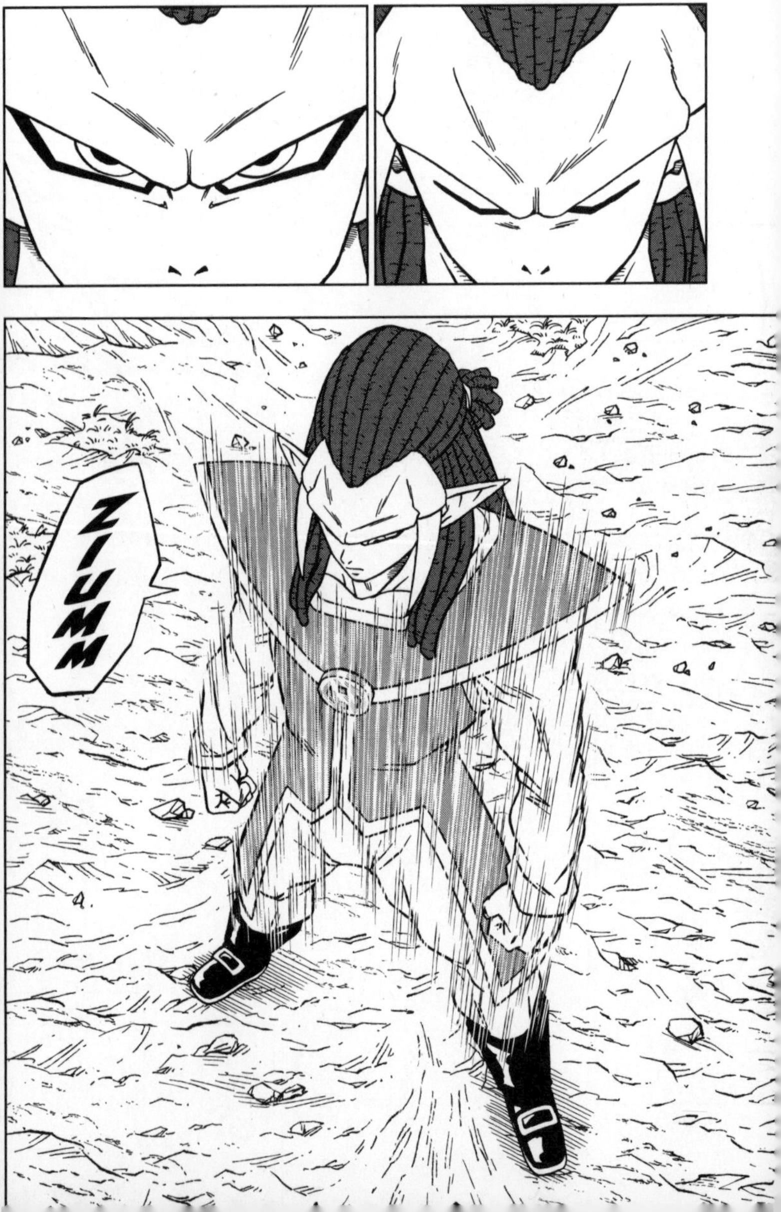
ZIUMM

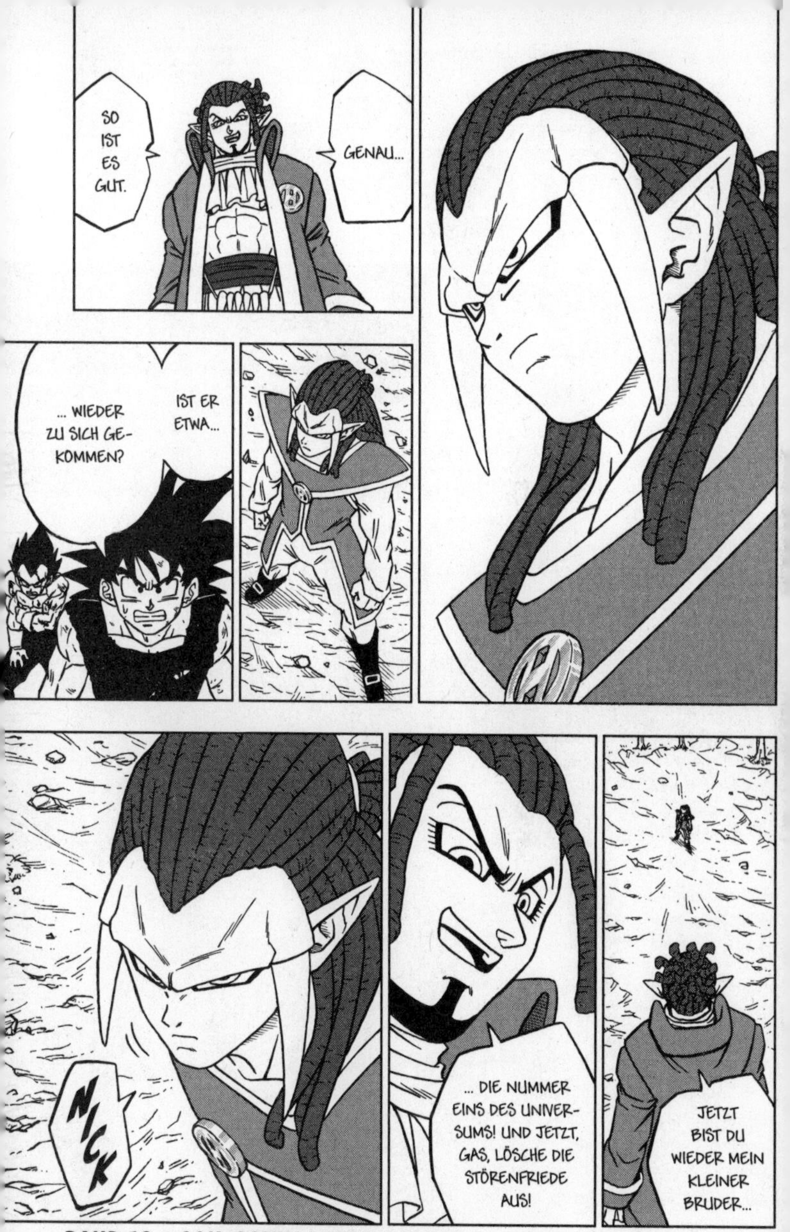

BAND 18 – SON-GOKUS VATER BARDOCK – ENDE

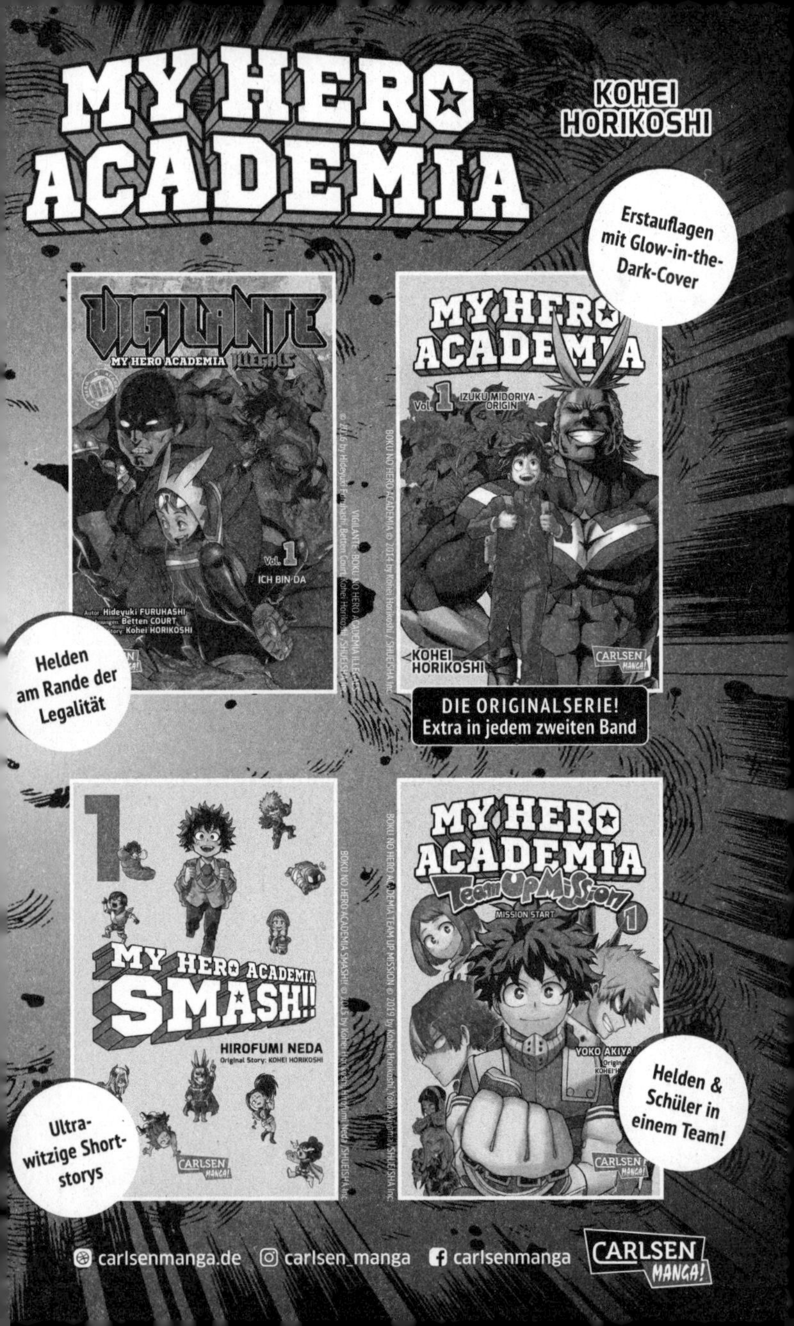
MY HERO ACADEMIA
KOHEI HORIKOSHI
Erstauflagen mit Glow-in-the-Dark-Cover
VIGILANTE
MY HERO ACADEMIA ILLEGALS
Vol. 1
ICH BIN DA
Autor Hideyuki FURUHASHI
Betten COURT
Kohei HORIKOSHI
Helden am Rande der Legalität
VIGILANTE - BOKU NO HERO ACADEMIA ILLEGALS © 2016 by Hideyuki Furuhashi, Betten Court, Kohei Horikoshi / SHUEISHA Inc.
MY HERO ACADEMIA
Vol. 1
IZUKU MIDORIYA - ORIGIN
KOHEI HORIKOSHI
CARLSEN MANGA!
BOKU NO HERO ACADEMIA © 2014 by Kohei Horikoshi / SHUEISHA Inc.
DIE ORIGINALSERIE!
Extra in jedem zweiten Band
1
MY HERO ACADEMIA SMASH!!
HIROFUMI NEDA
Original Story: KOHEI HORIKOSHI
CARLSEN MANGA!
Ultra-witzige Short-storys
BOKU NO HERO ACADEMIA SMASH!! © 2015 by Kohei Horikoshi, Hirofumi Neda / SHUEISHA Inc.
MY HERO ACADEMIA
Team Up Mission
MISSION START
1
CARLSEN MANGA!
Helden & Schüler in einem Team!
BOKU NO HERO ACADEMIA TEAM UP MISSION © 2019 by Kohei Horikoshi, Yoko Akiyama / SHUEISHA Inc.
carlsenmanga.de
carlsen_manga
carlsenmanga
CARLSEN MANGA!

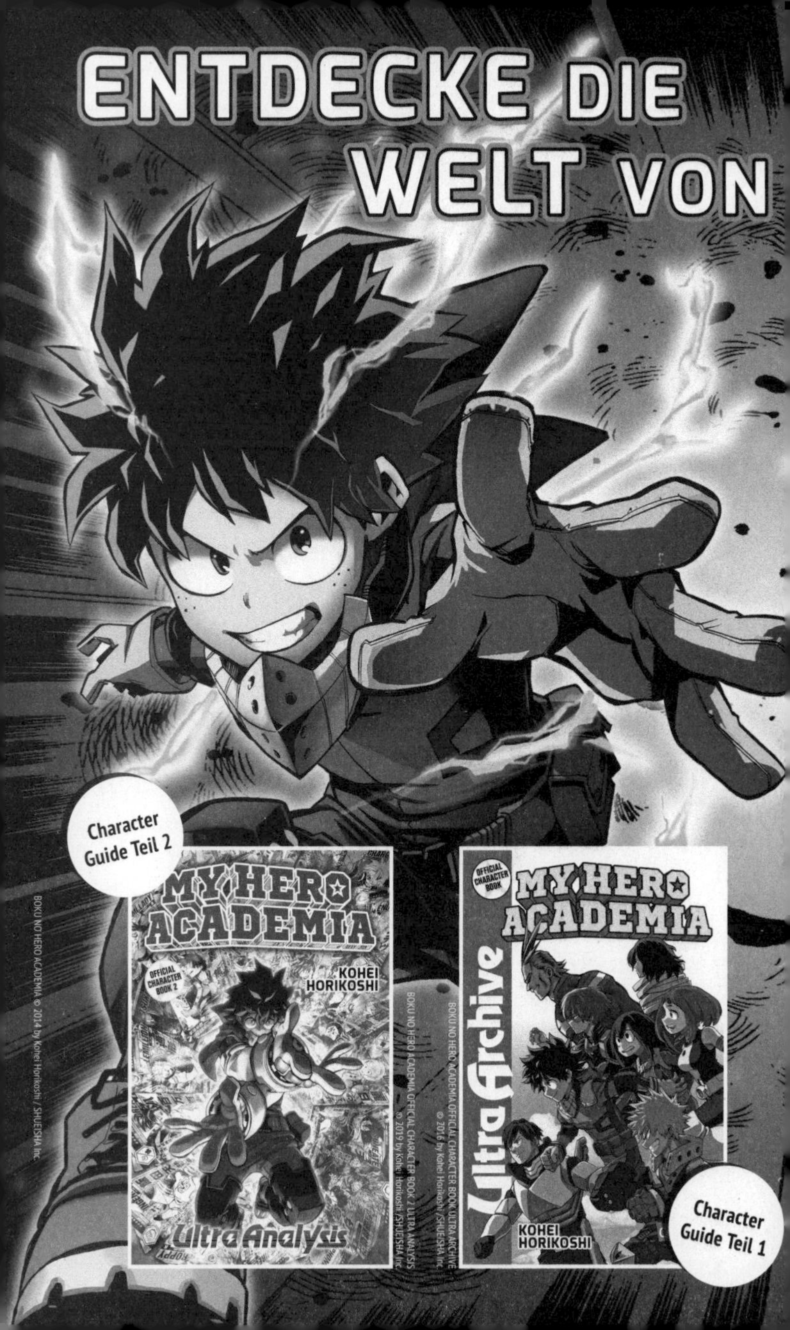
ENTDECKE DIE
WELT VON
Character Guide Teil 2
MY HERO ACADEMIA
OFFICIAL CHARACTER BOOK 2
KOHEI HORIKOSHI
Ultra Analysis
OFFICIAL CHARACTER BOOK
MY HERO ACADEMIA
Ultra Archive
KOHEI HORIKOSHI
Character Guide Teil 1
BOKU NO HERO ACADEMIA © 2014 by Kohei Horikoshi / SHUEISHA Inc.
BOKU NO HERO ACADEMIA OFFICIAL CHARACTER BOOK 2 ULTRA ANALYSIS © 2019 by Kohei Horikoshi / SHUEISHA Inc.
BOKU NO HERO ACADEMIA OFFICIAL CHARACTER BOOK ULTRA ARCHIVE © 2016 by Kohei Horikoshi / SHUEISHA Inc.

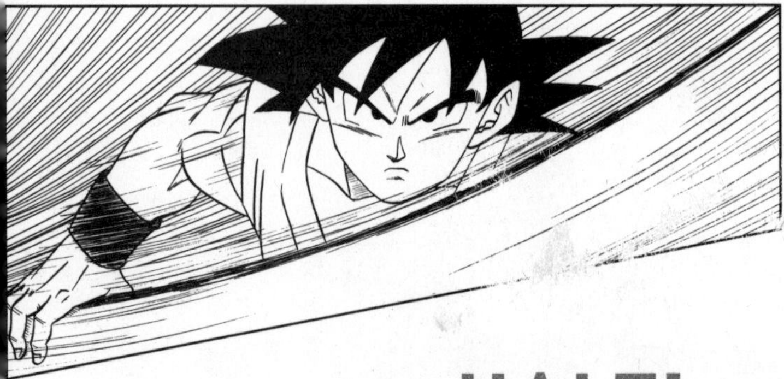

HALT!

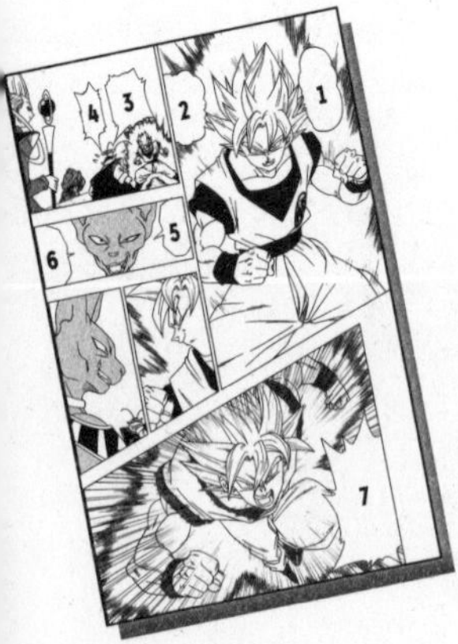

DRAGON BALL SUPER ist eine japanische Serie, und in Japan wird von hinten nach vorn und von rechts nach links gelesen. Man schlägt diesen Manga also hinten auf und blättert ihn nach vorn durch. Auch die Bilderfolgen und der Erzähl- bzw. Lesefluss funktionieren auf den Seiten von rechts oben nach links unten – wie in der kleinen Grafik hier gezeigt.

Habt eine Menge Spaß mit **DRAGON BALL SUPER**!

Wir produzieren nachhaltig

- Klimaneutrales Produkt
- Papiere aus nachhaltigen und kontrollierten Quellen
- Hergestellt in Europa

Aus dem Japanischen von Katrin Stamm

First published in Japan in 2015 by SHUEISHA Inc., Tokyo.
German translation rights in Germany, Austria, Luxembourg and German-speaking Switzerland arranged by SHUEISHA Inc. through VME PLB SAS, France.
Redaktion: Petra Lohmann | Textbearbeitung: Steffen Haubner
Grafik: Sonnenfisch Production – Laura Bartels | Produktionsmanagement: Wiebke Düsedau
Alle deutschen Rechte vorbehalten | ISBN: 978-3-551-71460-2